V&R

Zugänge zur Kirchengeschichte

*Herausgegeben
von Manfred Jacobs*

*Band 3
Manfred Jacobs
Die Reichskirche und ihre Dogmen
Von der Zeit Konstantins bis zum
Niedergang des weströmischen Reiches*

V&R

VANDENHOECK & RUPRECHT
IN GÖTTINGEN

MANFRED JACOBS

Die Reichskirche und ihre Dogmen

Von der Zeit Konstantins bis zum
Niedergang des weströmischen Reiches

Mit 10 Karten
im Text

V&R

VANDENHOECK & RUPRECHT
IN GÖTTINGEN

Manfred Jacobs

geb. 5.11.1928 in Neustrelitz/Mecklenburg. Studium der Theologie ab 1949 an der Kirchlichen Hochschule Hamburg und an den Universitäten Hamburg und Erlangen. 1958 Promotion an der Theologischen Fakultät Hamburg mit einer Dissertation über den „Kirchenbegriff bei Johann Gerhard". Seit 1960 Assistent an der Ev.-theologischen Fakultät Hamburg (K. D. Schmidt). 1966 Habilitation für Kirchen- und Dogmengeschichte mit einer Arbeit „Vom Liberalismus zur dialektischen Theologie". 1966 Universitätsdozent, 1971 Wissenschaftlicher Rat und Professor. 1971 Berufung zum ordentlichen Professor an die Pädagogische Hochschule Westfalen-Lippe für Kirchengeschichte und Konfessionskunde und ihre Didaktik. Einzelveröffentlichungen zur Kirchengeschichte Südamerikas spanischer Zunge, zur „Evangelischen Lehre von der Kirche (QKK Reihe B, H.4, 1962) und zur „Evangelischen Staatslehre" (QKK Reihe B, H.5, 1971) sowie Aufsätze zu den Themenbereichen: Entwicklung des deutschen Nationgedankens, zur Optionsfrage 1933, Luthers Gedanken über Obrigkeit, zum religiösen Sozialismus sowie zu Fragen des kirchlichen Lebens.

CIP-Kurztitelaufnahme der Deutschen Bibliothek

Zugänge zur Kirchengeschichte / hrsg. von Manfred Jacobs. – Göttingen :
Vandenhoeck und Ruprecht

(Kleine Vandenhoeck-Reihe ; ...)

NE: Jacobs, Manfred [Hrsg.]

Bd.3. Jacobs, Manfred: Die Reichskirche und ihre Dogmen. – 1987

Jacobs, Manfred:
Die Reichskirche und ihre Dogmen : von d. Zeit Konstantins bis zum Niedergang d. Weström. Reiches / Manfred Jacobs. – Göttingen : Vandenhoeck und Ruprecht, 1987.

(Zugänge zur Kirchengeschichte ; Bd.3)

(Kleine Vandenhoeck-Reihe ; 1525)

ISBN 3-525-33531-8

NE: 2.GT

Kleine Vandenhoeck-Reihe 1525

© 1987, Vandenhoeck & Ruprecht in Göttingen. – Printed in Germany. – Alle Rechte vorbehalten. Das Werk einschließlich seiner Teile ist urheberrechtlich geschützt. Jede Verwertung außerhalb der engen Grenzen des Urheberrechtsgesetzes ist ohne Zustimmung des Verlages unzulässig und strafbar. Das gilt insbesondere für Vervielfältigungen, Übersetzungen, Mikroverfilmungen und die Einspeicherung und Verarbeitung in elektronischen Systemen.
Umschlag: Hans Dieter Ullrich
Schrift: 9/10 Garamond auf der V-I-P
Gesamtherstellung: Verlagsdruckerei E. Rieder, Schrobenhausen

Vorwort des Herausgebers

„Zugänge zur Kirchengeschichte" zu eröffnen, erscheint notwendiger denn je. Der Kenntnisstand der Schüler in den Kollegstufen der Gymnasien und der Studienanfänger auf den Universitäten spricht eine deutliche Sprache. Was aber nützt es, dafür den Lehrern die Verantwortung allein aufbürden zu wollen? Man muß auch aus dem Raum der Universität heraus den Bildungsauftrag wahrnehmen und dafür Sorge tragen, daß Darstellungen erscheinen, die für die Gymnasien und den Studienverlauf dienlich sind. Es hilft nur wenig, sich an den Boom von großen Kunstausstellungen oder von Jubiläen anzuschließen wie Luther, Staufer, Preußen, Nofret. Das öffentliche Interesse an diesen Ausstellungen ist bald wieder erloschen – spätestens mit dem Ausräumen der Vitrinen.

Die Stellung der Kirchengeschichte im Bereich der formalen Bildung, der Lehrpläne und Richtlinien in den Schulen hat sich als wenig förderlich erwiesen. Ob man und wie man geschichtlich denken und sich geschichtlich orientieren muß, darüber gibt es mancherlei Theorien. Sicherlich muß nicht jeder ein geschichtliches Wissen auf der Höhe der Examensreife mit sich tragen. Was aber geschieht und passiert, wenn geschichtliches Wissen allmählich erlischt, das erkennen wir aus dem Folgenden: Aus mangelnder Kenntnis entsteht die Dominanz der Gegenwartsfragen. Das ist sowohl für die Kirchen als auch vergleichsweise für das politische Leben Grund dafür, daß sich ein oftmals hintergrundloses Denken einstellt. Es ist durch ein Bewußtsein von der Machbarkeit und Verfügbarkeit alles dessen gekennzeichnet, was aus der Geschichte heraus entstanden ist und seinen Ort in der Geschichte behauptet hat. Auch die Kirchen geraten in einen solchen Prozeß der Umprägung hinein. Ihr Verhältnis zur Geschichte der Kirche Christi wird dünner und damit auch ihr Verhältnis zur theologischen Substanz in dieser Geschichte.

Verfasser, Herausgeber und Verlag haben die hier angeschnittenen Fragen bedacht und in Modifizierung eines ursprünglich stärker didaktisch ausgerichteten Konzeptes die jetzige Form gefunden.

Die „Zugänge" sind Arbeits- und Lehrbuch zugleich, nicht im Sinne von Kompendien, sondern mit dem Ziel, daß der Leser angeleitet wird, selbständig mit den Quellen umzugehen. Dabei geht es in erster Linie darum, deutlich zu machen, daß die Quellen und deren Aussagen nicht ohne weiteres einem neuzeitlichen, heutigen Urteil unterstellt werden können. Sie haben vielmehr umgekehrt den Anspruch, aus ihnen selbst, aus ihrem historischen Kontext heraus befragt und verstanden zu werden. Gerade bei älteren Texten mit ihrer großen zeitlichen Distanz übt sich dabei ein Verständnis für das Fremde, das Anderartige, aber auch für das Gleichbleibende ein.

Herausgeber und Verfasser gehen von einem vermuteten Konsens dessen aus, was kirchengeschichtlich feststeht. Gleichwohl gibt es manche „Gratwanderung", wo man verschiedener Ansicht sein könnte. Die „Zugänge" sehen die Kirchengeschichte im Kontext der allgemeinen geschichtlichen Vorgänge. Kirchengeschichte war und ist stets eng in Politik-, Wirtschafts-, Kultur-, Rechts- und Sozialgeschichte verwoben. Vieles davon läßt sich auch in den „Zugängen" nur andeuten. Der Leser soll und möchte phantasievoll seine Fragen an die Darstellungen und an die Quellen herantragen, so wie das auch in der Forschung gemacht wird, über das hinaus, was direkt ausformuliert werden kann.

Umfang, Preisgrenze und auch das Format der Bände haben bei unserem Unternehmen die Möglichkeit der Darstellung begrenzt. Bei Karten mußte aller Wert auf den Überblick gelegt werden. Ein besonderes Problem war die Abgrenzung der Bände unter sich. Es kommt dabei zu Gewichtungen, hinter denen weniger Epochentheorien stehen als vielmehr die Überzeugung, daß bestimmte historische Bereiche von so großer Bedeutung sind, daß sie ein Mehr an Darstellung und Aufwand benötigen als andere.

Ein wichtiger Akzent der Konzeption liegt auf der christlichen Kulturgeschichte, und zwar gerade nicht dieser oder jener Konfession oder Kirche, sondern des Christentums als ganzem. Das ist im einzelnen sicher nur andeutbar, aber als Konzept – auch für den Benutzer – möge es darüber hinaus mehr andeuten: Trotz aller historischen Differenzierung, ja sogar Ablehnung zwischen den Konfessionen gibt es ein Ganzes der christlichen Kulturgeschichte, in Europa und weit darüber hinaus. Es gibt für diese „Kultur" noch keine Formel; vielleicht braucht man sie noch nicht einmal. Aber es gibt diese Kultur aus den Wirkungen des Christentums heraus. Wir schließen bewußt darin auch andere Kirchen ein. Kirchengeschichte ist in der Sache eine ökumenische Denkaufgabe. Inwiefern ist es den Kirchen gelungen, im Prozeß der wechselseitigen Beeinflussung mit allgemeingeschichtlichen Ereignissen und Entwicklungen ihr Kirche-Sein durchzuhalten? Über die mancherlei Fehlentwicklungen dabei läßt sich streiten. Aber das Umgekehrte, daß sich die Kirche Christi bis heute von einer großen Kontinuität getragen sieht und weiß, ist ein Schritt, der Mut macht, der von der Kirchengeschichte als Fach zum Leben in der Kirche führt, führen kann. Aber das läßt sich dann nicht mehr in ein Konzept fassen, sondern führt hinein in die Offenheit des bewußten christlichen Glaubens heute.

Inhalt

Vorwort des Herausgebers 5

Einleitung 9

I. Der Streit um die Trinitätslehre 13
   1. Die Ursachen des Streites 13
   2. Der Beginn des Streites um die Gottheit Jesu Christi ... 14
   3. Zur Vorgeschichte des Streites um die Trinität 19
   4. Die homo-usios-Entscheidung von Nizäa 325 25

II. Die Kirchenpolitik im vierten Jahrhundert 30
   1. Der ältere Konstantin 30
   2. Die Söhne Konstantins 33
   3. Konstantius II. 37
   4. Kaiser Julians Restauration 43
   5. Der Weg zur Reichskirche 45
   6. Ambrosius von Mailand (ca. 336–397) 49

III. Der Abschluß der Trinitätslehre 56
   1. Schritte der Annäherung in Ost und West 56
   2. Die kappadozischen Theologen 57
     a) Basilius 58
     b) Gregor von Nyssa 61
   3. Das Konzil von Konstantinopel 381 62

IV. Das christliche Mönchtum 64
   1. Die Eremiten 64
   2. Die Anachoreten 67
   3. Das Koinobitentum 70
   4. Die Ausbreitung des Mönchtums 75

V. Die Entwicklung der Metropolitanverfassung und der Aufstieg des Papsttums 80
   1. Die Beschlüsse von Nizäa 325 82
   2. Die Beschlüsse von Sardica 342 84
   3. Der Konflikt unter Damasus I. 85
   4. Die kirchenpolitischen Entscheidungen des Konzils von Konstantinopel 381 87
   5. Die Durchsetzung des römischen Primats im Westen .. 94
   6. Das Konzil von Chalcedon und Papst Leo I. 96

VI. Die christologischen Klärungen 100
   1. Das Problemfeld der christologischen Streitigkeiten ... 100
   2. Der frühe Monophysitismus 101
   3. Der frühe Dyophysitismus der zweiten antiochenischen Schule 102
   4. Theodor von Mopsuestia und weitere Schüler Diodors . 103
   5. Die zweite Phase des christologischen Streites: Nestorius und Kyrill 104
   6. Das Konzil von Ephesus 431 107
   7. Der Streit um Eutyches und die Räubersynode 108
   8. Das (4. ökumenische) Konzil von Chalcedon 451 111

VII. Augustin 113
   1. Der historische Ort Augustins 113
   2. Augustins Werdegang 118
   3. Die donatistische Frage und ihre Klärung 124
   4. Augustins Lehre von der Gotteserkenntnis 126
   5. Augustin und Pelagius 131
   6. Pelagius' eigener Standpunkt 136
   7. Augustins Lehre von der Gnade und Erwählung 137
   8. Der vorläufige Abschluß des pelagianischen Streites ... 138
   9. Der Gottesstaat als neue Hoffnung menschlicher Genossenschaft 139

VIII. Der Ausgang der antiken Kirchengeschichte im Westen .. 149
   1. Die politischen Ereignisse 151
   2. Der Semipelagianismus als Theorie südeuropäischer Mission 153
   3. Die Umorientierung der Katholiken zu den Germanen . 156
   4. Die katholische Tradition als Kontinuum der Geschichte 158
   5. Das Ende der semipelagianischen Streitigkeiten 159
   6. Leo I. und die Papsttheorie 160
   7. Die Kirche unter den Westgoten 165

IX. Anhang 167
   1. Verzeichnis der gebrauchten Abkürzungen 167
   2. Literatur in Auswahl 168
   3. Personen-, Orts- und Sachregister 175
   4. Kartennachweise 181
   5. Nachweise der benutzten Übersetzungen und Texte ... 181

Einleitung

Diese Darstellung der „Reichskirche und ihrer Dogmen" beschreibt einen Zeitraum der Kirchengeschichte, der für das allgemeine Verständnis eine weithin idealtypische Rolle einnimmt. Man spricht vom „konstantinischen Zeitalter" und meint damit mehr als nur die Zeit Kaiser Konstantins, nämlich ein durch ihn und nach ihm sich ausbreitendes bestimmtes, bedenkliches Verhältnis von Staat und Kirche. Für den Historiker handelt es sich im Gegensatz dazu um eine Reihe von noch zu klärenden Einzelfragen und Zuordnungsproblemen.

„Konstantinisches Zeitalter" bedeutet eine Zuordnung der beiden Größen, die dem Staat die Weihe der Kirche und der Kirche den Schutz des Staates verleiht. Diese Symbiose bestimmt seitdem, so meint man oft, im Osten wie im Westen die Beziehungen beider Ordnungen im Sinne eines Herrschaftssystems. In dieser Gegenseitigkeit sind sie in das Bewußtsein der östlichen und der abendländischen Kulturen eingegangen als die Grundinstitutionen, unter denen die Christen stehen und die in dieser Polarität auch die essentiellen Daten des menschlich-gesellschaftlichen Daseins prägen, von der Geburt bis zum Tod und darüber hinaus.

Es wird oft berufen, daß wir am Ende dieses „konstantinischen Zeitalters" ständen, aber es ist sicherlich leicht einzusehen, daß dieser Ausdruck als – oftmals polemische – Kurzformel doch ein anderes Problemfeld aufschließt, als es sich dem Historiker darbietet, wenn er die Geschichte der Kirche im vierten und fünften Jahrhundert schildert. Darum ist es fraglich, ob diese Epoche von heutigem Freiheits- und Selbstbestimmungsbewußtsein aus beurteilt werden kann.

Trotz aller wahrnehmbaren Distanz zwischen damals und heute bleiben drei gewichtige, uns auch heute noch grundlegend betreffende Fragenkreise der damaligen christlichen und kirchlichen Erfahrungsfelder wichtig, das Verhältnis von Kirche und Staat, die Bildung der Dogmen und die Erfahrungen der Transkulturationen im römischen Reich.

Man geht sicherlich nicht fehl in der Annahme, daß für die römischen Kaiser dieser spätrömisch-frühbyzantinischen Zeit eine gewisse Grundlinie in den Beziehungen von Kirche und Staat leitend gewesen ist. Sie zielt auf eine nach Möglichkeit reichseinheitliche Religion und eine befriedete Kirche, die diese Ordnung des Staates und die Gliederungen seiner Herrschaft beachtet und anerkennt.

Aber im einzelnen wird dieses Bild historisch anfechtbar, schon deshalb, weil die Kaiser, von Konstantin angefangen, zunächst gar nicht über die Möglichkeiten verfügen, der weithin noch heidnischen Bevölkerung die neue Religion anzubefehlen, geschweige denn, sie ihnen einsichtig zu machen. Der Weg, der von der privilegierten Kirche unter Konstantin in vielen Einzelschritten zur Reichskirche unter Theodosius führt, ist vielfach gebrochen und vollzieht sich vor dem Hintergrund von Bevölkerungsgruppen, denen die Nivellierung des eigenen, des hellenistisch-römischen Erbes, seiner Kunst und Bildung, seiner Kulte und Religionen als ein Pfad der Trauer erscheint. Gerade auch in der spätrömisch-frühbyzantinischen Epoche gibt es eine Spannung zwischen Staat und Gesellschaft, die die andere Spannung von Staat und Kirche ständig berührt. Das Bewußtsein von der Würde und Schönheit der hellenistisch-römischen Kulturwelt ist trotz der Staatsreligion und trotz der oftmals radikalen Ausrottungsversuche durch die Kirchen so stark erhalten geblieben, daß es in der Zeit des westeuropäisch-christlichen Mittelalters nicht erlischt, sondern sich in den Renaissancen des Hochmittelalters wieder erneuert.

Dazu kommt ein anderes: Auch auf seiten der Christen, Theologen und Kirchenleiter wird die Fraglichkeit der Beziehungen zwischen Kirche und Staat frühzeitig offenbar. So hilfreich einerseits die Möglichkeiten erscheinen, die mit der Einführung etwa der Reichskonzilien für die inneren Dialoge der Kirchen gegeben sind, so einengend und verfremdend werden alsbald auch die Ansprüche und Eingriffe der Kaiser, schon unter Konstantin selbst, empfunden. Dabei steht der kirchliche Osten aus seiner langen Vorgeschichte der orientalischen Königsverehrungen dem Kaisertum bejahender gegenüber als der von der ciceronianischen Philosophie und den alten, republikanischen Traditionen geprägte Westen. Doch bleibt in den großen, theologischen Richtungskämpfen das Politische nur ein – wenn auch wichtiger – Nebengesichtspunkt. Der Kirche dieser Zeit geht es um die Wahrheitsfragen der Theologie, der heiligen Schrift, der Frömmigkeit, auch um die Selbstauffassung der Kirche als das herausgehobene Instrument des göttlichen Heilswerks. Gleichwohl verwinden sich in vielfacher Weise Theologie und Politik in den großen, dogmatischen Kämpfen; doch gerade deshalb wird der nachfragende Historiker nur mit größter Behutsamkeit die theologischen Bewegungen mit den politischen in Verbindung setzen, wenn nicht Quellenzeugnisse eine solche Verbindung wirklich gebieten.

Was wir heute unter dem „konstantinischen Zeitalter" verstehen, ist historisch gesehen eine langfristige Entwicklung, nicht eine einmalige Gewaltsetzung, und weil es eine langfristige Entwicklung ist, darum stellt sich eine Reihe weiterer Fragen, vorab diese, was denn die christliche Lebensauffassung wirklich zur Bewältigung der Umwälzungen jener Jahre und Jahrzehnte beigetragen hat und aus welchen Gründen sich das Christentum dann doch im fünften Jahrhundert endgültig als die organisierte Kirche und als die Leitreligion durchsetzen konnte. Diese Frage weist auch auf innertheologische Bewegungen, so betrifft sie vor allem die Spannungen im christlichen Existenzverständnis zwischen einer vornehmlich ethisch und einer vornehmlich kirchlich-sakramental ausgerichteten Auffassung des Christentums. Die staatlichen Stützungen der kirchlichen Entscheidungen stellen, wie gesagt, nur einen von mehreren Faktoren ihrer Durchsetzung dar, und die Inanspruchnahme staatlicher Hilfe für den christlichen Glauben wird schon von den Christen damals sehr unterschiedlich beurteilt. Gewiß gerinnt der christliche Glaube zur Orthodoxie, zur Schriftreligion, aber er ist doch auch zugleich eine höchst lebendige und überführende Wirklichkeitsdeutung. Wäre er dies nicht gewesen, dann wäre er – wenn diese Folgerung einmal experimentell angedeutet werden darf – zusammen mit der Staatlichkeit jedenfalls des weströmischen Reiches wieder zusammengebrochen. Er bricht aber nicht zusammen.

Die Entwicklung der kirchlichen Lehre und Theologie zu den beiden großen, altkirchlichen Dogmen der Trinität und der zwei Naturen Christi stellt uns ebenfalls vor eine Fülle von Fragen. Auch diese Entwicklung ist nicht das Ergebnis kaiserlicher Eingriffe. Dogmatische Erklärungen einzelner Bischofsstühle oder einzelner Synoden gibt es bereits im zweiten Jahrhundert, wenn man von den entsprechenden Zügen neutestamentlicher Berichte noch absieht. Es kann nun nicht die Aufgabe einer Einleitung sein, die unterschiedlichen Nuancierungen im Verständnis dessen zu kennzeichnen, was in der Orthodoxie des Ostens, in der römisch-katholischen Kirche und im westeuropäischen Protestantismus – der ja auch zudem noch ein besonderes Bekenntniswerk entwickelt hat – verstanden wird. Aber das Dogma ist nicht ohne weiteres Einengung der individuellen Glaubensfreiheit, sondern es stellt eine ökumenische Friedensinitiative mit verbindlicher, kirchlicher Rechtskraft dar, die zwischen den Gruppen und Theologien das zur Klärung bringt, was die gemeinsame Anbetung Gottes besagt und was gleichwohl in der denkerischen und begrifflichen Ausgestaltung weit auseinander und im Streit liegt. So gilt es, das Dogma nicht als Formel, wohl aber als einen Denkweg, als eine Denkintention aus der gemeinsamen christlichen Glaubensgrundlage heraus nachzuvollziehen. Es prägt den Umgang mit den alten Entscheidungen, daß wir auch heute nicht aus der Geschichte dieser Denkformen aussteigen und uns unmittelbar wieder auf die Schriftgrundlage, sozusagen unter Umgehung eben der Probleme zurückwenden können, die in dieser Schriftgrundlage verborgen sind und sich auch historisch aus ihr entwickelt haben.

Wir müssen vielmehr in immer neuen Ansätzen versuchen, den damals beschrittenen Weg zur Erkenntnis Gottes und Christi, soweit es uns nur irgend möglich erscheint, nachzuschreiten und uns die Gemeinsamkeit mit den Christen vor uns als Bereicherung und als Aufgabenstellung unserer eigenen Freiheit begreiflich zu machen.

Die dritte Charakteristik dieser Epoche sind die großen Umwälzungen, die sich durch die Völkerwanderung und die inneren Wandlungen in Ost und West ergeben. Das Eindringen neuer Völkerscharen in die Gebiete des Imperiums, die Übernahme germanischer Söldner zunächst ins Militär, dann in gehobene politische Positionen des Staates und schließlich auch ihre Repräsentanz in den Kirchen führt zu einem verunsichernden Kulturgefälle, zumal noch immer weiter aus dem Osten neue Stämme herangeführt werden und ihre wirtschaftliche, politische und auch religiöse Bedeutung im ständigen Zunehmen ist. So tritt zu den vielerlei Kulturen innerhalb des Reiches von außen her eine neue Bezugswelt auf die Kirche zu, in sich komplex und doch – im Westen – unwiderstehlich und siegreich. Die damit verbundenen Neuorientierungen und Veränderungen lassen sich nur notdürftig mit dem Begriff der Transkulturation bezeichnen. Die Kirche beginnt einen Weg, der sie aus der hellenistisch-römischen Kulturwelt herausführt. Dieser Weg wühlt die eingeübten, selbstverständlichen Traditionen genau so auf wie er zu Widerstand und Anpassung führt. Auch unter diesem Gesichtspunkt gewinnt die Dogmenbildung der alten Kirche eine besondere Bedeutung, wenn sie auch im wesentlichen noch von den traditionellen, theologischen Schulen ausgefochten wird. Für die Kirchen und deren Theologien ist dieser langfristige Wechsel der Bezugskulturen, vorab der hellenistisch-römischen Kultur mit all ihren Verzweigungen und Widersprüchlichkeiten, eine weit über das Organisatorische hinausreichende Herausforderung. Sie zeigt sich nicht allein in Augustins De civitate Dei, sondern ebenso auch in der Entwicklung der Patriarchate, der kirchlichen Ordnungen, der Schismen und Abtrennungen der monophysitischen und nestorianischen Kirchen aus dem Verband der Reichskirche. Nationalkirchliche Elemente treten fortan betont in der Kirchengeschichte auf. Der nachfolgende vierte Band wird diese Entwicklungen schildern.

I. Der Streit um die Trinitätslehre

1. Die Ursachen des Streites

Kaum daß die vom Staat privilegierte Kirche Gestalt gewinnt, beginnt der Streit um die Trinitätslehre. Konstantin hält diesen Streit für ein unnützes Theologengezänk, das nicht in aller Öffentlichkeit ausgetragen werden dürfe, um die Einheit der Kirche nicht zu gefährden. Die schnelle Ausbreitung des Konflikts über Alexandria hinaus in die Ökumene hinein zeigt aber, daß es sich um eine unaufschiebbare Thematik handelt, und so währt er bis zum zweiten ökumenischen Konzil im Jahr 381.

Worin hat dieser Streit seine Ursachen? Sicherlich spielen auch politische Gesichtspunkte dabei eine Rolle. Aus der Sicht Konstantins geht es um die Einheit der Kirche und des Imperiums. Kirchenpolitisch zeigen sich alsbald Konkurrenzen zwischen den Gebietskirchen, besonders Alexandria und Antiochia.

Die eigentlichen Ursachen liegen in der theologischen Sache selbst. Das Kernproblem besteht darin, wie Jesus Christus, der als Mensch aufgetreten ist und als Mensch bezeugt wird, als Gott zu denken ist. Diese Gottheit Jesu als des Christus und – später bei den Apologeten – als des Logos wird bereits im Neuen Testament und von aller kirchlichen Überlieferung bezeugt. Wie aber kann sich Gott, der ,,in einem Licht wohnt, da niemand zukommen kann" (1. Tim 6, 16), der für das antike und insbesondere für das hellenistische Vorverständnis weltjenseitig ist, in einer geschichtlichen Person manifestieren oder konkretisieren?

Zu Beginn des trinitarischen Streites gibt es keinen Dissens darüber, daß sich Gott in Jesus Christus geoffenbart hat und so ,,Fleisch" geworden ist. Insofern haben die frühkatholischen Theorien von der Einheit des Christus und des Jesus der Kirche zu Beginn des vierten Jahrhunderts doch ein gewisses gemeinsames Fundament verschafft. Das schließt auch die Logos-Christologie des zweiten Jahrhunderts ein. Jesus Christus als Gott zu bekennen, steht außer Zweifel.

Die Differenzen betreffen im einzelnen die Frage, was diese Gottheit Jesu Christi besagt, in welchem Verhältnis sie zu dem Gott steht, der selbst in dem außerirdisch-ewigen Lichtreich in sich ruht. An diesem Punkt unterscheiden sich die Traditionen der einzelnen Gebietskirchen oder besser: der theologischen Richtungen in den einzelnen Gebietskirchen. Die Theologie Alexandrias geht im großen und ganzen von der Linie des Origines aus. Arius hingegen beschreitet eine Linie, die von Antiochia beeinflußt ist. Wichtig und geschichtlich bedeutsam ist dabei dieses: Die Frage nach der Denkbarkeit der Trinität stellt die Catholica erstmals vor ein zentrales theologisches Problem, das sich nicht mehr gebietskirchlich lösen läßt, sondern eine gesamtkirchliche Entscheidung erforderlich macht, wenn man die Einheit des Glaubens bewahren will. Das bedeutet dann aber auch, daß die theologischen Sprachlichkeiten, das heißt die eingeschliffenen Begrifflichkeiten und Denkvorstellungen aus ihrer bisherigen Traditionalität herausgelöst und in eine ökumenische Dialogsituation sehr kritischer Art hineingenommen werden müssen. Der Streit um die Trinitätslehre ist – trotz oder gerade wegen seiner hochspekulativen Lage – ein Streit um die Gemeinsamkeit theologischen Redens und Verantwortens in den Bereichen der Theologie, in denen nicht beweisend-exakt, sondern nur glaubend und bekennend gesprochen werden kann. In diesem Sinne ist die Trinitätslehre ein Dokument christlicher Ökumenizität und Gemeinschaft.

2. Der Beginn des Streites um die Gottheit Jesu Christi

Arius ist Presbyter an der Baukalis-Kirche in Alexandria und bei Beginn des Streites bereits 60 Jahre alt. Von Geburt stammt er aus Libyen. Seine theologische Ausbildung erhält er in Antiochia. Er selbst bezeichnet sich als Schüler des Lukian, und so werden alsbald die Parteigänger des Arius in Kleinasien als *Syllukianisten* bezeichnet. Zugleich vertritt auch er die Überlieferung des Origines in Alexandria. Aus diesen Wurzeln erwächst sein Christusbild. Es schlägt sich seit 318/19 in seinen Predigten nieder, die bei einem Teil der Gemeinde, beim Klerus und den gottgeweihten Jungfrauen (Nonnen) Anklang finden. Seine Schriften, die „Dialektik" und das Buch „Thalia" sind verschollen. Deren Inhalt ist aus den Zitationen seines Gegners Athanasius spurenweise noch rekonstruierbar.

Die Thesen des Arius werden in jenem Bekenntnis deutlich, das er der kleinasiatischen Synode vorlegt. Dazu kommt es, weil der alexandrinische Bischof Alexander der Position des Arius nicht zustimmen kann und von ihm Korrektur der Aussagen verlangt. Arius wendet sich daraufhin an die kleinasiatischen Brüder, vor allem an *Euseb von Nikomedia*, der als Bischof zum Sprecher dieser Syllukianisten wird. Als Alexander seinen Presbyter Arius exkommuniziert, sehen auch sie sich betroffen und verlangen auf der Synode von 320 ihrerseits von Alexander die Rücknahme dieser Exkommunikation. Der Bischof von Alexandria wendet sich darum seinerseits an 200 Bischöfe der Ökumene um Stellungnahme. So eskaliert dieser Streit innerhalb weniger Jahre zum ökumenischen Problem.

Arius hat der kleinasiatischen Synode 320 folgendes Bekenntnis vorgelegt:

1 *Athanasius, Über die Synoden 16:* Wir wissen, daß ein Gott ist, der allein ungezeugt ist, allein unsichtbar, allein anfangslos, allein wahr, allein unsterblich, allein weise, allein gut, allein mächtig, aller Wesen Richter, Ordner und Verwalter, unwandelbar und unveränderlich, gerecht und gut zugleich, des Gesetzes und der Propheten und des neuen Bundes selbiger Gott, der gezeugt hat einen eingeborenen Sohn vor den Zeiten der Äonen, durch den er auch die Äonen und das All geschaffen hat... Und Gott, Urheber alles dessen, was vorhanden ist, ist selber ganz allein ursprungslos. Der Sohn aber, zeitlos gezeugt vom Vater, und vor den Äonen geschaffen und eingesetzt, war nicht, bevor er gezeugt wurde, jedoch zeitlos vor allen Wesen gezeugt, war er allein vom Vater her. Denn nicht ist er ewig oder mitewig oder gleich ungeworden wie der Vater, auch hat er nicht zugleich mit dem Vater das Sein, wie einige sagen, indem sie zwei ungewordene Ursprungsmächte einführen, sondern als Eine Einheit und Ein Ursprung vor allem: So ist Gott vor allen Wesen.

Der Sinn dieses Bekenntnisses ist es, den hellenistischen Gottesbegriff von Gott als dem in sich ruhenden, ewigen Schöpfer des Seins festzuhalten und von ihm den ,,Sohn" als etwas abzuheben, was von diesem Gott geschaffen worden ist, geschaffen aber nicht im Sinne der übrigen Schöpfung als ein Seiendes, sondern in einer einzigartigen Weise, als ,,eingeborener" Sohn, und damit als einen, der Gott gegenüber nicht gleich-ewig und gleichrangig, sondern nur in einer abgeleiteten und bedingten Weise Gott ist. Um dieses ,,Schaffen" des Sohnes von dem Schaffen zu unterscheiden, dem die übrige Schöpfung ihre Entstehung verdankt, bedient sich Arius der bereits gebräuchlichen Unterscheidung von ,,Zeugen" und ,,Schaffen". Der Sohn ist gezeugt, in einzigartiger Weise. So ist er kein Geschöpf wie die übrige geschaffene Schöpfung; aber er ist auch nicht identisch mit dem Vater. Er nimmt eine Mittelstellung ein: Er ist von Gott her gesehen der Gezeugte und Eingeborene, aus dem sich die übrige Schöpfung ergibt; er ist von der Schöpfung her gesehen der Schöpfungsmittler, insofern auch Gott, aber er ist zugleich ein oberstes, ursächliches Wesen des menschlichen und weltlichen Seins.

Arius geht von monarchianischen Vorstellungen aus: Gott ist Einer. Als Belegstelle dient ihm Spr. Sal. 8, 22, wo die ,,Weisheit" Gottes sagt: ,,Der Herr schuf mich als Ursprung seiner Wege für seine Werke". Damit ergibt sich eine Anknüpfung an die jüdische Weisheitsliteratur. Die Weisheitshypostase ist auch bei Arius der Schöpfungsmittler; sie ist eine Zwischenstufe zwischen Gott und

Mensch, ein besonders beauftragter Erlöser. Weisheit, Logos und Sohn sind dabei auswechselbar.

Von diesem Weisheits-Sohn oder Logos-Sohn gilt, daß er von dem Vater gezeugt ist. Seine Stellung als Mittelwesen drückt sich darin aus, daß er aus der Ewigkeit kommt, aber doch nicht selbst ewig ist. Vielmehr gibt es eine „Zeit, da er noch nicht war". Dies ist die auf dem Konzil von Nizäa umstrittene Formulierung. Arius betreibt auch seinerseits eine Präexistenz- und Logoschristologie, aber er sucht sie so zu differenzieren, daß er monarchianische und letztlich wohl auch adoptianische Vorstellungen durch die Unterscheidung von Vater und Sohn ausdrücken kann (zu den Begriffen „monarchianisch" und „subordinatianisch" vgl. u. S. 21 ff.).

Arius stellt sich nämlich – so Kelly – Jesus Christus primär als einen Menschen vor. Auch der himmlische Logos ist nicht der echte, sondern nur der adoptierte Logos. Er „wird (nur) Sohn oder Kraft aus Gnade genannt", sagt Arius. Es handelt sich um eine präexistente Adoption: Der Vater adoptiert den Menschen Jesus zum Logos-Christus in Voraussicht auf das kommende irdische Leben Jesu Christi. Arius kann offenbar gelegentlich auch von drei Hypostasen reden, nur meint er damit nicht drei Erscheinungsweisen Gottes, sondern drei Personen, die ganz unterschiedlich sind. Gott ist eben nur der Vater in seiner Ewigkeit. Auch darin drückt sich wieder der Monarchianismus aus.

Worin liegen die leitenden Gesichtspunkte?

1. Nach einem Ausdruck des Arianers Asterius kann die Schöpfung das Gewicht eines unmittelbar handelnden, ungeschaffenen Gottes nicht ertragen. Die Welt würde vergehen, wollte Gott sich ihr unmittelbar zuwenden. Hier wirkt der Gesichtspunkt der Heiligkeit Gottes.

2. Jesus Christus ist das Vorbild für ein heiligmäßiges Tugendleben. So wie er vorzeitlich adoptiert ist, so ist er auch das Modell für die Adoption der Christenmenschen aufgrund ihrer ethischen Bereitschaft. Hier drückt sich der Gesichtspunkt der Heiligkeit in Form der erlösenden Heiligung aus, der den Asketen besonders nahesteht.

3. Arius läßt noch einen dritten Erkenntnispunkt erkennen: Selbst der Logos vermag den Vater nicht voll zu erkennen. Der Weltlogos steht zur unsichtbaren und unsterblichen Gottheit im Verhältnis eines qualitativen Unterschiedes. Gott selbst ist nur negativ umschreibbar als der, der in absoluter Weise vollkommen ist und von der Welt her anzusprechen ist als der, der alles Welthafte vollkommen übersteigt. Der Logos-Christus hingegen ist von Gott her auf die Welt bezogen; er steht dem Denkvermögen näher. So öffnet sich die Möglichkeit einer rationalen Theologie, nämlich als die Gesamterfassung der Weltwirklichkeit auf diesen Logos-Christus hin.

Die Kirche verkündigt nicht nur, sondern sie muß auch im Rahmen der hellenistischen Weltauffassung argumentieren. Sie bringt Christus und das Heilsgeschehen mit dem Kosmos und der menschlichen Wirklichkeit in eine substanzhafte und erkenntnishafte Beziehung. Mit Arius droht deshalb die Erlösung zu einem Kulturprogramm zu werden, ein Programm, das es denkbar erscheinen läßt, die weltlich-irdischen Ordnungsstrukturen, einschließlich der politischen, in diese Logospyramide hinein unterzubringen.

Hier ergeben sich Ansatzpunkte für mancherlei neuzeitliche Sympathien für die arianische Position. Möglicherweise erklären sich daraus aber auch die Sympathien der Kaiser und der Westgoten für den Arianismus. Ob und inwieweit in dieser Theorie des Arius aristotelische Überlegungen ihren Niederschlag finden, läßt sich nur vermuten, jedoch nicht direktermaßen nachweisen.

Die *Position der Alexandriner,* worunter jetzt Bischof *Alexander* als erster zu verstehen ist, geht von dem gemeinkirchlichen Bekenntnis aus: Jesus Christus ist Gott. Alexanders Position wird in den Anfängen des Streites kaum recht greifbar; sie klärt sich erst ab. Auf dem ersten ökumenischen Konzil von Nizäa 325 erhält sie mit der homo-usios-Formel (gleichwesentlich) – Christus ist von *gleichem Wesen* wie der Vater – ihren griffigen Ausdruck. Das eigentliche Anliegen der Alexandriner wird zu Beginn des Streites bei dem am deutlichsten, der in Nizäa als Adjunkt des Bischofs beteiligt ist und zu seinem Nachfolger wird, bei *Athanasius*.

Athanasius (295–373) ist in einer christlichen Familie geboren und von Herkunft Kopte. Er hat Kontakt zu breiten Schichten des Volkes, besonders auch zu den ägyptischen Eremiten und Mönchen. Dem Mönchsvater Antonius wird er die Schrift „Das Leben des Antonius" als Zeichen der Freundschaft widmen. Der Wunderglaube, die Askese, die mönchische Einsamkeit, die Jungfräulichkeit sind für Athanasius der Kern jenes Wandlungs- und Erlösungsgeschehens, das Gott durch den Glauben und durch die Kirche bewirkt.

Seine theologische Ausbildung erhält Athanasius in Alexandria, im Wirkungsbereich der Theologie des Origines. So ist er von Haus aus ein Mann der Gottheit Jesu Christi: Gott selbst ist Fleisch geworden. Aber Athanasius teilt insbesondere in der Christologie die Ansichten, die auch Origines später noch zum Verhängnis werden, nämlich die subordinatianische Beziehung von Gott und Christus und die Betonung der „Seele" Christi als der eigentlich personkonstitutiven Essenz der Person des Erlösers.

Athanasius ist ein Mann des „Kirchenkampfes". In den diokletianischen Verfolgungen seiner Jugendzeit lernt er, daß Christsein ein kämpferisches und persönliches Bekenntnis verlangt. Sein Konzept ist zwar die Reichskirche, aber nicht nach der Vorgabe der Kaiser. Er tritt für die Autonomie der Kirche und der Theologie ein. Der Staat muß sich verchristlichen lassen, nicht die Kirche sich verstaatlichen. An kaum einem Punkt läßt er Verhandlungsbereitschaft erkennen. Die Irrlehrer, die Arianer, müssen aus der Kirche ausgeschieden werden. Im Jahr 328 wird er Bischof von Alexandria.

Athanasius ist nicht der Erfinder der Formel von der Gleichwesentlichkeit; er hat sie kaum verwandt, erstmals in seinen „Reden gegen die Arianer" (335 oder 356 ff.).

Es ist nicht geklärt, von wann die Athanasius-Schrift „Über die Menschwerdung des Logos" stammt, ob aus den Jahren um 318 oder erst aus den späteren zwanziger Jahren. In dieser Schrift jedoch wird der Bezugspunkt der alexandrinischen und der athanasianischen Position deutlich: Die Menschwerdung *Gottes* ist notwendig zur Erlösung der Welt, und zwar durch die Vereinigung der göttlichen und der menschlichen Substanzen. Gerade an der substantiellen Vereinigung von Gottheit und Menschheit hängt die objektive, die „physische Erlösungslehre" des Athanasius. Sie steht auch hinter dem Widerspruch Alexandrias gegen Arius.

2 *Athanasius, Über die Menschwerdung des Logos, 8 und 9:* (8) Deshalb also kommt der körperlose, unverwesliche und immaterielle Logos Gottes in unsere Heimat, obschon er auch vorher uns nicht ferne stand. Denn kein Teil der Schöpfung ist von ihm leer gelassen; vielmehr hat er alles in allem erfüllt, indes er selbst bei seinem Vater blieb. Aber jetzt erscheint er und läßt sich zu uns herab aus Liebe zu uns Menschen, und zwar in sichtbarer Gestalt. Er sah das vernünftige Geschlecht zugrunde gehen und den Tod mit seiner Verwesung herrschen über die Menschen; er sah, wie auch die Strafandrohung für die Sünde uns im Banne des Verderbens festhalte und eine Befreiung daraus vor der Erfüllung des Gesetzes unangebracht wäre; er sah auch das Unziemliche, das im Falle des Untergangs der Wesen, deren Schöpfer er selber war, gelegen hätte; er sah auch die überflutende Bosheit der Menschen und wie sie diese nachgerade bis zur Unerträglichkeit zu ihrem eigenen Verderben steigerten; er sah endlich alle Menschen als die Beute des Todes. Deshalb erbarmte er sich unseres Geschlechtes, hatte Mitleid mit unserer Schwachheit, ließ sich herab zu unserer Vergänglichkeit, duldete die Herrschaft des Todes nicht, und um die Schöpfung gegen den Tod zu schützen und das Werk seines Vaters an den Menschen nicht vergeblich sein zu lassen, nahm er einen Leib an, und zwar keinen anderen als den unsrigen. Denn er wollte nicht einfach in einem Leibe Wohnung nehmen, und er wollte nicht bloß äußerlich erscheinen. Hätte er nur das wollen, so hätte er in einem anderen besseren Leib als Gott erscheinen können. Aber nein! Er nimmt unseren Leib an, und zwar nicht auf einem beliebigen Wege, sondern von einer unbefleckten, makellosen und mit keinem Mann bekannten Jungfrau einen reinen, vom Verkehr mit Männern wahrhaft unberührten Leib. In seiner Macht und als Schöpfer aller Dinge bereitete er sich in der Jungfrau den Leib zum Tempel und eignet sich ihn als Werkzeug an, gibt sich in ihm zu erkennen und *wohnt darin*. Und so nahm er einen Leib an, dem unsrigen gleich, überantwortete ihn, da alle unter der Macht des Todes standen, anstatt aller dem Tode und brachte ihn dem Vater dar. Und das tat er aus Liebe zu den Menschen, damit alle *in ihm sterben* und so das *Gesetz von der Verwesung der Menschen aufgehoben* würde, da ja seine Macht am Leibe des Herrn sich erschöpft hat und bei den gleichartigen Menschen keinen Zugang mehr finden kann. Auch wollte er die Menschen, die in die Verweslichkeit zurückgefallen waren, wieder zur Unverweslichkeit erheben und sie vom Tode zu neuem Leben erwecken, indem er durch die Aneignung des Leibes und die Gnade der Auferstehung den Tod in ihnen wie eine Stoppel im Feuer vernichtete.

(9) Der Logos erkannte nämlich, daß das Verderben unter den Menschen nicht anders behoben werden könnte als durch seinen unbedingten Tod. Nun aber konnte der Logos, weil unsterblich und Sohn des Vaters, nicht sterben. Deshalb nimmt er einen sterbensfähigen Leib an, damit dieser durch seine Teilnahme am Logos, dem alle unterstehen, zum Tod für alle geeignet würde, dank dem einwohnenden Logos unvergänglich bliebe und nunmehr für alle das Verderben in der Gnade der Auferstehung ein Ende fände...

Die christologischen Aussagen dieses und anderer athanasianischer Texte sind später als nicht orthodox erschienen, weil Ausdrücke wie „Wohnung", „Tempel", „annehmen", „Werkzeug" letztlich doch keine wirkliche Fleischwerdung, sondern nur eine Art repräsentatives, akzidentielles Menschsein aussagen, in dem die göttliche Unsterblichkeit das Konstitutive ist. Aber die Tendenz dieser Aussagen geht gerade dahin, daß eine substantielle Verbindung zwischen der wesenhaften Gottheit und der wesenhaften Menschheit erfolgen muß, wenn die Erlösung, die Vergottung des Menschen und seine Hinführung zur göttlichen Unsterblichkeit, ins Werk gesetzt werden sollen. Nicht bloß der einzelne Mensch, sondern die Natur des Menschseins, die Physis soll erlöst werden. Nur so kann dem Tod wesenhaft die Macht entrissen werden. Das sind gut origineische Gedanken. Athanasius hat dieses Erlösungsverständnis später als die *theopoiesis,* als die *Vergottung* des Menschen bezeichnet.

Bei Athanasius gehört der „Sohn" in den Bereich des göttlichen Wesens, also voll in die ewige Lichtwelt hinein. Dort ist er gezeugt als „Gott von Gott", gleichwesentlich mit dem Vater. Das Heilswerk des Christus-Logos besteht – mit Origines – in allgemeiner Weise in der Schaffung und Geistdurchdringung allen Seins, in besonderer Weise aber in der Kirche, die inmitten der abgefallenen und todverfallenen Welt der Heilsraum ist, in dem das ewige Licht und das unsterbliche Leben erneut unter der Menschheit wirksam werden und schließlich der Todesmacht ihre Herrschaft über die Schöpfung wieder entreißen.

Es ist bei Athanasius beobachtet, daß er sich eng an das alttestamentliche Schöpferverständnis anschließt und eigentlich der Vorstellung des Logos als des Schöpfungsmittlers nicht mehr bedarf. Er benötigt aber diesen Christus-Logos zur Erklärung der Erlösung. Gerade diese *soteriologischen* Gesichtspunkte stehen im Vordergrund, während bei Arius mehr die kosmogonischen und ethischen Aspekte im Vordergrund stehen. Darum geht es in diesem Ringen der Sache nach um eine Differenz von eigentlich Zusammengehörigem: Die Erklärung der Weltwirklichkeit steht gegen die Erklärung der Welterlösung. Die endgültigen Entscheidungen in Nizäa und in Konstantinopel fallen in die Richtung der *Erlösungslehre.*

3. Zur Vorgeschichte des Streites um die Trinität

Es ist schon deutlich geworden, daß der Streit zwischen Athanasius und Arius zunächst kein Streit um die Trinität, um die drei göttlichen Personen, sondern nur ein Streit um die Gottheit Jesu Christi ist. Zum Streit um die Trinität kommt es erst später durch das Eingreifen der kappadozischen Theologen, die die Frage nach der Gottheit auch des heiligen Geistes ausdrücklich aufwerfen müssen.

Die entscheidende Frage aus neuzeitlicher Sicht besteht darin, ob und warum dieser Jesus von Nazareth zugleich Gott oder göttlich ist. Darüber lassen uns die Quellen des Neuen Testaments nicht im Unklaren. Das Zeugnis der christlichen Gemeinden bezeugt ihn als Gott. Dabei gibt es allerdings frühe Überlieferungsschichten, die noch im Zusammenhang mit den Täuferkreisen stehen und von der Ansicht ausgegangen sind, daß Jesus von Nazareth an einem Punkt seines Lebens, nämlich bei seiner Taufe durch Johannes, von Gott zum „Sohn" adoptiert worden sei, ähnlich wie auch die Königsprädikationen Israels von einer Adoption des Königs sprechen (Ps 2, 7; vgl. Mk 1, 11 par.). Diese Konzeption des *Adoptianismus* stellt wohl die älteste Schicht dar, aber auch sie zeigt, daß die Aussage des Glaubens sich mit einer bloßen Mitmenschlichkeit oder Gleichmenschlichkeit nicht begnügt, sondern auf die Erklärung dessen zielt, was das Wirken und was die Person dieses Jesus von Nazareth im Blick auf den Glauben an Gott besagt und bewirkt, insbesondere was sein Leiden und seine Kreuzigung, sein Auferstehen und seine Gegenwart im Geist dabei bedeuten (vgl. dazu Band 1 dieser Reihe).

Es wäre historisch nicht korrekt zu meinen, daß sich im Neuen Testament noch Züge einer urtümlichen nur-geschichtlichen, nur-menschlichen Auffassung Jesu Christi fänden und erst die frühkatholische Kirche daraus dann eine Gottheit gemacht habe. Vielmehr liegt das Zeugnis von der Gottheit dieses Jesus von Nazareth, schon von den Auferstehungserscheinungen vor den „Aposteln" her, im Urzeugnis der Gemeinde beschlossen, und dieses Urzeugnis gewinnt bereits im ausgehenden ersten Jahrhundert eine triadische Form bei Matthäus (Mt 28, 19). Sie wird zur Vorlage der weiteren Überlegungen. So kompliziert sich auch die Herleitungen der christologischen Würdetitel im Bereich des Neuen Testaments darstellen, so wird doch in der historischen Langfristigkeit der Entwicklung deutlich, daß sich die Aussagen über Christus über die Geburtsgeschichten und Geschlechtsregister hinaus auf ein präexistentes Sein Jesu Christi hinentwickeln. Hier setzt die Logoschristologie der Apologeten an.

Noch in der Wende vom zweiten zum dritten Jahrhundert gibt es – besonders in Rom – Richtungen, die diese Logoschristologie und damit eine seinshafte und präexistente Betrachtung Jesu Christi nicht akzeptieren. Auch kleinasiatische Theologen und Gemeinden scheinen sich nicht schlüssig darüber zu sein, wie und in welcher Weise die Gottheit Jesu Christi verstanden und ausgesagt werden muß. Es geht bei diesen Aufgabenstellungen um Denkbewegungen, die durch begriffliche Fassung das einholen und das begründbar machen müssen, was im kerygmatischen Inhalt des Neuen Testaments und der Überlieferungen gleichsam als Vorgabe schon enthalten ist. Darum sind die spekulativen Systeme der Gotteslehre nicht willkürliches Glasperlenspiel, sondern darin begründet, daß die theologische Sprache den Gehalt dessen, was der Glaube ergreift und worauf er sich einläßt, einholen und aneignen will. Erst durch den assoziativen Duktus der Bilder und Begriffe, die dabei verwandt werden, ergibt sich das, was als theologische Wahrheit oder auch als Heterodoxie schließlich zur allgemeinen katholischen Auffassung wird und was nicht.

In Rom gibt es am Beginn des dritten Jahrhunderts Meinungen, die Christus nach wie vor ,,von unten" her betrachten, von seiner menschlich-geschichtlichen Erscheinensweise her. Hippolyt, selbst ein Vertreter der Logos-Christologie, erinnert in seiner ,,Widerlegung aller Häresien" an den aus Kleinasien/Byzanz stammenden Gerber oder Schuster Theodot, der mit der – aus der Gnosis entlehnten – These auftritt, Jesus sei als Mensch geboren, und zwar nach dem Willen des Vaters aus der Jungfrau Maria. Weil jedoch Jesus so überaus gottesfürchtig gewesen, sei er aufgrund des väterlichen Willens zum ,,Sohn" erhoben, adoptiert worden. In der Taufe sei der ,,Christus" auf ihn in Gestalt des Geistes herabgekommen (Adoptianismus).

Diese Theorie des Theodot bringt zum Ausdruck, was auch anderen Theologen dieser Zeit wichtig ist, nämlich die Einheit und Monarchie Gottes. Gott ist nur einer, und die Beziehung zwischen dem Vater und dem ,,Sohn" ist nur eine dynamische, eine Beziehung der Kraft, die dem Sohn verliehen wird, nicht eine Beziehung des Wesens. Darum läßt sich diese Überlegungsreihe als *dynamistischer Monarchianismus* bezeichnen.

Daß auch ein römischer Bischof in den Monarchianismus verwickelt ist, wird bereits oben (Bd. 2, S. 125) erwähnt. Kallist will seinem Gegner, Hippolyt, der die Logos-Theorie vertritt, keine ,,zwei Götter" zugestehen. Kallist faßt die Logos-Theorie als Ditheismus auf. Zugleich entscheidet er aber auch, daß es nicht der Vater sei, der in Jesus Christus gelitten habe. Er rückt also vom strikten Monarchianismus ab.

Zwei andere Theologen, Noet und Sabellius, zeigen, wie verbreitet der Monarchianismus zu dieser Zeit ist. Beide wollen ebenfalls die Einheit Gottes festhalten. Die Gründe dafür sind aufschlußreich. Wir erfahren sie durch Hippolyt.

Hippolyt macht es in der ,,Widerlegung" dem Noet zum Vorwurf, daß er das Verhältnis des Logos nur in einer naturphilosophischen Weise beschreibe. Er folge nämlich der pantheistischen Philosophie des Heraklit, der das Verhältnis des Alls zur Gottheit paradox darstellt. Heraklit teilt das All auf: es ist geteilt und ungeteilt, erzeugt und unerzeugt, sterblich und unsterblich. Es wird zwar durch den Logos geschaffen und durch dieses Wort zusammengehalten, aber dieses Wort ist für den Menschen nicht verständlich, obwohl sie am Geschehen des

Wortes im Zusammenhang der Weltwirklichkeit teilhaben. Das Wort ist bei Heraklit ein Naturprinzip und steckt in allem Sein als das, was dieses Sein bewegt. Noet behauptet deshalb nach Hippolyt, der Vater und der Sohn seien ein und dasselbe; der Vater sei bei der Zeugung sein eigener Sohn geworden (Die Widerlegung aller Häresien IX, 10).

So sind für Noet der Vater und der Sohn nur zwei Weisen der Selbstoffenbarung Gottes, und die „Trinität" wird bei ihm zu einer Abfolge zeitlicher Art, in der Gott aus sich heraus tritt. Gott wird tatsächlich pantheistisch gesehen: Er ist alles in allem, und was sich jeweils offenbart, ist stets Gott selbst.

Aus diesen Theorien des Noet von Smyrna macht *Sabellius*, der ebenfalls gegen 215 in Rom auftritt, die verschärfende Theorie: Der Vater habe als „der Sohn" selbst gelitten am Kreuz. Der Sohn besitzt mithin keine Selbständigkeit neben dem Vater, sondern stellt eine andere Erscheinungsweise des Vaters dar. Auch Sabellius will Monarchianismus; er will die Einheit Gottes gegen die Logos-Theorie verteidigen. Auch für ihn ist der Logos im vollen Sinne Gott, aber eben nur als eine besondere Erscheinungsweise (modus) Gottes. Es handelt sich darum um einen *Modalismus*, und der wiederum führt zu der zugespitzten Theorie vom Leiden des Gott-Vaters selbst (Patripassianismus).

Mit diesen Vorstellungen des Monarchianismus verbindet sich eine *ökonomische* Sicht der *Trinität*. Die Gottesoffenbarungen als Vater, Sohn und Geist sind die einander folgenden Phasen der Entfaltungen Gottes in der Schöpfung, in der Erscheinung Christi und der Zeit der Geistleitung der Kirche. Sabellius treibt eine *Heilsökonomie* besonderer Art, indem er sie *als trinitarische Abfolge* beschreibt (ökonomische Trinität), in der Geschichte und Offenbarung aufeinander bezogen sind und der die Theorie von der Abfolge der Weltalter, wie sie im Mittelalter beispielsweise Joachim von Fiore mit der Theorie vom petrinischen, paulinischen und johanneischen Zeitalter vertreten wird, naheliegt.

Tertullian in Nordafrika findet erstmals aus abendländischer Sicht die Formulierung dafür, wie die Bezüge zwischen der einen Gottheit und den drei „Personen" auszudrücken sind: „Drei Personen, eine Substanz". Tertullian wendet sich damit gegen Praxeas, der ebenfalls die Einheit Gottes nicht anders meint festhalten zu können als so, daß Vater, Sohn und Geist ein und dasselbe seien. Demgegenüber erklärt Tertullian: Es ist eine göttliche Substanz, die in drei Erscheinungsweisen auseinandertritt, Erscheinungsweisen, die sich im Grad, in der Form, aber nicht in der Substanz unterscheiden.

3 *Tertullian, Gegen Praxeas 2, 4:* Als ob der eine nicht auch dann dies alles sei, wenn aus dem einen, dank der Einheit der (göttlichen) Substanz, alles herkommt, und nicht trotzdem das Geheimnis der Ökonomie gewahrt werde, das die Einheit in eine Dreiheit ausgehen läßt und drei (Personen): Vater, Sohn, und

Geist, (zu glauben) vorschreibt, freilich als Dreiheit nicht der Beschaffenheit, sondern dem Grade, nicht der Substanz, sondern der Form, nicht der Macht, sondern der Erscheinungsweise nach und doch als von einer Substanz, einer Beschaffenheit und einer Macht, weil nur ein (einziger) Gott ist, nach dem auch jene Grade, Formen und Erscheinungsweisen als Vater, Sohn und heiliger Geist bekannt und bestimmt werden.

Tertullian klagt selbst einmal, daß die Lateiner die Monarchia Gottes preisen, daß aber die Griechen die Ökonomie nicht einsehen wollten.

Er selbst versteht das Verhältnis der drei Personen in der Weise, daß der Sohn eine Kraft der Gottheit, der heilige Geist ein Amt (munus) der Gottheit sei. Der lateinische Ausdruck für Person (persona) bedeutet etwa eine funktionale Äußerung, eine Wirkweise, und der andere Ausdruck „Substanz" besagt das Gemeinsame der drei Personen, was in diesen Wirkweisen real wirksam wird: Gott im Sohn und Gott im heiligen Geist. „Vater Gott und Sohn Gott und heiliger Geist Gott", schreibt er in der Schrift „Gegen Praxeas" (3).

Die Formel Tertullians setzt sich keineswegs sogleich durch, und man muß sich, gerade bei dem modernen Vorbehalt, es handle sich um spekulative Bilder und Symbole, doch vergegenwärtigen, daß eben diese Bilder und Symbole in der antiken Welt realontologisch aufgefaßt werden und einen erkenntnistheoretischen Vorbehalt der frommen Subjektivität auf keiner Seite, weder im lateinischen Westen noch im Osten, zulassen.

In der Theologie des Ostens, zu dem auch Alexandria gerechnet wird, gewinnt die Theologie des *Origines* weithin Zustimmung. Hier wird die Logos-Christologie zur Hypostasenlehre entfaltet. Zunächst erzeugt ja die Logos-Christologie bei vielen den Eindruck, daß die Einheit Gottes in eine Zweiheit hinein aufgelöst werden könnte; aber Origines, der ja vom Stufenkosmos ausgeht, denkt die Entfaltung der Trinität als einen Vorgang *vor* aller Schöpfung und darum auch *vor* diesem Stufenkosmos. Er bewegt sich in der Bahn einer *immanenten Trinitätslehre*. Das Verhältnis der drei göttlichen Hypostasen ist ein Verhältnis Gottes in und zu sich selbst.

Um begrifflich zu erfassen, daß der Sohn die Herauslösung Gottes aus sich selbst in der Ewigkeit des Lichtreiches, ein Vorgang vor aller Geschöpflichkeit ist, bedient sich Origines des Ausdrucks der *Hypostase*. Er ist die Umschreibung für die von Gott ausgehende und sich in ihm vollziehende Emanation (Ausfluß). Gott verwirklicht sich auf einer niedrigeren Stufe innerhalb seiner Gottheit. Der Sohn erscheint deshalb als Gott vom Wesen Gottes – das drückt ja auch das Bild von der ewigen Zeugung und das Bild von dem Licht und dem Lichtstrahl aus –, aber er ist – immanent vorgestellt – auch eine zweite Hypostase neben dem Vater. So kann Origines gelegentlich von „zwei Göttern" sprechen: Es besteht Gleichheit oder Ähnlichkeit zwischen dem Vater und dem Sohn, nämlich im Blick auf das Wesen, das ihnen vorzeitlich gemeinsam ist; es ist eine Gemeinsamkeit des Wesens (der Usia), des Willens und der Ursprünglichkeit.

Denkt man sich aber das Verhältnis von der Hypostase her, dann ist zwar der Sohn kein Geschöpf, so wie es andere Geschöpfe sind, aber er ist dem Vater nur „ähnlich" (homoios): Er besitzt am Wesen der Gottheit ursprungshaft und vorzeitlich Anteil und ist doch eine Entäußerung des Vaters auf eine andere, niedrigere Seinsstufe hin.

Diesem Schema einer hypostasierenden Emanation läßt sich dann auch das Ausgehen des Geistes vom Vater entsprechend einordnen.

Der Begriff der Hypostase ist ein Kunstbegriff aus der Stoa. Er bedeutet ein Heraustreten der oberen Wesenheit in eine niedrigere Seinsstufe des Schichtenkosmos, bei Origines als vorzeitliches Heraustreten gedacht, nicht als Ausdruck für die Seinsschichtungen der Weltwirklichkeit. Origines hat sich dies so vorgestellt, daß dabei die Wesenhaftigkeit zwischen Vater und Sohn dieselbe bleibt (gleichwesentlich – homo-usios), daß aber der Sohn „der Zahl nach" etwas selbständig Existierendes wird. Darin wird dann freilich die Nähe zum neuplatonischen Denken erkennbar; denn die Einheit Gottes tritt so in die Differenzierung, in die Vielheit hinein, eine Bewegung, die in der Weisheitsoffenbarung Gottes ihren Anfang hat. Der Logos ist für Origines diese Weisheitsoffenbarung Gottes.

Bringt man diese Aussagen des Alexandriners in ein Schema, dann ordnen sich Vater, Sohn und heiliger Geist einander emanativ unter. Es entsteht eine *Subordination* des Sohnes unter den Vater. Die drei Hypostasen sind subordiniert. Das bedeutet für die spätere Dialoglage des vierten Jahrhunderts die Gefahr, daß doch eine Dreiergottheit entsteht und die Einheit verloren gehen könnte.

Nur möchte Origines nicht einen Naturprozeß schildern, sondern das ewige Herausgehen der Gottheit, und in diesem Sinne bezeichnet er die ewige und *immerwährende Zeugung des Sohnes* aus dem Vater darum als ein Ausströmen Gottes in die Welt hinein. So ist es ein Prozeßgeschehen, das er schildert. Das wird der Grund, weshalb Origines seine Schwierigkeiten hat, die Personalität des Jesus Christus zu erklären, wie er auf Erden erschienen ist. Origines scheidet nämlich so scharf zwischen der göttlichen und der menschlichen Natur in Jesus Christus, daß der Mensch Jesus nur als Träger der göttlichen Logos-Seele erscheint. Athanasius drückt das mit Begriffen wie „Wohnung", „Tempel" aus. Das besagt dann, daß die Menschheit des Erlösers nur etwas Angenommenes, eine Art Verhüllung, aber nicht Menschheit vom Wesen des sterblichen Menschen ist. Um seiner Christologie willen wird Origines später verurteilt (vgl. dazu bei Origines, Von den Prinzipien I, 2, 1–6).

Das dritte Jahrhundert gelangt nicht mehr zu einer grundsätzlichen Klärung der Fragen um die Trinität. Die Alexandriner und mit ihnen weite Bereiche des Ostens lassen sich auf die Hypostasenlehre des Origines ein. In diesem Sinne sagt Bischof *Dionys von Alexandria* (ca. 190/200–264/65), der Sohn sei bezüglich des Wesens dem Vater ,,fremd" und verhalte sich zu ihm ähnlich wie der Weinstock zu seinem Gärtner. Dieser Meinung tritt der *römische Bischof Dionys* (Bischof 260–67) – im Streit ,,der beiden Dionyse" (262) – entgegen, wenn er – das ist ein gewisses Zwischenergebnis – dem gegenüber die Ewigkeit des Sohnes behauptet. Für den Römer ist die heilige Triade nur Eines. Dionys von Rom meint zwar, damit der ,,göttlichen Trias und dem Kerygma der Monarchia Gottes" genug getan zu haben, aber mehr als ein Zwischenergebnis ist das nicht.

Noch an einem weiteren Fall ergibt sich ein Zwischenergebnis, in der Verurteilung *Pauls von Samosata* und seines dynamistischen Monarchianismus. Durch seine Verurteilung auf der zweiten antiochenischen Synode von 268 scheidet diese doch recht alte Theorie endgültig aus der ökumenischen Diskussion aus.

Paul hat den Logos unpersönlich aufgefaßt, aber von diesem unpersönlichen Logos behauptet, er sei mit dem Vater wesensgleich. Damit ergibt sich die Verbindung der Wesensgleichheit mit dem Monarchianismus – hier taucht erstmals in der christlichen Gotteslehre der Ausdruck homo-usios (gleichwesentlich) auf –, eine Besonderheit, die der Durchsetzung des homo-usios im vierten Jahrhundert etliche Häresieverdächtigung bereitet. Bemerkenswert an Paul von Samosata ist, daß er – im Gegensatz zu Origines – doch noch ganz vom irdischen Jesus aus denkt; denn der apersonale himmlische Logos und der irdische Jesus gehen bei ihm keine Verbindung miteinander ein, sondern der Logos waltet in Jesus so, wie die Vernunft im menschlichen Herzen waltet. Der biblische Ausdruck ,,Sohn" wird darum auch nur auf die Geburt aus der Jungfrau Maria im biologisch-generativen Sinn bezogen, nicht – wie bei Origines – auf die vorzeitliche Zeugung.

Wie verhält sich die Wesenseinheit des Sohnes mit dem Vater zur Personhaftigkeit des Jesus Christus? In dieser Fragestellung trifft sich, ausgelöst durch die Predigten des Arius, das erste ökumenische Konzil von Nizäa im Jahr 325.

4. Die homo-usios-Entscheidung von Nizäa 325

Angesichts der Spaltungsgefahr beruft Kaiser Konstantin aus eigenem Entschluß eine Synode nach Nizäa südlich der Kaiserstadt Nikomedia. Es handelt sich um die erste Reichssynode. Sie wird auch als die erste ökumenische Synode gezählt, obschon 300 Bischöfe aus dem Osten, aber nur 6 aus dem Westen erscheinen. Die Akten dieser Synode, die außer über die Gottesfrage noch über eine Reihe weiterer kirchlicher

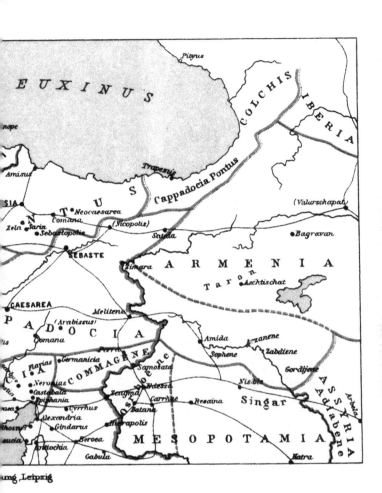

Fragen Entscheidungen trifft und der Konstantin in höchsteigener Person beiwohnt, sind nicht überliefert.

Die Synode nimmt folgenden Text als gemeinsame Einsicht an, um den kirchlichen Frieden durch einen Kompromiß wiederherzustellen:

4 *Das nizänische Symbol (IV):* Wir glauben an einen einigen Gott, den Vater, den Allmächtigen, Schöpfer alles dessen, das sichtbar und unsichtbar ist.

Und an einen einigen Herrn Jesum Christum, den Sohn Gottes, der vom Vater geboren ist, eingeboren, das heißt vom Wesen des Vaters, Gott von Gott, Licht vom Licht, wahrhaftiger Gott vom wahrhaftigen Gott, geboren, nicht geschaffen, von *einerlei Wesen* (homo-usios) mit dem Vater, durch welchen alles ins Sein kam, was im Himmel und auf Erden ist, welcher um uns Menschen und um unserer Seligkeit willen vom Himmel herabgekommen ist und Fleisch annahm, Mensch wurde, litt und am dritten Tage auferstand, aufgefahren ist gen Himmel, kommen wird, zu richten die Lebendigen und die Toten.

Und an den heiligen Geist.

Was aber die angeht, die sagen, es gäbe eine *Zeit, da er nicht war,* und, ehe er geboren wurde, sei er nicht gewesen, und daß er ins Dasein kam aus nichts, oder die behaupten, daß der Sohn Gottes von einer anderen *Hypostase oder Substanz* sei oder der Änderung und dem Wechsel unterworfen – diese verflucht die katholische und apostolische Kirche.

Der Wortlaut dieses Beschlusses ist uns unter anderem sowohl von Athanasius als auch von Euseb von Nikomedien überliefert. Die Vorlage des Textes erzeugt bei den Bischöfen aus dem Osten „Verlegenheit und Entrüstung" (Kelly). Sie bedeutet die Ausscheidung des Arius und seiner Richtung, ja sogar die Verbannung. Die Arianer verweigern ihre Zustimmung. Die Mehrheit jedoch unterschreibt.

Es ist nicht aufgeklärt, von welcher Seite dieser Text zur Vorlage gekommen ist. Wahrscheinlich handelt es sich um eine alte Tauformel der Jerusalemer Überlieferung, die in ihrer ursprünglichen Ausrichtung der antiochenischen Theologie nahesteht. Sie hat wie das Romanum drei Teile (Vater, Sohn, Geist), enthält einige Verschiedenheiten wie die weiter nicht strittigen Doxologien (Lobpreisungen: „Gott von Gott, Licht vom Licht"). Seine Vorstufen sind wohl älter als die des Romanum.

In diese Vorlage wird das homo-usios („einerlei Wesen mit dem Vater") eingefügt, und zugleich wird in der abschließenden Verwerfung gegen den alexandrinisch-origenischen Sprachgebrauch von nur einer Hypostase gesprochen, und zwar mit der ebenso problematischen Interpretation: „oder Substanz".

Der Vorschlag, das homo-usios in die Formel aufzunehmen, obschon aus dem Streit mit Paul von Samosata doch als mißlich bekannt, stammt möglicherweise von Konstantins Hofbischof zu dieser Zeit, *Hosius von Cordoba*. Er ist als Kompromiß gedacht, wirkt aber gegenteilig. In der Tatsache jedoch, daß auch die Syllukianisten mehrheitlich unterschreiben (auch Euseb von Nikomedien als deren Sprecher), drückt sich die Einsicht aus, der manche Forscher heute folgen, daß doch auch die Arianer ein homo-usios hätten unterschreiben können. Der Vorschlag dieser Formel könnte deshalb auch aus deren Richtung stammen. Wenn die Gleichwesentlichkeit nämlich – im Unterschied zum Geschaffensein der Schöpfung – die Zeugung des Sohnes durch den Vater im Sinne der Besonderheit und Einzigartigkeit dieser Zeugung hätte aussagen sollen, dann wäre den Arianern diese Aussage durchaus zugänglich gewesen. Daß dies der Fall wird, zeigt sich daran, daß es Arius im Jahr 327 bereits möglich ist, dem Kaiser ein neues Bekenntnis vorzulegen, das dessen Billigung erhält und woraufhin die Verbannung des Arius aufgehoben wird.

Aus der Richtung des Athanasius und Alexandrias (Bischof Alexander) kann der Textvorschlag kaum stammen; denn das Nizänum spricht weder von der ewigen Zeugung des Sohnes noch von den *drei* Hypostasen im Sinne des Origines. Es ist ein Text, in dem das homo-usios doch recht monarchianisch klingt, weshalb die Vermutung, daß es aus westlichem Einfluß stammt, nicht von der Hand zu weisen ist. Ist nämlich der Sohn mit dem Vater gleichwesentlich, gibt es also nur eine Usia Gottes, nur eine Hypostase, dann muß sich aus dem Vorverständnis der Osttheologen der Einwand nahelegen: Es liegt Monarchianismus vor, der die Unterscheidung der drei Personen (prosopon) oder Hypostasen nicht zum Ausdruck bringt.

Wie man nun diese Unklarheit der Beziehung des einen göttlichen Wesens zu den drei göttlichen Personen (usia – prosopon) zueinander in Beziehung rückt, wie man seine eigene Position in die vorliegenden Begriffe hineinhebt, wie man aber auch neue hinzuzieht, um die Frage zu klären, das bedeutet sachlich den Inhalt des trinitarischen Streites, dessen Verlauf in den nächsten Jahren und Jahrzehnten durch eine Fülle von Eingriffen des Staates, durch Karrieresucht der Bischöfe, durch kirchenpolitische Machtansprüche im Osten und dann zwischen Ost und West verunstaltet wird.

II. Die Kirchenpolitik im vierten Jahrhundert

1. Der ältere Konstantin

Die kirchenpolitischen Ereignisse des vierten Jahrhunderts sind aufs engste mit den trinitarischen Streitigkeiten verbunden. In ihnen liegt soviel Zündstoff, soviel auch kirchliches Machtstreben, daß die Kaiser, denen an der Überwindung des Heidentums und daran liegt, wieder zu einer Reichsreligion hinzugelangen, in die Verwicklungen und Verwirrungen der theologischen Parteiungen hineingezogen werden. Das wiederum bewirkt, daß die Kaiser nunmehr dazu übergehen, ihrerseits ihre Macht und Autorität einzusetzen, um dem Ziel näherzukommen. Bis zum Jahr 380, in dem Theodosius das Edikt Cunctos populos erläßt, das alle Reichsbürger auf die römisch-alexandrinische Orthodoxie verpflichtet, und bis zum Konzil von Konstantinopel 381, auf dem sich endgültig die jungnizänische Theologie durchsetzt, währt das Ringen um die Gottheit Jesu Christi in der Ökumene.

Daß Konstantin sich berechtigt weiß, als Bischof der äußeren Angelegenheiten der Kirche (episkopos toon ektoon) in die Verhandlungen der Gruppen einzugreifen, zeigt bereits das Konzil zu Nizäa. Es ist die Meinung des älteren Kaisers, daß er durchaus auf der Linie der Beschlüsse von Nizäa verbleibt, wenn er sich von den Alexandrinern ab- und denjenigen zuwendet, die unter der Führung des *Euseb von Nikomedien* eine weithin von Origines bestimmte *Vermittlungstheologie* treiben. Euseb von Nikomedien kann sich bereits 327 vom Vorwurf des Arianismus befreien und wird erneut in sein Bischofsamt eingesetzt, er avanciert zum Hoftheologen Konstantins. Selbst Arius wird es gestattet, wie gesagt, eine neue Bekenntnisformel vorzulegen, die akzeptiert wird, wenn er auch sein Amt in Alexandria nicht wieder erlangt.

Dies letztere hängt damit zusammen, daß Bischof Alexander von Alexandria im Jahr 328 stirbt und sich über der Frage seiner Nachfolge die Gemeinde dort zerspaltet. In einer Art Husarenritt wird Athanasius von einer Minderheit zu seinem Nachfolger gewählt und rechtmäßig geweiht. Er wird die nizänische, orthodoxe Leitfigur der kommenden Kämpfe, vor allem für den Westen. Noch Alexander empfängt von Konstantin den Befehl, Arius wieder in die Kirchengemeinschaft aufzunehmen. Athanasius weigert sich aus Gründen der Rechtgläubigkeit standhaft, das zu tun.

Hier nun setzen die neueren Darstellungen mit der Frage an, ob es Athanasius wirklich entscheidend um die Rechtgläubigkeit gegangen sei. *R. Klein* ist der Meinung, Athanasius habe die Frage der Rechtgläubigkeit geschickt mit der kirchenpolitischen Zielsetzung verkoppelt, um die es ihm eigentlich geht, nämlich seine Stellung als Metropolit von Alexandria zu festigen und auszubauen. Aus dem Bild des Kämpfers wird so das Bild einer intransigenten Figur, die an die homo-usios Formel selbst gar nicht gebunden erscheint, wohl aber an die Durchsetzung der in Nizäa beschlossenen kirchenpolitischen Richtung. Tatsächlich wird Athanasius aus dem Umkreis der Hoftheologie verdächtigt, sich auch mit politischen Mitteln gegen Konstantin zu wenden, so etwa, indem er im Bund mit den Hafenarbeitern von Alexandria die Verschiffung des Getreides für die Hauptstadt verhindere. Auch Konstantius II. wird ihm später den Vorwurf machen, er habe ihn und seinen Bruder Konstans bewußt entzweit.

Jedenfalls erhält die Kirchenpolitik des älteren Konstantin eine neue Richtung, und wiederum ergibt sich aus den Erfahrungen, die vor allem die nizänischen Bekenner im Westen mit diesem Kaiser machen müssen, eine zunehmende Distanzierung der Westkirche vom Kaisertum. Hier bahnt sich eine für die europäische Geschichte folgenreiche Grundeinstellung im *Verhältnis* zwischen *Kirche und Staat* an. Die Bischöfe des Ostens sind in weitaus stärkerem Maß auf das Kaisertum, auf die Symbiose zwischen Kirche und Staat bezogen als die Bischöfe des Westens. Im Westen wird im Zusammenhang mit der nizänischen Orthodoxie eine politische Einstellung virulent, die vom Staat Freiheit der Kirche in ihren Bereichen, Respektierung der priesterlichen Gewalt und Vollmacht verlangt und so schon jetzt auf eine Linie einschwenkt, die sich in der Zwei-Gewalten-Theorie des Papstes Gelasius I. (492–496) in seinem Schreiben aus dem Jahr 494 an den Kaiser Anastasius zum Ausdruck bringen wird. Der *Dualismus Kirche und Staat,* der für das westliche Abendland kennzeichnend wird, hat im vierten Jahrhundert und seinen Verwicklungen seinen Ursprung.

Die kaiserlichen Drohungen treffen vor allem Athanasius selbst: Er soll Arius wieder aufnehmen. Da er sich weigert, wird er aufgrund eines Beschlusses der *Synode von Tyrus 335* seines Amtes entsetzt und muß erstmals in die Verbannung nach Trier gehen. Diese regelrechte und kanonische Absetzung gibt der Politik Konstantins gegen den Alexandriner immerhin eine kirchliche Rechtsgrundlage. Aber auch dieser Synode läßt er seinen kaiserlichen Willen kundtun.

5 *Konstantin an die Synode in Tyros (335), Euseb, Leben Konstantins IV, 42:*
Wenn einer, was ich nicht annehme, es versucht, unserem Befehl auch diesmal zu widerstehen und nicht zu erscheinen, dann werde ich sofort jemanden abschikken, der ihn kraft kaiserlichen Befehls vertreiben und belehren wird, daß es sich nicht ziemt, der vom Herrscher zugunsten der Wahrheit erlassenen Verfügung zu widerstreben...

Die Gründe dafür, daß sich die kirchlich-theologischen Richtungen nicht zu einigen vermögen, sind vor allem in den denkerischen Traditionen und in den Schulrichtungen zu suchen. Die *antiochenische Schule,* der auch *Lukian* (260–312) entstammt, hat sich vermutlich einer von Aristoteles geprägten Wissenschaftlichkeit verpflichtet und übt sich jedenfalls in einer der Textauslegung zugewandten biblischen und philologischen Theologie, die nach den historischen Gründen zurückfragt. Ihr Begründer ist *Diodor von Tarsus* (gest. ca. 394); *Johannes Chrysostomus* (354–407) und *Theodor von Mopsuestia* (gest. 428) werden aus ihr hervorgehen. Die *Alexandriner* verpflichten sich dem Platonismus, schon seit und mit Klemens und Origines; sie sind der Allegorese, der spekulativen Schöpfungstheorie, der Seelenmetaphysik verbunden. Aus dieser Schule stammt *Euseb von Caesarea,* der dort in Alexandria zunächst Bibliothekar ist. Aber diese Schulrichtungen und ihre Anbindungen an die großen Wissenschaftssysteme der Zeit werden durch vielerlei gebietskirchliche Gruppierungen und Rücksichten durchkreuzt. Schließlich spielen der Gegensatz zwischen dem Osten und dem Westen, das kulturgeschichtliche Gefälle zwischen den beiden Reichshälften, die mangelnde sprachliche Kommunikation eine erhebliche Rolle.

War in Nizäa der ursprüngliche Arianismus ausgeschieden, so bildet sich mit Euseb von Nikomedien eine mildere Form des Origenismus heraus, die Nizäa so versteht, daß dort von einer *Wesensähnlichkeit* zwischen dem Sohn und dem Vater (homoios – wesensähnlich) gesprochen sei. Diese *Vermittlungstheologie* will nun durchaus nizänisch reden, daß Christus im vollen Sinn Gottheit ist wie der Vater auch. Aber sie hat, von der Hypostasenlehre des Origines her, die Vorstellung, daß es dabei doch auch um zwei individuierte Phänomene, eben Vater und Sohn, geht, und darum ist für sie die nizänische Formel der *Gleich*wesentlichkeit ein zu starker Ausdruck; denn Gleichwesentlichkeit zielt auf eine Wesenseinheit im Sinne auch einer Personeinheit. Hier steigen die Konflikte mit den Homo-usianern des Westens auf. Jedenfalls ist die homoi-usianische Richtung nicht mehr als arianisch im ursprünglichen Sinne anzusehen.

Die sprachlichen Gründe für die Spaltungen zwischen den Gruppen liegen darin, daß der Begriff hypostasis, der im Griechischen eine Verwirklichungsstufe bedeutet, im Lateinischen mit persona übersetzt wird, und persona bedeutet soviel wie eine eigenständige Weise des Existierens. Die Nizäner des Westens wittern ihrerseits deshalb in der abschwächenden Formel des homoios eine Tendenz, die auf die origineische Hypostasenlehre hinausläuft und drei Personen postuliert, während umgekehrt die Homoi-usianer des Ostens im nizänischen homo-usios eine monarchianische, also die Personen vereinerleiende

Tendenz wittern, so wie sie bereits im dritten Jahrhundert Sabellius gelehrt hat, der ausgeschieden worden ist.

Die Reizfigur dieser Jahre ist im Westen *Marcell von Ankyra* (gest. 374). Er ist einer der glühendsten Vorkämpfer für die Durchsetzung des nizänischen Beschlusses, des homo-usios.

Marcell geht von Paulus 1. Kor 15, 28 aus, wo es heißt, daß am Ende der Zeit Christus die Herrschaft wieder in die Hände des Vaters zurückgeben wird. Daraus folgert er, daß damit dann die 400 Jahre, die Christus losgelöst vom Vater wirkt, zu Ende sein werden und der Sohn wieder in die ursprüngliche Einheit mit dem Vater zurückkehrt, also wieder in die *Einheit* mit dem Vater. Das sind tatsächlich monarchianische Intentionen. Denn vor aller Welt und Zeit ist der Logos ganz beim Vater. Bei der Weltschöpfung tritt er aus dem Vater gleichsam wie eine ausgereckte Hand heraus: Er ist die vom Vater nicht scheidbare Dynamis, die Kraft des Vaters. Erst bei der Sendung des Logos-Sohnes tritt in Gott nach Marcell eine Differenzierung ein, zunächst in Christus, dann im Geist, und beide werden wieder in die Monas zurückkehren, die sie ursprunghaft und real sind. Das Auge des Glaubens sieht für Marcell im geschichtlichen Jesus den Vater.

Die Ostsynoden von *Tyrus 335* und *Konstantinopel 336* verurteilen die modalistischen Vorstellungen des Sabellius noch einmal, aber sie meinen damit Marcell, ja sie meinen letztlich den Westen überhaupt.

So liegen der Osten und der Westen beim Tod Konstantins 337 in einem Streit, der die beiden Reichshälften auch kirchlich-theologisch zu spalten droht.

2. Die Söhne Konstantins

Mit dem Tod Konstantins tritt eine neue Situation ein, weil die Söhne in ihrer Kirchenpolitik gegensätzlicher Auffassung sind und je die Richtung ihrer Reichshälfte vertreten. Konstantius II. steht im Orient ganz auf der Seite der Origenisten und der Eusebianer. Konstans I. vertritt die nizänische Homo-usie: sein Herrschaftsbereich sind Italien, Illyrien, Afrika, seit 340 auch der Herrschaftsbereich Konstantins II. Konstantin II. (337–340) hat den Bereich Gallien, Spanien, Britannien unter sich; aber er wird von Kaiser Konstans militärisch besiegt und findet den Tod, so daß Konstans ab 340 Herrscher im gesamten Westbereich wird, eine erstmalige Formierung dessen, was in Zukunft das „Abendland" heißen wird. Diese Regierungswechsel machen es möglich, daß Athanasius aus seiner Trierer Verbannung nach Alexandria zurückkehren kann, und sogleich mischt er sich erneut in die Kirchenpolitik, indem er die alexandrinische Synode an Konstantius II. im Orient ein Beschwerdeschreiben richten läßt wegen der Bevorzugung der Eusebianer.

Die Beanstandungen der alexandrinischen Synode sind allerdings nicht ohne Grund; denn Euseb von Nikomedien nützt die Nähe zum

Ostkaiser und treibt eine – auch aus anderen Partien der Geschichte bekannte – Stellenbesetzungspolitik, der Athanasius und Marcell von Ancyra zum Opfer fallen. In Alexandria selbst setzt Konstantius II. zwei Eusebianer als Nachfolger des Athanasius ein, Portes und Gregorius.

Von diesem Zeitpunkt ab wird der Westen in die Streitigkeiten einbezogen. Athanasius wendet sich nämlich nach Rom, um Hilfe von Bischof *Julius von Rom* (337–352) zu erlangen, und ebenso richten auch die neuen alexandrinischen Bischöfe nach Rom Briefe um Aufnahme der Kirchengemeinschaft.

Damit ergibt sich ein kirchengeschichtlich bedeutsames Dreieck zwischen Alexandria, den weithin eusebianischen Theologen des Ostens und Rom. Rom fungiert dabei als Sprecher des Abendlandes, und welcher Richtung es gelingt, es auf seine Seite zu ziehen, scheint den Erfolg buchen zu können.

Bischof Julius zögert keinen Augenblick, die Besonderheit der Lage zu nutzen, und aus dem Selbstbewußtsein der römischen Petrus-Tradition heraus hält er es, ,,der Gewohnheit entsprechend", für recht, daß man sich in Fragen, die die Bischöfe betreffen, nach Rom wende. Aus der Gelegenheit eines ökumenischen Streites sucht Rom für sich die Stellung einer kirchenrechtlichen Oberinstanz der Ökumene zu gestalten.

In diesem Sinne beruft Julius Herbst *340* eine *Synode nach Rom*, die Athanasius als rechtmäßigen Bischof von Alexandria anerkennt. Der römische Bischof spricht diese Anerkenntnis aufgrund des Synodalbeschlusses, nicht kraft eigener oberbischöflicher Gewalt aus. Das Ergebnis ist eine kirchenpolitische Achse Rom – Alexandria. Als daraufhin im nächsten Jahr 341 in Antiochia die sogenannte *Kirchweihsynode* der Orientalen stattfindet, kommt es hier zum gegenteiligen Ergebnis: Athanasius und Marcell von Ancyra werden erneut verurteilt. So kündigt sich im Zusammenhang mit dem Eingreifen des römischen Bischofs ein Schisma zwischen dem Osten und dem Westen an, und es wundert nicht, daß diese Kirchweihsynode ausdrücklich den Anspruch Roms auf eine Primatsstellung abweist. In der Frage nämlich, wie verfahren werden soll, wenn ein Bischof mit seiner Synode in einen Streitfall geraten ist, wird nicht entschieden, daß eine übergeordnete Instanz die Entscheidung zu fällen habe, sondern daß der Metropolit – der Hauptstadtbischof, der der Synode präsidiert – dann eine Nachbarsynode mit der Klärung des Streites beauftragen soll. Der Osten hält somit an der synodalen und autokephalen Leitung der Synoden fest und auch daran, daß sie – wie es dem Selbstverständnis der Synode von Arles 314 und dem canon 4 von Nizäa entspricht – unter dem Beistand des Geistes und der Engel unter ihrem Metropoliten aus sich selbst Bischöfe setzt und weiht. Die Ostkirchen weisen ein ökumenisches Einheitsamt klar ab.

In der Folge dieser Vorgänge formiert sich auch der Westen. Im Jahr 342/43 gelingt es Kaiser Konstans, eine von Bischöfen des Westens und des Ostens beschickte Synode nach *Sardica*, dem heutigen Sofia, einzuberufen, die wahrscheinlich der Hofbischof dieses Kaisers, Maximin von Trier, zuwege gebracht hat. Auf dieser Zusammenkunft erscheinen auch Athanasius und Marcell als offizielle Teilnehmer, nicht als die Abgesetzten, die sie nach Meinung der Orientalen doch sind. Selbst die große Gestalt des Hosius von Cordoba kann nicht die Spaltung der Synode verhindern; die Orientalen ziehen aus. Das Schisma ist eingetreten.

6 *Schreiben der Restsynode von Sardica an Konstantius II:* Eure gütige Natur, gnädigster Herr und Augustus, steht in schönem Einklang mit Eurem gütigen Willen, und weil aus dem Brunn Eurer vom Vater ererbten Frömmigkeit reiches Wohltun quillt, so haben wir das feste Vertrauen, leicht zu erreichen, um was wir bitten.

Deshalb flehen wir nicht nur mit Worten, nein, mit Tränen, es möchte doch fürderhin den katholischen Kirchen nicht länger mehr solche Schmach angetan werden, und sie möchten erlöst werden von den schier unerträglichen Verfolgungen und Quälereien, die sie – und das ist die größte Schmach – von Glaubensbrüdern zu dulden haben. Eure Majestät möge durch ein Dekret dafür sorgen, daß alle Beamten des ganzen Reiches, denen die politische Verwaltung der Provinzen anvertraut ist und deren einzige Berufssorge die Fragen der staatlichen Wohlfahrt sein dürfen, sich jeder Einmischung in religiöse Dinge enthalten und sich von nun an nicht mehr *widerrechtlich* derartige Kompetenzen anmaßen sollen, indem sie sich für berechtigt glauben, *Rechtsfragen der Geistlichen* zu entscheiden und unschuldige Menschen mit Schikanen, Drohungen, offener Gewalt und Terror zu brechen und zu quälen...

Es gibt darum keinen anderen Weg, aus der Wirrnis zu gefestigter Ruhe und aus der geistigen Zerrissenheit wieder ins Gehege des Friedens zu gelangen, als diesen: jedem Untertan, ohne daß er unter dem ständig drohenden Druck der Gesinnungsklaverei steht, die *volle und ganze Freiheit* der *Lebensführung* zurückzugeben. Eure milde Majestät muß unbedingt auf die Stimmen hören, die Euch entgegentönen: ,,Ich bin ein Katholik, ich will kein Häretiker sein! Ich bin ein Christ, und nicht ein Arianer! Ich ziehe es vor, in dieser Welt eher den Tod zu erleiden, als die unberührte Jungfräulichkeit der Wahrheit zu schänden – bloß weil mich dazu ein einziger Mann zwingen will!"...

Die Beschlüsse der nur noch von Westlern besuchten Rumpfsynode in Sardica spielen für die Entwicklung des *Papsttums* eine gewisse Rolle. Um nicht den kaiserlichen Gerichten und damit auch den Sprüchen von Juden und Heiden zu verfallen, die an weltlichen Gerichten beteiligt sind, wie Athanasius einmal befürchtet, beschreiten die Westtheologen den Weg zu einer personbezogenen (und damit befristeten?) Vereinheitlichung der Appellationsverfahren. Die Beschlußtexte sind in unterschiedlicher Länge und Inhaltlichkeit überliefert. Hosius von Cordoba schlägt vor, daß diese oberste Appellationsinstanz dem römischen Bischof Julius zukomme. Später im 5. Jahrhundert wird versucht, die Beschlüsse von Sardica, die auf Julius bezogen sind und nur für den Westen gelten, als ökumenische Beschlüsse erscheinen zu lassen und die römische Oberinstanz als Dauerinstanz auszugeben.

Kanon 3 von Sardica, die Hosius-Vorlage, besagt, daß ein Bischof wegen eines ihm ungünstigen Synodalurteils an Bischof Julius von Rom appellieren kann, der dann entweder einen neuen Gerichtshof niedersetzt oder auch die Wiederaufnahme der Verhandlung ablehnen kann.

Kanon 4 von Sardica, die Gaudentius-Vorlage, besagt, daß eine nach Rom eingereichte Appellation aufschiebende Wirkung in Fällen von Absetzungen hat solange, bis Rom entschieden hat.

Kanon 5 besagt: Der römische Bischof kann auch ein drittes Verfahren einleiten, also aus eigenem Ermessen ein neues Verfahren eröffnen oder aber durch seine Legaten (abgesandte Presbyter) entscheiden lassen. Er kann auch Verfahren an sich ziehen.

Diese Kanones ebnen den Weg in die Patriarchatsgliederung des Westens, eine Entwicklung, die aus der Schwäche des Reiches und aus der Besonderheit der ökumenischen Situation heraus verständlich wird. Nur kommt es im Westen nicht zur vollen Durchsetzung der Sardica-Beschlüsse, und der Osten lehnt sie ohnehin ab. Rom ist nun aber als Sprecher des Westens anerkannt und bleibt dies im ganzen auch.

Das Schisma von Sardica verewigt sich nicht. Schon 340 fällt, wie gesagt, Kaiser Konstantin II. im Kampf gegen seinen Bruder, Konstans' I., der seitdem allein über den ganzen Westen regiert. Konstans I. homo-usianische Kirchenpolitik und die Unruhen an den Ostgrenzen gegen die Perser, mit denen Konstantius II. derweil zu ringen hat (344) wirken dahin, daß nunmehr nach einer gemeinsamen Lösung gesucht wird. Auf der *Synode von Antiochia 344* ist die orientalische Seite bereit, die sogenannte „lange Formel" anzunehmen, die anstelle des bisher bekämpften homo-usios zwar ein „wesensähnlich" (homoios) setzt, aber doch mit dem Zusatz: „in bezug auf alles", das heißt: Es besteht eine Ähnlichkeit zwischen dem Sohn und dem Vater, nur nicht seinshaft-ursprünglich und vereinerleiend, sondern in allen Einzelheiten, in den – aristotelisch gedachten – Eigenschaften. Diese Bereitschaft des kirchlichen Ostens, das bisher inkriminierte homo-usios aus der Debatte herauszuhalten, zeigt, daß man nunmehr gewillt ist, über die Fragen der Begrifflichkeit hinaus zu den Sachfragen vorzudringen. In dieser Phase kann Athanasius erneut wieder nach Alexandria zurückkehren (346). Aber die *Westsynode von Mailand 345* geht nicht auf den Impuls des Ostens ein. Sie fordert vielmehr erneut vom Osten das vollständige Abrücken von der Drei-Hypostasen-Lehre.

3. Konstantius II.

Im Jahr 350 wird auch Kaiser Konstans I. ermordet, und die Herrschaft über beide Reichshälften geht auf Konstantius II. über, der sich allerdings noch drei Jahre gegen den Usurpator Magnentius behaupten muß, bis er seine Alleinherrschaft (353–361) antreten kann.

In dieser Regierungszeit des Konstantius II. verschlingen sich die kirchlichen, politischen und kulturellen Aspekte des Streites ineinander. Darum ist auch das historische Bild des Konstantius in der älteren Forschung das Bild eines Kaisers, der mit politischen Mitteln Glaubensfragen lösen will, nämlich die Durchsetzung des Arianismus im Kampf gegen die nizänische Orthodoxie. Die neuere Forschung hingegen betont den politischen Gesichtspunkt: Konstantius II. wolle die Einheit und den Frieden des Reiches; er sei gar nicht Arianer, sondern Anhänger der Vermittlungstheologie, die im Osten als orthodox gilt. Gleichwohl ereignet sich unter seiner Ägide eine Politisierung der Theologie, die in ihrer Konsequenz zu einer Fülle von Denunziationen, körperlichen und seelischen Folterungen, Schlägereien und Mordtaten in den Gemeinden, gerade auch in Rom führt.

Dabei geht gerade zu Beginn seiner Regierungszeit abermals ein Signal der Verständigung vom Osten aus. Auf der sogenannten *zweiten sirmischen Synode* im Jahr 351, die Konstantius II. durch Bischöfe des Ostens abhalten läßt, kommt es mit der ersten sirmischen Formel zu einer Linie, die den ursprünglichen Arianismus klar abweist, die allerdings auch Marcell von Ancyra verurteilt. In der Mitte zwischen beiden Positionen wird die Lösung gesucht, und auch Athanasius beginnt zu dieser Zeit, sich von Marcells wütenden Angriffen gegen den Kaiser und den Osten zu distanzieren. Die 1. sirmische Formel bekennt die Einheit der Gottheit, aber sie unterläßt es, die drei Hypostasen zu erwähnen, an denen dem Osten doch bisher so gelegen ist.

Die Begleitursachen der kaiserlichen Zwangsvermittlung im Reich sind mehrfacher Natur:

1. bestehen Sprach- und Verständigungsbarrieren zwischen der Ost- und der Westkirche. Man sendet sich zwar die Synodalakten zu, aber man liest sie kaum, einmal aus sprachlichen Gründen – der Westen ist kaum noch des Griechischen mächtig –, aber auch aus dem Grund eines inneren Dialogabbruchs. In den Bereichen des Ostens und Westens wirken selbstrechtfertigende Kollektivhaltungen, indem man sich vom „Gegner" ein karikiertes Bild schafft: der Osten hält den Westen für monarchianisch, der Westen den Osten für tritheistisch.

2. wächst eine jüngere Generation nach, die die Entscheidungen von Nizäa nicht mehr als Bekenntnis versteht, sondern nur noch als Interpretament. Die Hofbischöfe des Kaisers, *Ursacius und Valens,* die seine Zwangsvermittlungspolitik betreiben, sind politisch engagierte, karrie-

rebewußte und ethisch ausgerichtete Männer. Ob sie Altarianer oder aber eusebianische Vermittlungstheologen sind, das wird heute gefragt. Im Klima der kaiserlichen Hoftheologie entsteht in Alexandria, bei Aëtius und Eunomius, jedenfalls erneut ein Altarianismus, der behauptet, daß zwischen dem Sohn und dem Vater das Verhältnis der Unähnlichkeit bestehe. So entwickelt sich eine dritte Linie derer, die von einem unähnlich – anhomoios – sprechen, die *Anhomöer*.

3. Der zunehmende Einsatz kaiserlicher Gewalt führt binnen kurzem dahin, daß nun auch im Osten Bedenken über das Ausmaß der kaiserlichen Despotie entstehen. Schon im Jahr *353* werden die Legaten des römischen Bischofs am Hoflager des Kaisers in *Arles* bei Gelegenheit einer *Synode* gezwungen, die Verurteilung des Athanasius zu unterschreiben. Athanasius wird erneut abgesetzt; seine Kirche wird 356 von Militär besetzt; er selbst flieht in die ägyptische Wüste. Schließlich kommt es zum Höhepunkt, daß auf der *Synode von Mailand 355* die Bischöfe des Westens gezwungen werden sollen, dieser Absetzung des Athanasius zuzustimmen. Bei den Arianern läuft das Wort um: ,,Wenn wir Liberius gewinnen, so haben wir alles". So richtet sich der kaiserliche Zugriff auf diesen römischen *Bischof Liberius* (352-366), der sich durch Geschenke nicht bestechen läßt und dann bei Nacht und Nebel nach Mailand transportiert und vom Kaiser persönlich unter Druck gesetzt wird. Der Ausgang dieses Liberius-Verhörs ist die Verbannung des Bischofs nach Beröa in Thrazien.

Der Kirchenhistoriker *Theodoret* hat in seiner Kirchengeschichte (II, 16) den stenographischen Bericht der Verhandlung zwischen Bischof Liberius und Kaiser Konstantius II. in Mailand im Jahr 355 festgehalten. Der Kaiser verlangt von Liberius, er solle der Verurteilung des Athanasius zustimmen; denn Athanasius sei rechtskräftig von einer Synode – gemeint ist die von Tyrus 335 – verurteilt, und zudem habe er ihn und seinen Bruder entzweit. Er hält Athanasius für einen Hetzer und einen Bluthund. Liberius hingegen bleibt standhaft: Athanasius müsse nach kirchlichem Recht beurteilt und verurteilt werden. Das sei bisher noch nicht geschehen. Wenn der Kaiser den Frieden wolle, dann müsse er eine Kommission einsetzen, die Verbannten zurückberufen und durch eine Denkschrift die Sätze von Nizäa begründen lassen und aufrecht erhalten. So fordert Liberius die kirchliche Gerichtsbarkeit und Dogmenentscheidung anstelle der kaiserlichen und hofbischöflichen Zwangseingriffe. ,,Auch drei Tage Bedenkzeit werden an meinem Entschluß nichts ändern. Schickt mich also hin, wohin ihr wollt", endigt Liberius.

Nach zwei Jahren der Verbannung kann er das Elend nicht mehr ertragen und unterschreibt die Verurteilung des Athanasius ebenso wie kurz darauf auch die erste sirmische Formel der Hofbischöfe.

Nach seiner Rückkehr nach Rom spaltet sich die Gemeinde. Er muß sich auf kaiserlichen Befehl mit seinem Nachfolger, einem ehemaligen Diakon, Bischof Felix II. in die Gemeindeleitung teilen. Das wird zur Ursache des *felicianischen Schismas*, das die Gemeinde in Straßenschlachten, Belagerungen und Morden zu zerreißen droht. Felix flieht und stirbt 365; aber auch das Ansehen des Liberius ist gebrochen.

Die Literatur der Nizäner zeigt in diesen Jahren einen pessimistischen, ja apokalyptischen Zug. In ihr steigen jene Bilder vom Staat als dem alles verschlingenden Moloch auf. Nicht das Gefühl des Ausgeliefertseins, sondern das andere des Abscheus über die Unrechtmäßigkeit der kaiserlichen Anmaßungen gegenüber Gottes Priestertum und der Wahrheit des Glaubens steht im Vordergrund.

7 Hilarius von Poitier, Buch gegen den Imperator Konstantius, 1, 4–7: Jetzt ist's an der Zeit zu reden. Die Zeit zum Schweigen ist aus. Christus steht vor der Tür; denn der Antichrist ist schon da. Jetzt müssen die Hirten laut schreien; denn die Mietlinge sind geflohen. Kommt, wir wollen unser Leben opfern für die Schafe; denn die Räuber sind eingebrochen, und es geht ein brüllender Löwe um. Kommt, mit solchem Ruf wollen wir dem Martyrium entgegeneilen; denn der Satansengel hat sich in einen Lichtengel [den Kaiser] verkleidet. Kommt, wir wollen durch die Tür ins Haus treten; denn niemand kommt zum Vater außer durch den Sohn. Am faulen Frieden erkennt man die falschen Propheten; wenn Irrlehre und Spaltung kommen, werden die Getreuen offenbar...

Schallend rufe ich es Euch ins Ohr, Konstantius, was ich dem Nero gerufen hätte, was ein Decius und Maximian von mir hätten zu hören bekommen: „Ihr kämpft gegen Gott, Ihr wütet gegen die Kirche, Ihr verfolgt die Heiligen, Ihr haßt die Verkündiger Christi, Ihr vernichtet die Religion! Ihr seid ein Tyrann, nicht mehr nur in irdischen, sondern in göttlichen Dingen!" Das hätte ich Euch und ihnen [den Arianern] insgemein und in einem zu sagen. Aber nun vernehmt, was ich insonderheit Euch vorwerfen muß: „Ihr lügt, wenn Ihr Euch Christ nennt; denn ihr seid Christi neuester Feind. Ihr seid der Vorläufer des Antichrist und vollzieht die Mysterien seiner verborgenen Bosheit. Ihr setzt Glaubensformeln auf und lebt doch gegen den Glauben. Ihr seid Lehrer unheiliger Weisheit und habt von göttlichen Dingen nichts studiert, aber Ihr verleiht Bischofsstühle an Euresgleichen. Ihr vertreibt gute Bischöfe und setzt schlechte ein. Die Priester werft Ihr in Kerkerhaft, Euer Militär steht bereit, die Kirche mit Schrecken zu bändigen. Ihr beruft Konzilien ein mit Gewalt. Ihr zwingt den Glauben des Abendlands zur Irrlehre um. Ihr sperrt die westlichen Bischöfe in einer Stadt zusammen, schreckt sie mit Drohung, schwächt sie mit Hunger, quält sie mit Frost, verführt sie mit List. Die Glaubenswirren des Ostens fördert Ihr mit wahrer Kunst, stellt sie liebenswürdig zur Debatte, schürt sie huldvoll auf. Zerstörer alter Ordnungen seid Ihr, und Eure neuen Erfindungen sind gottlos. Ihr verübt jegliche Grausamkeit – aber Ihr gebt keine Gelegenheit zu glorreichem Zeugentod. Neu und unerhört ist Euer Triumph, mit dem Ihr sogar den Teufel übertrefft: Ihr verfolgt, aber ohne Martyrium...

Wie habt Ihr erst das fromme Volk von Mailand in irre Angst gejagt mit Eurem wütenden Terror! Eure Offiziere drangen dort in die geweihten Kirchen ein, bahnten sich mitten durch alles Volk mit blutiger Gewalt den Weg und rissen die Priester von den Altären weg. Glaubst du wohl, du Missetäter, daß deine Schuld leichter ist als das Verbrechen der Juden? Jene haben das Blut des Zacharias vergossen, Ihr aber habt alles daran gesetzt, die Glieder Christi von seinem Leib loszureißen. Endlich trugt Ihr den Glaubenskrieg selbst bis in die Hauptstadt Rom, und Ihr verjagtet von dort mit Gewalt den Bischof [Liberius]. Und ich weiß nicht, du Elender, was von größerem Übel war: daß du ihn verbanntest oder daß du ihn zurückgeschickt hast. Ähnliche Greuel geschahen in der Kirche zu Toulouse: Kleriker wurden ausgepeitscht, Diakone schlug man mit Bleiruten tot. Ja, an Christus selbst – die Eingeweihten verstehen, was ich meine – an Christus selbst hat man sich frevlerisch vergriffen. Konstantius, wenn ich lüge, dann bist du ein frommes Schaf. Wenn du aber das, was ich sagte, getan hast – dann bist du ein Antichrist! ...

Selbst Hosius von Cordoba schreibt an Konstantius und formuliert bereits das grundsätzliche Thema vom Verhältnis der priesterlichen und kaiserlichen Gewalt:

8 *Athanasius, Geschichte der Arianer 44 (356):* Laß ab (von dieser Verfolgung) und gedenke, daß du ein sterblicher Mensch bist. Fürchte den Tag des Gerichts und halte dich rein für ihn. Menge dich nicht in die kirchlichen Dinge; gib du uns nicht in diesen Dingen Weisungen, sondern empfange vielmehr über sie die Lehre von uns. *Dir hat Gott das Kaisertum* in die Hand gegeben, *uns die Sache der Kirche* anvertraut, und wie Gott und seiner *Ordnung* widerstreitet, wer dir deine Herrschaft raubt, so scheue auch du, große Schuld auf dich zu laden, indem du die Sache der Kirche an dich reißt. Es steht geschrieben: „Gebt dem Kaiser, was des Kaisers ist, und Gott, was Gottes ist" (Mt 22, 21). So wenig es uns zusteht, auf der Erde zu herrschen, so wenig hast du, Kaiser ein Recht zum Räucheropfer.

Die hier anklingende Vorstellung der göttlichen Weltordnung, in der sowohl das Kaisertum als auch die Priester ihren Kompetenzbereich einnehmen, drängt sich bei den altnizänischen Widerständlern aus der älteren asketisch-apokalyptischen Tradition heraus erneut ins Bewußtsein. Wieweit die christlichen Gemeinden am theologisch-fachlichen Ringen damals Anteil nehmen, läßt sich aus den Quellen nur gelegentlich erschließen, etwa für Rom. Die Spaltungen in Gruppen sind aber klar zerstörerisch; denn der antike Mensch lebt nicht in einem „Staat", sondern in seiner Polis. Der Staat sind für ihn die „öffentlichen Dinge" (res publica). Den Gesamtstaat sieht er in der Person des Kaisers repräsentiert.

Es ist die Leistung dieser Bischöfe und Theologen der altnizänischen Linie, daß sie in dem Maß, als sie die Kirche und Priesterschaft als heilige Institution gegenüber dem Staat erfassen, auch den Staat als solchen hinterfragbar erscheinen lassen. Der *Staat ist Gottes Ordnung;* der *Kaiser* ist ein zu seiner Regierung eingesetzter *Mensch*, aus den vielen herausgehoben, aber gleichwohl der göttlichen Ordnungsaufgabe unterstellt.

Von hier ergeben sich theologische Anknüpfungen an das altrömische Staatsethos und den Rechtsgrundsatz des suum cuique (jedem das Seine). Bei *Laktanz* ist diese Beziehung beispielsweise greifbar. Der Westen wächst so in besonderer Weise in das römische Rechtsdenken hinein, in Rom selbst wird es von den Bischöfen und der Kurie bewußt kopiert in der Form der Gewänder, des Protokolls, dann aber seit Innozenz I. auch in der Dekretalengesetzgebung des römischen Bischofs.

Zunächst neigt sich die innerkirchliche Entwicklung in die Richtung eines kaiserlichen Sieges. Die Hofbischöfe Ursacius und Valens setzen sich mit Energie für eine reichskirchliche Union ein, und aus diesem Grund wollen sie die Begriffe aus der Debatte ausscheiden, die so trennend erscheinen und die vor allem im Neuen Testament gar nicht vorkommen, wie das homo-usios und das homoios. Sie operieren mit einem biblizistischen Argument; der Sache nach ist das eine Reduktion des theologischen Problems, ja – wie manche meinen – im Grund ein politisierter Agnostizismus. Die sogenannte *zweite sirmische Formel* auf der 3. Synode von Sirmium *Herbst 357*, die auch Westtheologen unterschreiben, die damit Athanasius aufgeben, argumentiert auf dieser Linie:

9 *Aus dem Bekenntnis der dritten sirmischen Synode (die sog. zweite sirmische Formel), Athanasius, Von den Synoden 28:* ... Aber insofern einige oder viele über das Wesen [substantia] beunruhigt waren, was im Griechischen usia genannt wird, das heißt, um es klarer auszudrücken, homo-usion oder der Begriff homoi-usion, so sollten diese Worte überhaupt nicht erwähnt werden, und niemand sollte sie predigen aus dem Grund, daß sie nicht in der heiligen Schrift enthalten sind und weil dieser Gegenstand über das Begreifen des Menschen hinausgeht und niemand die Zeugung des Sohnes erklären kann ... Es steht außer Frage, daß der Vater größer ist als der Sohn...

In der vielfältigen Kommissionsarbeit der Synoden dieser Jahre steht die Rationalität des Friedens der Meditation des Glaubens gegenüber. Auf der Doppelsynode von *Seleucia und Rimini 359* erscheint auch den Orientalen die Rückkehr zum Altarianismus so unverhüllt, daß sie mehrheitlich Bedenken ergreift. Doch selbst Hosius unterschreibt; denn der Text ist irenisch, indem er eine „Ähnlichkeit in allen Dingen" aussagt und damit den Interpretationen weiten Raum läßt.

Die Zwangsvermittlung Konstantius II. endigt auf der *Synode von Konstantinopel* im *Januar 360* mit einem Beschluß, dem wieder eine ansehnliche Mehrheit aus dem Westen zustimmt, so daß formal dieses Bekenntnis eine gewisse Verbindlichkeit für das ganze Reich gewinnt. Das ist auch deshalb von Gewicht, weil auf dieser Synode der Westgote *Wulfila* anwesend ist, der diesen sogenannten „Arianismus" zu den westgotisch-germanischen Kirchen bringt. Es handelt sich dabei aber nicht um reinen Arianismus, sondern um die Unionstheologie von Konstantinopel. Ihr stimmen nunmehr die Sitze von Mailand, Antiochia, Konstantinopel, Alexandria zu.

10 *Das Bekenntnis von Konstantinopel 360, Athanasius, Von den Synoden 30:*
Wir glauben an einen Gott, den Vater, den Allmächtigen, von dem alle Dinge sind.

Und an den eingeborenen Sohn Gottes, der von Gott vor aller Zeit und vor allem Anfang gezeugt wurde, durch den alle Dinge ins Dasein kamen, sichtbare und unsichtbare, als Eingeborener gezeugt, allein vom Vater allein, Gott von Gott, *ähnlich dem Vater,* der ihn nach der Schrift zeugte, dessen Zeugung niemand kennt außer allein der Vater, der ihn zeugte. Wir wissen, daß dieser eingeborene Sohn Gottes, indem der Vater ihn sandte, vom Himmel herabkam nach der Schrift zur Vernichtung der Sünde und des Todes und geboren wurde von dem heiligen Geist, aus der Jungfrau Maria [geboren] nach dem Fleisch, wie geschrieben steht, mit den Jüngern zusammen lebte und, nachdem er den ganzen Heilsplan nach dem Willen des Vaters erfüllt hatte, gekreuzigt wurde und starb und begraben wurde und zur Unterwelt hinabfuhr (vor dem die Hölle selbst zitterte): Der auch am dritten Tage von den Toten auferstand und bei seinen Jüngern verweilte und der, nachdem vierzig Tage erfüllt waren, in den Himmel aufgenommen wurde und zur rechten Hand des Vaters sitzt und am letzten Tag der Auferstehung in der Herrlichkeit des Vaters wiederkommen will, um jedem nach seinen Taten zu geben.

Und an den heiligen Geist, den der eingeborene Sohn Gottes selbst, Christus unser Herr und Gott, als einen Tröster zum Menschengeschlecht zu senden versprach, wie geschrieben steht, den „Geist der Wahrheit", den er zu ihnen sandte, als er zum Himmel gefahren war.

Was aber den Namen „Wesen" [usia] angeht, der in Einfalt von den Vätern übernommen wurde, jedoch, da er dem Volk nicht bekannt war, Ärgernis erregte, weil die heiligen Schriften ihn nicht enthalten, haben wir dafür gehalten, daß er *getilgt* werde und daß er hinfort nicht mehr erwähnt werden soll, da in der Tat die göttlichen Schriften nirgends von einem Wesen des Vaters und des Sohnes sprechen. Auch soll nicht mehr das Wort *hypostasis* für den Vater und den Sohn und den heiligen Geist benutzt werden. Aber wir sagen, daß der Sohn dem Vater *ähnlich* sei, wie die Schrift sagt und lehrt, wogegen alle die Häresien, die entweder schon vorher verurteilt worden sind oder die erst kürzlich entstanden sind und zu diesem Bekenntnis in Gegensatz stehen, Anathema [verflucht] sein sollen.

Trotz der Einheitspolitik Konstantius II. stehen sich bei seinem Tod im Jahr 361 drei Richtungen gegenüber: die *Altnizäner* (Homo-usianer), die origenistischen *Homoi-usianer* und jene Altarianer, die sich *Anhomöer* (von an-homoios = unähnlich) nennen. Die dritte Phase des Trinitätsstreits wird durch die jungnizänische Theologie bestimmt (Kap. XII).

4. Kaiser Julians Restauration

Unter Kaiser Julian kommt es kurzfristig zu einer Restauration des alten Heidentums, und zwar unter dem Eindruck des Neuplatonismus, insbesondere seines Lehrers Jamblichos.

Kaiser Julian (361–363) will die heidnischen Kulte erneuern. Die schon zerfallenden Tempel werden wieder aufgebaut. Für die Priesterschaften stehen Gelder bereit. Die Privilegien der christlichen Kirche werden weithin aufgehoben.

Unter Konstantin und seinen Söhnen ist das Heidentum in die politische Minderheit gedrängt. Wie zahlreich seine Anhänger sind, läßt sich zahlenmäßig nicht belegen; aber den Anordnungen Julians wird seitens der Bevölkerung auch kaum widerstanden. Die Opfer sind noch weithin, wenn auch verbotenermaßen, in Brauch. Konstantius II. spricht 341 in einem Erlaß vom „Unsinn der Opfer", und Konstantius und Konstans befehlen gemeinsam 346 (nach Cod. theod. XVI, 10, 4): „Wir verordnen, daß überall in sämtlichen Städten die Tempel geschlossen werden. Wir wollen auch, daß sich alle der Opfer enthalten". Nur außerhalb der Städte sollen noch Opfer dargebracht werden. Das Christentum wird nur langsam zu einer die Mehrheit prägenden Überzeugung.

Julian läßt Athanasius wieder zurückkommen, wohl in der Erwartung, daß es erneuten Streit um ihn geben wird.

11 *Sozomenos, Kirchengeschichte V, 16:* Da er [Julian] annahm, das Christentum gewinne Freunde durch das Leben und den Wandel derer, die ihm anhingen, so war er darauf bedacht, überall die griechischen Tempel mit den Einrichtungen und Ordnungen des christlichen Gottesdienstes zu versehen, ebenso mit Kanzeln und Ehrensitzen und mit Lehrern und Vorlesern heidnischer Lehr- und Mahnreden und mit Gebeten, die für bestimmte Zeiten und Tage angesetzt waren, mit Studierstuben für Männer und Frauen, die sich der Philosophie zugewandt hatten, und mit Herbergen für Fremdlinge und Arme und mit sonstiger menschenfreundlicher Fürsorge für Bedürftige, um dem Heidentum größere Würde zu verleihen. Für freiwillige und unfreiwillige Vergehungen wollte er nach der Art der Christen aufgrund vorausgegangener Reue eine entsprechende Strafe festsetzen. Nicht am wenigsten aber soll er die bischöflichen Schreiben, durch die die Christen untereinander bekannt wurden, und aufgrund derer sie die Fremden, die auf Reisen waren, als Bekannte und gute Freunde zu beherbergen und zu pflegen gewohnt sind, bewundert haben. Mit solchen Mitteln war er bestrebt, die Heiden an die Sitten der Christen zu gewöhnen.

In einem anderen Schreiben an den heidnischen Priester *Arsakios* bekundet Julian, daß die christliche Kirche ihre Stellung im Volk weniger durch ihre Theologie als vielmehr durch ihre Diakonie errungen hat. Er ruft dazu auf, die christliche Sittlichkeit nachzuahmen, die inzwischen verarmten und verelendeten heidnischen Priester zu Ehren zu bringen, die Schauspiele zu meiden, unehrlichem Gewerbe aus dem Weg zu gehen, Fremdenherbergen einzurichten, für die Bedürftigen zu sorgen. „Es ist wahrhaftig eine Schande, wenn von den Juden niemand bettelt und die gottlosen Galiläer nicht nur ihre Leute unterhalten, sondern auch die Unsrigen".

Das für die breiten Volksschichten Überzeugende des Christentums liegt in der Vulgärfrömmigkeit und in den sozialkaritativen Leistungen. Auch von diesem Gesichtspunkt aus kann trotz aller Parteiungen, in die der trinitarische Streit hinein führt, für das vierte Jahrhundert wohl nur bedingt von einer volksbewegenden Mächtigkeit der christlichen Hochtheologie gesprochen werden.

Julians Regierung fällt in eine Zeit, in der Rom an Anziehungskraft verliert. Seine politischen Traditionen verfallen; durch die Gründung Konstantinopels versinkt es in Provinzialität. Die neuen Zentren sind Antiochia und Konstantinopel. Neue philosophische Schulen sind in Nikomedia, Ankyra, Pergamon, Smyrna, Berytos, Gaza, Caesarea/Kappadozien und Caesarea/Palästina erwachsen. In den Provinzen meldet sich ein erstarkendes Provinz- und Nationalbewußtsein. Die „Renaissance des Hellenismus" scheint die Reaktion auf das Ende der Zwangspolitik des Konstantius.

Julian ist Sohn des Julius Konstantius, eines Halbbruders Konstantins I. Julian wird ca. 331/332 geboren und verbringt nach dem Wochenbettod seiner Mutter seine Jugend in Konstantinopel. Sein Vormund wird Bischof Euseb von Nikomedien (gest. 341/342). Julian wird getauft und ins Christentum eingeführt, aber er lernt es nur als ethische Religion in der Linie arianischer Theologie kennen: Der Glaube ohne Werke ist tot. Er wird sogar zum Lektor geweiht. Auch Bischof Georg von Kappadozien wirkt auf seine Entwicklung ein.

Im Freundeskreis des Libanios in Nikomedia, dem er nur heimlich angehören kann, erwächst ihm aus der Tradition der Plotinschule erneut die Liebe zum Sonnenglauben. Auch der Neuplatonismus dieser Zeit ist kultisch und zur Sittlichkeitslehre geworden. Er verehrt in mystischer Weise das höchste Wesen und dessen Emanationen. Jamblichos, Aidesios und Chrysanthos sind weitere ihn beeinflussende Namen dieser Schule.

Am 15.3.351 erhebt Konstantius II. Julian zum Caesar. Die Haft seiner Jugend am kaiserlichen Hof nimmt ihr Ende.

Nach der Absicherung seines Dominats in Gallien und an den germanischen Grenzen sieht Julian seine Aufgabe darin, die hellenistische Götterwelt zu neuem Leben zu entfachen. Erhebliche Kreise der gebildeten Welt kommen diesem Ziel entgegen. Julian kann es nicht einsehen, daß die Wahrheit der alten Götter hinter der Wahrheit des Gottes der „Galiläer" irgend zurückstehen soll. Er begreift den Hellenismus in all seinen verschiedenen Kulten und Bewegungen als eine Art Katholizität des Heidentums. Sein Dekret vom 17. Juni 362 geht von der Toleranz zum Angriff auf das Christentum über: Bei den Bestallungen zum öffentlichen Unterricht muß die sittliche Eignung der Kandidaten durch eine Bescheinigung der Munizipalsenate nachgewiesen werden, die der Kaiser gegenzeichnet. Damit werden die Christen bildungspolitisch entmachtet. Sie müssen zudem aufgrund des Dekrets vom 29. Juni 362 die den heidnischen Tempeln entnommenen Skulpturen und Kultgegenstände wieder herausgeben. Etliche Christen und Gemeinden weigern sich, diese Rückerstattungen und damit den neuerlichen Aufbau der Tempel zu bezahlen.

Der Kaiser selbst steht dem Mithras-Kult mit dessen Glauben an die zyklische Auferstehung nahe. Aber er scheint dabei so etwas wie trinitarische Vorstellungen zu verfolgen. Mithras, Helios und der Logos der Christen fließen zusammen. Er sieht die hellenistische Überlieferung als eine zusammenfassende synkretistische und theistische Einheit an. In Julian verbindet sich der Dualismus der persischen Religion mit dem neuplatonischen Emanationspantheismus (Bidez).

Am 26. Juni 363 wird der Kaiser bei Abwehrkämpfen gegen die ,,eiserne" Armee Schapurs verwundet. Auf dem Krankenlager ruft er: ,,Helios, du hast mich verlassen". Im Sterben übermitteln ihm die Freunde den Orakelspruch des Helios, unter dessen Trost er stirbt:

12 Wenn deinem Zepter du das persische Volk unterworfen
und es bis zu Seleukos' Stadt mit dem Schwerte gejagt hast,
dann wird dich zum Olymp der feurige Wagen entrücken,
der von der Windsbraut Wirbeln im Kreis gen Himmel bewegt wird,
Lösung wird er dir bringen von allen Leiden des Leibes
und dich führen zur Halle des Vaters im himmlischen Lichte,
die voreinst du verlassen, um Menschengestalt zu gewinnen.

5. Der Weg zur Reichskirche

Die Lage der Kirche ist nach dem Sieg der arianisierenden Vermittlungstheologie unter Konstantius II. und Julian vom Wiederaufleben des Heidentums und vor allem von der Machtpolitik der kaiserlichen Hoftheologie bestimmt. Aus Briefen, die Basilius d. Gr. (329–379) an die Bischöfe des Westens richtet, wird der Zustand der kleinasiatischen Gemeinden erkennbar. Der Arianismus und sein ethisch-politisches Christentum haben auflösend gewirkt; die apostolische Predigt und die kirchlichen Ordnungen zerfallen. Mit der Staatsmacht im Rücken kümmern sich die ,,Arianer" mehr um die persönlich-politische Karriere als um die Wahrheit. Rechtgläubige Bischöfe läßt man heimlich verschwinden, werden in Einöden verjagt, wo sie umkommen. Die Gemeinden, vorab die älteren Mitglieder, hat Mißtrauen und Jammer gepackt. Die Kirchen bleiben leer, und man findet sich lieber auf freiem Feld zum Gebet zusammen.

Die arianisierende Häresie ist den politischen Mächten dienstbar gemacht. Aber, so schreibt Basilius, ,,wer durch Menschenhilfe zur Herrschaft gekommen ist, ist Sklave derer, die ihm diese Gefälligkeit erwiesen haben". Das Staatskirchentum der Arianer wird seinerseits zur politischen Macht. Eine neue ,,Verfolgung" ist ausgebrochen, jetzt aber aus den inneren Richtungen der Kirche gegen die Nizäner. Die arianische Progressivität steht gegen das konservative Bekenntnis der Kirchentreuen. So zeigen es die Briefe des Basilius.

13 *Basilius d. Gr. an die Bischöfe Italiens und Galliens, Brief Nr. 243 (376):*
(2) Eine Verfolgung ist über uns hereingebrochen, ehrwürdigste Brüder, und zwar die heftigste der Verfolgungen. Die [nizänisch gesinnten] Hirten werden verfolgt, damit die Herden zerstreut werden. Und das Schlimmste dabei ist, daß die Gequälten die Leiden nicht im Bewußtsein eines Märtyrers tragen noch das Volk die Kämpfer als Märtyrer verehrt, weil die Verfolger den Namen ,,Christen" tragen. Ein Verbrechen, das jetzt furchtbar geahndet wird, ist die gewissenhafte Beobachtung der Traditionen der Väter...

Die Folgen davon sind allbekannt, wenn wir sie auch verschweigen: Die Flucht der Priester, die Flucht der Diakone und die Verheerung des ganzen Klerus... Ein Seufzen des Volkes und unaufhörliches Weinen zu Hause und auf den Straßen, da alle einander ihre Leiden klagen. Denn niemand hat ein so steinernes Herz, daß er, des Vaters beraubt, die Verwaisung gleichgültig erträgt, Klagetöne in der Stadt, Klagetöne auf dem Lande, auf den Straßen und in den Einöden. Nur eine Stimme des Jammers und der Trauer überall! Verschwunden ist Freude und Fröhlichkeit des Herzens. In Trauer verwandelt sind unsere Feste, geschlossen die Bethäuser, die Altäre ohne geistlichen Dienst...

Gerade die konservativen, der offiziellen Kirchenpolitik des Staates gegenüber kritisch eingestellten Theologen bemerken im sozialen Gefüge des Reiches außerordentliche Belastungen der ärmeren Schichtungen, die durch die Domänenwirtschaft, durch das Steuersystem, durch die ständischen Einordnungen entstehen. Das Regiment der Soldatenkaiser nach Julian, die auf den Staat zudrängenden Belastungen durch die Kriege im Osten und im Balkanraum, die inneren Spannungen zwischen Christentum und Heidentum, die immer noch vorhanden sind, ja sich erneut steigern, fordern eine Politik des harten Zugriffs auf die Bevölkerung. Die kleinasiatischen Bischöfe wie Basilius und Gregor von Nazianz (329/30–390/91) weisen in ihren Predigten und Schreiben auf die stellenweise katastrophale Unterdrückung und soziale Ausbeutung der Bevölkerungen hin. So auch *Johannes Chrysostomus* (354–407), der spätere Bischof und Obermetropolit von Konstantinopel, ein Mann, geboren in Antiochia und ausgebildet in der exegetisch-ethischen Richtung der antiochenischen Schule Diodors von Tarsus.

14 *Johannes Chrysostomus, Matthäuskommentar, 61. Homilie, 3:* Wenn man nämlich untersucht, wie sie [die Grundbesitzer] mit den armen und elenden Landleuten verfahren, kommt man zu der Überzeugung, daß sie unmenschlicher sind als Barbaren. Den Leuten, die ihr Leben lang hungern und sich quälen müssen, legen sie fortwährend unerschwingliche Abgaben auf, bürden auf ihre Schultern mühsame Dienstleistungen und gebrauchen sie wie Esel und Maultiere, ja wie Steine, gestatten ihnen auch nicht die mindeste Erholung, und gleichviel, ob die Erde Erträgnis abwirft oder nicht, man saugt sie aus und kennt keine Nachsicht ihnen gegenüber. Gibt es etwas Erbarmenswerteres als diese Leute, wenn sie sich den ganzen Winter über abgeplagt haben, von Kälte, Regenwetter und Nachtwachen aufgerieben sind und nun mit leeren Händen dastehen, ja obendrein noch in Schulden stecken, wenn sie dann, mehr als vor Hunger und Mißerfolg, vor den Quälereien der Verwalter zittern und beben, vor den Vorladungen, dem Einsperren, der Rechenschaft, dem Eintreiben der Pacht, vor den unerbittlichen Forderungen? ... Von ihren Arbeiten, von ihrem Schweiße füllt man Speicher und Keller, ohne sie auch nur ein weniges mit heimnehmen zu lassen; man heimst vielmehr die ganze Ernte in die eigenen Truhen und wirft jenen ein Spottgeld als Lohn dafür hin. Ja, man ersinnt sogar neue Arten von Zinsen, wie sie nicht einmal die heidnischen Gesetze kennen, und schreibt Schuldbriefe, die von Fluchwürdigkeit strotzen. Nicht bloß den hundertsten Teil, sondern die Hälfte fordern sie, und zwar von Leuten, die Weib und Kind zu ernähren haben, die doch auch Menschen sind und die ihnen mit ihrer Hände Arbeit Speicher und Keller füllen...

Selbst aktive Kirchenpolitiker gehen bei diesen Zuständen in eine Art innere Emigration. Gregor von Nazianz, der sich wirklich an den Debatten der Gesamtkirche, an der Leitung seiner Diözese aufgerieben hat, sieht in der mönchischen Einsamkeit eine Alternative zu der den Umgang und den persönlichen Bezug in der Kirche prägenden politisch-öffentlichen Arbeit. Einem kaiserlichen Beamten, der ihn zu einer Synode einladen will, gibt er abschlägigen Bescheid mit den Worten: ,,Ich gehe jeder Versammlung von Bischöfen aus dem Weg. Ich habe noch nie erlebt, daß dabei etwas Gutes herausgekommen ist und daß einem Übel ein Ende gesetzt worden wäre... Es gibt da immer nur Streit und Herrschsucht..."

Der Fehlschlag der Grenzsicherung im armenisch-mesopotamischen Bereich setzt der Hellenisierungspolitik unter Julian aus politischen Gründen ein Ende. Zum Nachfolger wählt das Heer den Christen und Kriegsmann *Jovian* (363–364), der aus der Gesamtsituation des Reiches die Konsequenz zieht, mit den Persern einen dreißigjährigen Vertrag abzuschließen und ihnen dabei 4 Satrapien und die Oberherrschaft über Armenien zugesteht. Muß schon Julian den Druck der Germanenvölker an Rhein und Donau abwehren, tauchen nunmehr hinter den germanischen Stämmen bereits die Reiterscharen der Hunnen aus der mongolischen Steppe auf.

Jovian stirbt im Frühjahr 364. Die Wahl des Heeres fällt auf *Valentinian I.* (364–375), der die Regierung im Westen übernimmt, seinem Bruder und Mitkaiser *Valens* (364–378) den Osten überläßt. Kaiser Valens ist Arianer. Trotz seines milden Regiments ist er verhaßt, wie die ständigen Revolten während seiner Regierungszeit erkennen lassen. Im Jahr 376 ersuchen ihn die Westgoten um Ansiedlung im Reich, und sie überschreiten mit kaiserlicher Genehmigung die Donaugrenze in Richtung Balkan. Damit beginnt die aktive Phase der Völkerwanderung dieser Zeit.

Als im Westen Valentinian I. im Jahr 375 stirbt, wird sein Sohn *Gratian* (375–383) sein Nachfolger. Dem Druck der Westgoten ist die Zwei-Kaiserherrschaft nicht gewachsen. Die byzantinische Beamtenschaft wehrt sich sogleich gegen die Zuwanderer und vereitelt damit die Ansiedlungs- und Verständigungspolitik von Valens. Aus den Konflikten entsteht der Zug der Westgoten nach Konstantinopel, das aber uneinnehmbar ist. Valens, der nicht lange auf die Hilfstruppen Gratians aus dem Westen warten kann, fällt in der Schlacht bei Adrianopel 378.

Gratian füllt die Herrschaftsnachfolge damit aus, daß er 379 den spanischen General Theodosius (379–395) zum Nachfolger seines Onkels Valens erhebt, und Theodosius, seines Zeichens nunmehr ein leidenschaftlicher Nizäner, betreibt den Goten gegenüber Ausgleichspolitik, gegenüber den heidnischen Kreisen und den Arianern aber greift er mit scharfer Gesetzgebung durch (394–395 Alleinherrscher). Sein Gesetz cunctos populos erzwingt das christliche Einheitsbekenntnis. Damit wird die *Reichskirche volle staatsgesetzliche Wirklichkeit.*

15 *Theodosius d. Gr., Cunctos populos (380), Codex theod. XVI, 1, 2:* Alle Völker, über die wir ein mildes, gnädiges Regiment führen, sollen, das ist unser Wille, die Religion annehmen, die der göttliche Apostel Petrus den Römern gepredigt hat, und der, wie wir sehen, auch Bischof Damasus sich anschließt, sowie Petrus, der Bischof von Alexandrien, ein Mann von apostolischer Heiligkeit; wir meinen damit, daß wir nach der apostolischen Predigt und der evangelischen Lehre eine Gottheit des Vaters und des Sohnes und des heiligen Geistes in gleicher Majestät und gütiger Dreieinigkeit im Glauben annehmen. Wer dieses Gesetz befolgt, der soll den Namen eines katholischen Christen führen, die anderen aber, die wir für kopflos und verkehrt erklären, sollen die Schmach ketzerischer Lehre tragen; ihre Versammlungshäuser dürfen nicht Kirchen genannt werden, sie selbst aber unterliegen der göttlichen Strafe, dann aber auch der, die wir nach dem Willen Gottes zu verhängen uns entschließen.

Aus dieser reichsgesetzlichen Entscheidung ergeben sich zwangsläufig juridische Konsequenzen, so die erneuten Verbote heidnischer Opfer in den Gesetzen des Jahres 392, die genauere Bestimmung der Ketzerei, die nicht nur die Heiden trifft, sondern auch die Richtungen innerhalb der Catholica, die nicht mit den beiden genannten Bischofsstühlen in Übereinstimmung stehen, die Strafandrohungen der staatlichen Gewalt. Die nachfolgenden Kaiser setzen diese Linie strikt fort. Das Christentum ist gesetzlich geschützte Staatsreligion.

Für das noch immer lebendige Heidentum, dessen Bildungsstätten und für die Kulturgüter der Tempel, für die Menschen in den Landbezirken und für die Nobilitäten vor allem im senatorischen Rom bedeutet dies alles den *Untergang einer Kultur,* und zwar nicht weil sie überwunden wäre, sondern weil sie der Gewalt weichen muß, eine Hypothek für das aufsteigende Staatschristentum, die sich noch jetzt im Begriff des „konstantinischen Zeitalters" niederschlägt.

6. Ambrosius von Mailand (ca. 336–397)

Die Entwicklung des dualen Verhältnisses von Kirche und Staat hängt mit einer Reihe von Vorgängen zusammen, an denen Ambrosius, der Bischof von Mailand, beteiligt ist. In der Liturgiegeschichte wird er gerühmt wegen seiner Hymnen und Gesänge. Aber darüber hinaus ist er der Repräsentant der nizänischen Catholica in den letzten Jahren der arianischen Bewegungen, und vor allem ist er eine der ersten herrscherlichen Gestalten der Kirche, im Katholizismus als Kirchenvater verehrt.

Er stammt aus den römischen Adelsschichten. Sein Vater ist Präfekt Galliens. Ambrosius wird in Trier geboren und von vornherein zum Staatsdienst erzogen. Nach seiner Ausbildung in Rom wird er in noch jungen Jahren kaiserlicher Konsular in Oberitalien (ab 374) mit dem Sitz in Mailand, in unmittelbarer Beziehung zum kaiserlichen Hof, der hier in Mailand seine westliche Residenz hat. Ohne daß er getauft wäre, beruft ihn die Akklamation des Volkes zum Bischof.

Dieses sein Bischofsamt führt er als römischer Adliger, als eine Gestalt der autonomen Herrschaft Gottes, die sich in ihm, seiner geistlichen Vollmacht und Gewalt verwirklicht. Er überträgt die römisch-stoischen Herrschaftstugenden ins Christliche. Ambrosius steht auf dem Grund des nizänischen homo-usios und orientiert sich theologisch nach Kleinasien, zu Basilius hin. Seine allegorischen Auslegungen hängen zugleich auch mit der alexandrinischen Richtung zusammen. Als einer der ersten läßt er Paulus wieder zu Wort kommen; gerade auch hierin wird Augustin sein Schüler. Bewußt wirkt Ambrosius der ethischen Verflachung der Arianer entgegen.

Die Bischofszeit des Ambrosius fällt in die Regierungszeiten der Kaiser Gratian, der 383 ermordet wird, dessen Brüder, Valentinian II. (gest. 392), und des Theodosius I. (gest. 395). Noch ist die arianische

Krise nicht vorüber. Am Mailänder Hof gibt es unter der Protektion der Kaiserinnen und Valentinians eine arianische Gemeinde mit ihren Beamten und teils germanischen Offizieren. Sie fordert von Ambrosius die Überlassung zweier Kirchen der Stadt. Ambrosius weigert sich, die mailändischen Gotteshäuser der arianischen Glaubensrichtung aus dem Kreis der Kaiserin Justina zur Verfügung zu stellen (385/6).

Die sich hieraus entwickelnden Auseinandersetzungen schildert Ambrosius in dem Brief an seine Schwester Marcellina. In den Verhandlungen mit dem kaiserlichen Hof macht er deutlich, daß er durchaus loyal zum Kaisertum steht, auch zur Dynastie, und er wendet sich auch nicht von ihr ab, als die Usurpatoren Maximus (nach Gratians Tod) und Arbogast und Eugenius (nach Valentinians II. Ermordung) eine zeitlang die Herrschaft an sich reißen. Er ist sich also der besonderen Würde des Kaisertums bewußt, wobei der Gegensatz zu den Goten sowohl im ethnisch-politischen als auch im theologischen Sinne gewiß mit eine Rolle spielt. Dennoch gibt er den kaiserlichen Befehlen zur Übergabe der Kirchen nicht nach.

In der Osterwoche 385 kommt es zur Auseinandersetzung. Das Volk begehrt gegen die Soldaten auf, und Ambrosius lehnt es zunächst ab, die Massen zu beruhigen. Das könne nur Gott allein. Als die Soldaten am Mittwoch vor Ostern die Basilica Porciana mit einem Kordon umzingeln, um den Gottesdienst zu vereiteln, findet sich in ,,wunderbarer" Weise doch noch eine Tür offen, und das Kirchenvolk stellt sich singend der militärischen Gewalt entgegen. Etliche Soldaten laufen zu Ambrosius über. Daß sich bei diesen passiven Widerstandsaktionen angeblich auch einige Wunder einstellen, so die Auffindung der Stadtheiligen Gervasius und Protasius, deren Leichname dann auch einige Heilungen verursachen, gehört mit zur späteren Legendenbildung.

Im Schreiben an Kaiser Valentinian II. vom März 386 definiert Ambrosius den Standpunkt der katholischen Kirche folgendermaßen: Das Gottesrecht – das er mit dem Kirchen- und Bischofsrecht gleichsetzt – steht *über* dem kaiserlichen Recht. Darum kann es keine weltliche Gerichtsinstanz in der Frage geben, ob Ambrosius vertrieben und der arianische Bischof Auxentius seinen Stuhl einnehmen soll oder nicht; denn dann würden möglicherweise Heiden über Fragen der Kirche mitbestimmen. Es kann nur in der Kirche und vor allem Volk verhandelt werden. Diese höherstehende Autonomie des göttlichen Bischofs- und Kirchenrechts muß der Kaiser respektieren. Darin drückt sich die Fortsetzung der Linie von Sardika, der Erfahrungen der Zeiten unter Konstantius II. aus. Das Neuartige an seiner Argumentation ist, daß er nicht nur aus Standesrechten heraus, sondern aus der Vorstellung eines dem *kaiserlich-weltlichen Recht übergeordneten Gottesrecht* heraus widerspricht.

16 *Ambrosius von Mailand, Brief an den Kaiser Valentinian II. vom März 386, Ambrosius, Briefe:* ... Habt Ihr jemals gehört, gnädigster Kaiser, daß in Fragen des Glaubens Laien über den Bischof zu Gericht saßen? Oder sollen wir in höfischer Kriecherei den Rücken so tief beugen, daß wir des bischöflichen Rechts vergäßen – daß ich also das Recht, das Gott selbst mir gab, anderen glaubte abtreten zu dürfen? Wenn der Bischof von Laien belehrt werden darf, was folgt daraus? Der Laie hält Lehrvorträge – der Bischof darf zuhören; der Bischof muß vom Laien lernen! Allein wahrhaftig: wenn wir in den heiligen Schriften oder in den Akten vergangener Zeiten lesen, wer könnte leugnen, daß in Sachen des Glaubens – ausdrücklich sage ich: in Sachen des Glaubens – die Bischöfe immer über die christlichen Kaiser, niemals aber die Kaiser über die Bischöfe zu Gericht saßen? ...

Denn ich kann nicht wünschen, daß Euer Gesetz über dem Gesetz Gottes stehe. Das Gesetz Gottes aber zeigt uns, in welcher Richtung wir zu gehen haben; ein menschliches Gesetz kann uns das nicht zeigen. Das Staatsgesetz kann wohl furchtsamen Menschen einen Gesinnungswandel abzwingen, aber es kann uns nicht den Glauben vorschreiben...

In der gegen Auxentius am Palmsonntag 386 gehaltenen Predigt, einer scharfen Abrechnung sowohl mit dem Kaiser als auch – besonders – mit seinem Widersacher, begründet Ambrosius seine Haltung biblisch. Die eine Stelle zeigt, daß er von Paulus, von der Unterscheidung von Gesetz und Evangelium, Gewalt und Glaube her die Freiheit der Kirche begründet.

17 *Ambrosius von Mailand, Rede gegen Auxentius (386):* ... Dieser Mensch wagt es, mich zu Verhandlungen zu bitten, wo er von Blut trieft und klebt? ... Er hat nicht gehört, was heute in der Epistel stand: ,,Nicht wird der Mensch gerechtfertigt aus dem Werk des Gesetzes" (Gal 2, 16), und das weitere: ,,Durch das Gesetz bin ich dem Gesetz gestorben, auf daß ich Gott lebe" (Gal 2, 19). Das will heißen: In Kraft des geistigen Gesetzes ist er der irdischen Auslegung des Gesetzes abgestorben. Auch wir wollen sterben in Kraft des Gesetzes unseres Herrn Jesus Christus, sterben um des ,,Gesetzes" willen, das da die Sätze der Irrlehre sanktionieren will. Nicht ein Staatsgesetz hat die Kirche Christi zusammengefügt, sondern der Glaube an Christus. Das Gesetz ist nicht aus dem Glauben; denn der ,,Gerechte lebt aus dem Glauben" (Gal 3, 11). Gerecht macht uns also der Glaube, nicht aber ein Gesetz. Denn Gerechtigkeit kommt niemals aus einem Gesetz, sondern nur aus dem Glauben an Christus. Wer demnach den wahren Christusglauben verwirft und doch mit einem Gesetz Rechtsnormen vorschreibt, der bezeugt, daß er ungerecht ist; denn der Gerechte lebt aus dem Glauben.

Die Predigt schließt mit den klassisch gewordenen Worten:

ebd.: ... Kann man dem Kaiser eine größere Ehre antun, als wenn man ihn einen ,,Sohn der Kirche" nennt? Wenn man ihn so nennt, dann tut man ihm kein Unrecht an, sondern Gunst. *Der Kaiser ist in der Kirche, er ist nicht über der Kirche.* Ein guter Kaiser sucht die Kirche zu fördern, nicht sie zu bekämpfen ... So untertänig wir dies sagen, so unerschütterlich halten wir daran fest, auch wenn man uns droht mit Scheiterhaufen und Schwert und Verbannung. Wir Knechte Christi haben das Fürchten verlernt!

Der Bischof, der hier ganz in der Haltung des S. P. Q. R. handelt, (der Senat und das Volk von Rom), vermag in dieser Situation das Volk gegen die kaiserliche Macht zu mobilisieren.

Im Jahr 388 zerstören Christen im Ort Kallinikum im Zweistromland die Synagoge der dortigen Orientjuden. Kaiser Theodosius sieht es als gerechtfertigt an, ihnen den Wiederaufbau dieser Synagoge als Strafe aufzuerlegen. Ambrosius bestimmt den Kaiser, dieses Dekret zurückzunehmen und das tumultuarische Verbrechen an den Juden ungesühnt zu lassen.

Zwei Jahre später wird in Thessaloniki der dortige Militärverwalter Botherich, ein Gote, von einem offenbar christlichen Volkshaufen ermordet. Die Beamten werden angegriffen. Der erzürnte Kaiser ordnet darauf militärische Repressalien an, die darin bestehen, daß im Zirkus 7000 Menschen von den Soldaten auf der Stelle umgebracht werden.

Ambrosius nimmt in Gegenwart des Theodosius diese Bluttat zum Anlaß, die Feier des Meßgottesdienstes zu verweigern, eine erstmalige Anwendung des Interdikts. Die Kirchengeschichte des Theodoret will sogar von einer förmlichen Exkommunikation des Kaisers wissen, so daß Theodosius nach Monaten innerer Verzweiflung den Bischof angeblich bitten läßt, ihn reumütig als Sünder wieder in die Gemeinde aufzunehmen, eine Zuspitzung der späteren Berichterstattung, die die Richtung der weiteren Entwicklung bis in die hochmittelalterliche Kanossa-Szene bereits vorwegnimmt.

Ambrosius hat dem Kaiser in einem Schreiben deutlich gemacht, daß er in der Kirche nur als Mensch gilt wie alle anderen Menschen auch. Theodosius hat tatsächlich vor der Gemeinde Buße getan und auf Drängen des Ambrosius in diesem Schreiben ein bereits von Gratian ausgestelltes Dekret erneuert, wonach Strafurteile, die auf Tod oder Einzug des Vermögens erkennen, nach vier Wochen überprüft und erst dann zur Ausführung gelangen sollen.

Ambrosius hat sich mit der Verweigerung des Meßopfers schwer getan und sich auf eine Traumvision berufen, nicht ohne weiteres auf das Bischofsrecht, wie Theodoret meint.

18 *Ambrosius an Kaiser Theodosius, Brief 51, (Mai 390):* ... Was jetzt folgt, schreibe ich eigenhändig, es ist nur für Euch bestimmt. Möge mich der Herr aus aller seelischen Zwangslage befreien. ,,Nicht von einem Menschen noch durch eines Menschen Vermittlung" (Gal 1, 12), sondern durch ein *Gesicht* wurde mir gewiß, daß ich so handeln müsse. Da ich nämlich in der Nacht vor meiner Abreise in grübelnder Trauer dalag, sah ich in einer Vision, wie Ihr in die Kirche tratet, sah aber auch, daß ich das heilige Opfer nicht darbringen dürfe. Was [im Traumgesicht] noch folgte, übergehe ich jetzt. Nicht alles konnte ich verhindern, aber alles habe ich aus Liebe zu Euch auf mich genommen, so denke ich. Der Herr gebe, daß sich die ganze Frage in Frieden lösen lasse. Gott mahnt uns ja auf vielfältige Weise, durch himmlische Zeichen, durch den Spruch der Propheten; ja selbst durch Gesichte, die er armen Sündern gibt, will er uns belehren. Bitten wir ihn darum, daß er den Unfrieden banne, Euch Staatenlenkern den Frieden schenke. Der Herr bewahre seiner Kirche den Glauben und die Ruhe – dazu aber braucht es einen Kaiser, der christlich und fromm ist.

Zwischen den Ansprüchen des Ambrosius und den Eingriffen der Kaiser in die Synodalpolitik der Kirche in Ost und West besteht immer noch ein klaffender Unterschied. Der Westkaiser Gratian bedeutet für die Reichskirchenpolitik eine neue Epoche: Er legt 382 den Titel des pontifex maximus ab und erläßt eine Reihe von Dekreten, die dazu führen, daß den heidnischen Tempeln der Unterhalt entzogen wird. Ambrosius steht diesem jungen Kaiser, dem Sohn Valentinians I., kirchenpolitisch nahe, ja er ist in dieser Hinsicht der spiritus rector des Kaisers. In die letzten Regierungsjahre Gratians fällt auch das Ereignis der Entfernung des Victoriaaltars aus dem römischen Senatssitzungssaal (382), ein Vorgehen, das außer Ambrosius auch der römische Bischof Damasus fordert. In dieser Sache gibt es eine Reihe von Briefen und Reden, die die andere Seite dessen zeigen, was unter der Freiheit der Kirche und ihrer Bischöfe verstanden wird, nämlich die Unterdrückung des Heidentums mit allen Mitteln, die Intoleranz.

Die Heiden Praetextatus und der Redner Symmachus treten für die Rücknahme dieser Anordnung ein; sie erschüttert die heidnische Welt ebenso wie die Zerstörung des Sarapisheiligtums in Alexandria und die Umbauten heidnischer Tempel in christliche Basiliken. Nach der Ermordung Gratians in Paris durch den Usurpator Andragathius am 23. März 383 geht der Streit unter Theodosius und Valentinian II., seinem Mündel, weiter.

Symmachus legt die Gründe für den Fortbestand der heidnischen Symbole dar:

19 *Die dritte Relatio des Symmachus (384):* (2) Ich erfülle nun eine doppelte Pflicht: Als Euer Praefekt führe ich einen öffentlichen Auftrag aus, als Abgesandter der Bürger empfehle ich Euch deren Wünsche. Jetzt gibt es keine Uneinigkeit mehr in unseren Wünschen; denn die Menschen glauben nicht mehr, sie könnten, wenn sie sich gegenseitig befehden, bei Euch noch mehr erreichen als die Hofleute mit ihrem Eifer. Geschätzt, verehrt und geliebt zu werden, ist etwas Größeres als bloße Machtausübung. ... (3) Wir bitten also, daß Ihr die Religion in der Form wieder einführt, wie sie dem Staat so lange nützlich war. Gewiß, man kann Herrscher nennen von dieser und von jener Glaubensrichtung, mit dieser und mit jener Meinung; aber die früheren haben an den Bräuchen der Väter teilgenommen, die späteren haben sie nicht abgeschafft. Wenn Ihr Euch die Religion der älteren Herrscher nicht zum Vorbild nehmt, so haltet wenigstens Euch an die *Duldsamkeit* der letzten. Wer ist den Barbaren so gewogen, daß er den Altar der Victoria nicht vermißt? Wir denken mit Sorge an die Zukunft, deshalb versuchen wir, warnende Vorzeichen weiterer schlimmer Ereignisse zu vermeiden. Man soll wenigstens den Namen ehren, wenn man die Gottheit nicht ehren will! Schon vieles schuldet Eure Ewigkeit der Victoria, und noch mehr wird sie ihr in Zukunft schulden. Eine solche Macht sollen die verschmähen, die keinen Nutzen von ihr hatten, Ihr aber dürft den Schutz der Göttin nicht verlassen; denn sie verleiht Euch den Triumph über Eure Feinde...

(4) Wenn man es schon nicht für richtig hielt, dieses böse Vorzeichen zu vermeiden, so hätte man wenigstens den *Schmuck* der Kurie verschonen müssen. Erlaubt es uns, ich bitte Euch, daß wir im Alter das an unsere Nachkommen weitergeben können, was wir in unserer Jugend übernommen haben...

(5) Wo könnten wir noch auf Eure Gesetze und auf Eure Worte schwören? Durch welche Skrupel wird ein falscher Sinn noch abgeschreckt, bei einer Zeugenaussage zu lügen? Gewiß, alles ist von Gott erfüllt, und für einen Eidbrecher gibt es keinen sicheren Platz, aber dennoch fühlt sich einer, der ein Verbrechen fürchtet, durch nichts mehr bedroht als durch die Gegenwart einer Gottheit. Dieser Altar erhält die allgemeine Eintracht, dieser Altar verbürgt die Treue jedes einzelnen, und nichts verleiht unseren abgegebenen Stimmen ein größeres Gewicht, als daß sämtliche Beschlüsse gleichsam durch eine vereidigte Körperschaft zustande kommen. Die ungeweihte Stätte wird in Zukunft für jeden Meineid offen sein...

Das sich in der Reichskirche auftuende Problem der Beziehung der Kirche zur Gestaltung des öffentlichen Lebens löst sich für Ambrosius eindeutig in die Richtung des alleinigen Anspruchs der Kirche auf Bestimmung der öffentlichen Kultur. In seinem Brief an Kaiser Valentinian II. von 384 (Ambrosius, Brief 17) sagt der mailändische Bischof, daß es aus dem Wesen der Gottesliebe heraus undenkbar ist, duldsam zu sein. Der Gottesdienst ist vielmehr „voll Eifer im Glauben". Da es sich beim Viktoriaaltar nicht um eine zivile, sondern um eine Religionsfrage handele, spreche er als Bischof, und als solcher sagt er dem Kaiser: „Du kannst zwar noch in die Kirche kommen, aber du wirst keinen Priester finden oder einen, der sich Dir entgegenstellt" (13). Solange der Kaiser noch die heidnischen Tempel beschenkt, weist der Altar Christi seine Gaben zurück. „Ihr könnt nicht zwei Herren dienen" (Mt 6, 24).

Die Entwicklung in der Kirchenpolitik des vierten Jahrhunderts führt zu dem Ergebnis, daß sich die Reichspolitik im Osten und Westen deutlich voneinander abhebt aufgrund der allgemeinen politisch-militärischen Lage, daß sich zugleich die Vorstellung von zwei Rechtsordnungen durchsetzt, dem göttlichen Recht der Kirche, dem weltlichen Recht des Staates. Noch berühren sich die Ansprüche der Kirche und des Staates nur in gelegentlichen Aktionen. Noch beansprucht der Bischof keine Herrschaft oder Regiment auf gleicher Ebene mit der weltlichen Gewalt. Aber deutlich erwachsen die Ansprüche der Bischöfe aus den erneuerten apokalyptischen Vorstellungen der Konstantius-Ära und dem radikalisierten Anspruch auf Glaubensnachfolge. Die Freiheit der Kirche und ihre Intoleranz sind die begrifflichen Eckpfeiler in einer Skala von Zuordnungsmöglichkeiten, die sich aus dem im Frühkatholizismus klar bejahten Auftrag ergeben, daß das Evangelium für die „Welt" da ist und zur Quelle der Kultivierung gedeihen müsse.

III. Der Abschluß der Trinitätslehre

1. Schritte der Annäherung in Ost und West

Es ist nicht allein die desolate Lage der Kirche in den Jahren der Re-Arianisierung, die zu einer inneren Besinnung auf die ökumenische Gemeinschaft zurückführt, sondern auch die Einsicht, daß die Kirche nur dann ihre Botschaft interpretieren kann, wenn sie sich auf die Wahrheit bezieht und nicht auf die politischen Nebenabsichten, die ihr von politisierten und karrierebewußten Kirchenführern aufgedrängt werden. Doch auch dies allein genügt nicht. Es kommt hinzu, daß gerade durch die Verbannung von Kirchenführern in den Osten hinein wieder Kenntnisse von der Osttheologie in den Westen zurückströmen. Das wird in besonderer Weise bei *Hilarius von Poitier* deutlich, der in der Verbannung die Osttheologie kennenlernt und damit auch deren Wahrheitsbezüge, deren eigentliche Sprache und leitende Denkmodelle. Durch ihn erhält der Westen genauere Kenntnisse über die differenzierte Begrifflichkeit im Osten, und so kommt es zu einer – sich bereits unter Konstantius II. anbahnenden – Annäherung in der Sachfrage. Das Symbol der Synode von Konstantinopel 360 mit der Formel des „ähnlich in allen Dingen" läßt die Unterschiede zusammenschmelzen; denn nun wird auch langsam im Osten deutlicher erfaßt, daß die Theologen des Westens mit der Wesensgleichheit keine Vereinerleiung der drei göttlichen Personen meinen.

In den sechziger Jahren kommt unter den Eusebianern diese neue Einsicht auf, und so sind sie – ähnlich Athanasius selbst – ihrerseits bereit, eine Ähnlichkeit „in bezug auf das Wesen" zuzugestehen. Das ist insofern etwas Neues, als nunmehr zwischen der Hypostase und dem Wesen (usia) ein Unterschied gemacht wird. Das Wesen wird auf die Gottheit bezogen, die Hypostase auf die Individuierung.

Das ist freilich nicht ganz die Linie von Nizäa: Die Eusebianer meinen nämlich, daß die Gottheit die „unpersönliche Wesenheit hinter den nach außen erscheinenden drei Personen des Vaters, des Sohnes und des Geistes" (Adam) sei. Nizäa wollte sagen: Die eine Gottheit individuiert sich in den Vater, den Sohn und den Geist hinein.

Athanasius hält 362 eine *Synode in Alexandria* ab in der Absicht, die noch streitenden Gruppen dort gemeinsam an das nizänische „gleichwesentlich" heranzuführen. Er gesteht jetzt zu, daß auch eine „Wesensähnlichkeit" akzeptiert werden könne, wenn sie sich nicht nur auf alle Eigenschaften (aristotelisch), sondern auch auf das Wesen Gottes beziehe, daß also das eine Wesen Gottes zusammen denkbar ist mit den drei Hypostasen.

Die Synode folgt darin auch seiner Ansicht, aber sie tut den folgenreichen Schritt, daß sie dabei den heiligen Geist – damit bleibt sie an diesem Punkt am origineischen Hypostasenmodell haften – nicht als eine Person der Gottheit, sondern nach unten hin als ein Geschöpf des Logos-Sohnes definiert.

Zugleich tritt auch darum ein neues Moment auf, daß sich die jüngere Generation, die sich nicht mehr kirchenkämpferisch an Nizäa gebunden weiß, zu Wort meldet. *Meletius* steht dabei für eine Gruppe, die auch den heiligen Geist ausdrücklich in die Homo-usie des Sohnes einbeziehen will und die das bisherige Schema Schöpfer-Geschöpf, an das ja die Wesensfrage gebunden ist, nicht mehr mit der Hypostasenvorstellung verbinden möchte, sondern dazu übergeht, das gesamte trinitarische Aussagefeld, wie es die alten Bekenntnisse beschreiben, zu erfassen. Erst jetzt erweitert sich die Gotteslehre zur eigentlichen Trinitätslehre.

Die durch den Widerspruch des Meletius eingetretene Lage führt in Alexandria und darüber hinaus zum Schisma. Sogleich bilden sich Gegengruppen vor allem in Mazedonien-Griechenland, so unter *Eusthatius von Sebaste* (ca. 300–377), einem Arius-Schüler, die sich ,,Geistbekämpfer" (*die Pneumatomachen*) nennen und die Gottheit des heiligen Geistes in Abrede stellen.

Die meletianische Gruppe hingegen führt bereits auf die Linie der jung-nizänischen Theologie, einer Theologie, die die alten Fronten überwindet und energisch die Klärung der Sachfragen anstrebt. Sie führt zum Ergebnis: drei Personen der Gottheit – ein Wesen – drei Hypostasen.

2. Die kappadozischen Theologen

Die drei kappadozischen Theologen: *Basilius der Große* (329–379), sein Bruder *Gregor von Nyssa* (ca. 330–395) und sein Studienfreund *Gregor von Nazianz* (ca. 329/30–ca. 390/91) stellen bei aller individuellen Unterschiedlichkeit eine neue, junge Generation von Bischöfen dar, die die nizänische Bekenntnisaussage der Gottheit Christi und der Gottheit des heiligen Geistes mit neuen philosophischen Überlegungen verknüpfen und – aufs ganze gesehen – das Geheimnis der Trinität zwar nicht rational erklären können, es auch nicht wollen, wohl aber den Rahmen umschreiben, in den die biblischen und die Glaubensaussagen der Kirchen eingehen können.

Diese Jungnizäner gehen aus dem rechten Flügel der origenistischen Mittelpartei hervor; sie kommen von einem homoi-usianischen Vorverständnis her. Während Athanasius das nizänische homo-usios immer noch als „wesenseins" versteht, begreifen sie es als „wesensgleich". Wichtiger ist jedoch, daß sie mit Hilfe ontologischer Denkschritte dieses Geheimnis der Wesenseinheit in der Dreiheit der göttlichen Personen zum Verständnis zu bringen versuchen. Dabei bedient sich Basilius mehr aristotelischer, die beiden Gregore überwiegend platonischer Denkschritte.

a) *Basilius* schildert das Verhältnis von Wesen (usia) und Person (hypostasis) nach dem Modell von Gattungsbegriff und Individualbegriff. Dabei ist grundlegend, daß die Aussagen innertrinitarisch, im Sinne einer immanenten Trinität gemacht werden. Wie Basilius zu dieser innertrinitarischen Spekulation hingelangt, zeigt er in seiner 16. Predigt über den Glauben, in der das hellenistische Gottesverständnis immer noch klar hervortritt. Das Denken und Glauben des Menschen muß die Zone der sinnlich faßbaren Kreatur nach oben hin überwinden und hinter sich lassen, um den spekulativen Ort der Gotteslehre zu erfassen.

20 *Basilius der Große, 16. Predigt über den Glauben, 1–2:* ... (1) Du aber, willst du über Gott etwas reden oder hören, mache dich los von deinem Leibe, mache dich los von den leiblichen Sinnen, verlaß die Erde, verlaß das Meer, laß die Luft unter dir, vergiß die Zeit und ihren Lauf, geh vorüber an den Herrlichkeiten der Erde; schwing dich empor über den Äther, wandle hin durch die Sterne und ihre Wunder, ihre Schönheit, ihre Größe, den Nutzen, den sie dem Weltall bieten, ihre Harmonie, Herrlichkeit, Stellung, Bewegung, ihre gegenseitige Verbindung und Entfernung! Hast du das alles im Geiste durchwandert, so erhebe dich über den Himmel und hoch über ihm betrachte allein mit dem Geiste die dortigen Schönheiten, die himmlischen Heerscharen, die Chöre der Engel, die Ämter der Erzengel, die Herrlichkeiten der Herrschaften, den Vorrang der Throne, die Mächte, die Fürstentümer, die Gewalten (Kol 1, 16; Eph 1, 21). Hast du dies alles durcheilt und in Gedanken über die ganze Schöpfung dich aufgeschwungen und darüber hinaus den Geist erhoben, dann betrachte die göttliche Natur, die da ist beständig, unwandelbar, unveränderlich, leidlos, einfach, nicht zusammengesetzt, unteilbar, unzugängliches Licht (1. Tim 6, 16), unaussprechliche Macht, unbegrenzte Größe, strahlende Herrlichkeit, begehrenswerte Güte, unbegreifliche Schönheit, die die verwundete Seele mächtig erfaßt, die sie aber nicht entsprechend zu schildern vermag. (2) Dort ist der Vater und der Sohn und der hl. Geist, die unerschaffene Natur, die herrliche Majestät, die wesenhafte Güte...

Der Ort, an dem die Theologie von Gott zu reden in der Lage ist, liegt nicht in der Erfahrung von Welt oder Natur, sondern erschließt sich dem aufsteigenden Geist, der die Schichten des Kosmos von unten nach oben hin durchschreitet und in der himmlischen Herrlichkeit meditierend und anbetend verweilt. Dieser Vorgang der Abstraktion erinnert an das Geisterleben des Neuplatonismus, und so findet sich auch bei Basilius ein neuplatonisch geprägtes Schema der Seinserfassung. Die Beweisführung dafür, daß der absolute Geist eine Trinität darstellt, vollzieht Basilius hingegen mit einer an die aristotelische Logik erinnernden Schrittfolge. Auch die profanen Neuplatoniker dieser Zeit haben längst aristotelische Gedanken bei sich aufgenommen, wie auch umgekehrt die antiochenische Schule mit ihrem Mittelpunkt in Caesarea einem Aristotelismus folgt, der seinerseits neuplatonische Elemente verarbeitet.

Aristotelisch gedacht, ist es die geistige Form, die sogenannte Entelechie, die der Materie als der zunächst ungeordneten Masse Gestalt und Individuation verleiht. Geht man von diesem Formprinzip aus, dann gilt, daß das Wesen der Gottheit die Entelechie des Sohnes ist. Das heißt dann aber auch, daß die Individuation, also die Personalität des Sohnes, nicht dasselbe sein kann wie die Wesenhaftigkeit des Vaters. Der Vater, der Sohn und entsprechend der heilige Geist haben als Hypostasen keine Gemeinschaft miteinander, aber sie besitzen sie im Wesen.

Weil Basilius nunmehr Wesen und Hypostase unterscheidbar machen kann, kommt er zur Formel: eine Gottheit – drei Personen (Hypostasen).

Dabei entsteht die weitere Frage, ob die Unterscheidung dieser drei Personen, von denen ja allein die Gottheit des Vaters ungezeugt und ewig ist, seinshaft oder aber – von den Eigenschaften her gesehen – wirkungshaft zu denken ist. Basilius umgeht die Gefahr einer neuerlichen innertrinitarischen Abstufung der Hypostasen damit, daß er die Beziehung der drei ,,Personen" der Gottheit *energetisch, wirkungshaft* beschreibt. Die eine, in sich differenzierte Gottheit wirkt nach außen in einer energetischen Weise. Daraus ergibt sich das, was in der Heilsgeschichte der Welt als Schöpfung und Offenbarung Gottes gilt. Im Vater, im Sohn und im Geist wirkt allemal die eine Gottheit, aber in ihren drei – nur innertrinitarisch zu unterscheidenden – Personen.

21 *Basilius d. Gr. an seinen Bruder Gregor von Nyssa über den Unterschied von Wesenheit und Person, Brief 18, 2–4:* (2) Von all den Bezeichnungen haben die, die für eine Reihe [der Zahl nach] verschiedener Dinge passen, eine mehr allgemeine Bedeutung, wie zum Beispiel das Wort Mensch. Der dieses Wort ausspricht, redet damit von der *allgemeinen Natur* [entsprechend: Wesen], bezeichnet aber nicht irgendeinen Menschen, der mit diesem Namen eigens gekennzeichnet würde. So ist z. B. Petrus nicht mehr Mensch als Andreas, Johannes und Jakobus. Da nun der Allgemeincharakter des Begriffs in gleicher Weise alle umfaßt, die unter dieselbe Bezeichnung fallen, so erfordert er eine Unterabteilung, mit Hilfe deren wir dann nicht den Menschen überhaupt, sondern *speziell* den Petrus und Johannes kennenlernen. Andere Namen haben eine mehr *individuelle* Bedeutung, bei der am bezeichneten Gegenstand nicht die Gemeinsamkeit der Natur in Betracht kommt, sondern die Umschreibung irgendeines Gegenstandes, die eben mit ihrer Individuierung Gleichartiges ausschließt, z. B. Paulus oder Timotheus...

(3) Das wollen wir also sagen: Mit dem Wort „Person" [Hypostase] will etwas *Einzelnes* bezeichnet sein. ... Wendest Du nun den Begriffsunterschied von Wesenheit und Person, wie Du ihn in unserer Ausführung kennengelernt hast, auch auf die göttlichen Lehrsätze an, so wirst Du nicht irre gehen. Was Du Dir immer einmal unter dem Sein des Vaters denkst..., das wirst Du auch vom Sohne und ebenso auch vom heiligen Geist denken. Die Bezeichnung des „Unerschaffenen" und „Unbegreiflichen" ist ein und dieselbe für Vater, Sohn und heiligen Geist; das eine Wesen ist nicht mehr unbegreiflich und unerschaffen, das andere weniger. Da wir aber mittelst charakteristischer Merkmale eine unvermischte Differenzierung der Trinität gewinnen müssen, so dürfen wir das, was als Gemeinsames gesehen wird, wie das Unerschaffensein oder die Erhabenheit über alles oder dergleichen, nicht zur Differenzierung des Einzelnen mit hinzunehmen; wir werden nur nach solchen Momenten suchen, durch die der Begriff von jedem einzelnen deutlich und ohne Vermischung von einem zweiten Begriff sich abheben wird.

(4) Wir werden daher gut daran tun, der Frage auf folgende Art nachzugehen. Alles Gute, das uns aus der Hand göttlicher Macht zukommt, nennen wir eine *Wirkung* der alles in allen wirkenden Gnade, wie der Apostel sagt: „Dies alles aber bewirkt ein und derselbe Geist, der einem jeden zuteilt, wie er will" (1. Kor. 12, 11). Fragen wir aber weiter, ob die Gewährung des Guten vom heiligen Geist ausgehe und so zu den Würdigen komme, so werden wir wieder von der Schrift zum Glauben geführt, der eingeborene Gott sei das Prinzip und die Ursache für die Gewährung des Guten, das durch den heiligen Geist in uns bewirkt wird... [Joh 1, 3; Kol 1, 17]. [Wir werden] belehrt, daß durch jene Kraft alles aus dem Nichts ins Dasein gesetzt wird, daß aber nichts von ihr ausgehe ohne Anfang, sondern daß *eine Kraft* ist, ungezeugt und anfangslos, welche die Ursache von der Ursache aller Dinge ist. Denn aus dem Vater ist der Sohn, durch den alles ist, mit dem der heilige Geist immer unzertrennlich verbunden gedacht wird. Man kann sich nämlich des Sohnes nicht bewußt werden, ohne zuvor vom heiligen Geist erleuchtet zu sein. Da nun der heilige Geist, von dem alle Verleihung von Gütern auf die Kreatur niederströmt, mit dem Sohne verbunden ist, mit dem er ohne Trennung zusammengefaßt wird, und weil sein Sein mit der Ursache, dem Vater, von dem er auch ausgeht, zusammenhängt, so hat er zum Kennzeichen seiner persönlichen Proprietät [Eigenheit] das Merkmal, daß er *nach* dem Sohne und *mit* ihm erkannt wird und daß er seine Substanz aus dem Vater hat. Der Sohn aber, der den vom Vater ausgehenden Geist durch sich selbst und mit sich selbst offenbart und allein eingeboren aus dem ungezeugten Lichte ausstrahlte, hat entsprechend der *Eigenheit seiner Merkmale* mit dem Vater und heiligen Geiste *keine Gemeinschaft*, wird vielmehr an den genannten Merkmalen als einzigechter erkannt. Der über alles erhabene Gott aber hat allein als besonderes Merkmal seiner Persönlichkeit das Vatersein und daß er keiner Ursache sein Dasein verdankt; an diesem Merkmal wird auch er wieder auf eigentümliche Weise erkannt. Deshalb sagen wir, in der Gemeinschaft der Wesenheit sind unvereinbar und nicht mittelbar die in der Trinität beobachteten *Merkmale,* durch die die Proprietät der im Glauben überlieferten Personen dargestellt wird, indem jede durch ihre eigenen Merkmale gesondert begriffen wird. So wird vermittelst der genann-

ten Merkmale der Unterschied der drei Personen [Hypostasen] gefunden. In bezug auf die Unermeßlichkeit, Unbegreiflichkeit, auf das Unerschaffen- und Unbegrenztsein und all dergleichen Eigenschaften gibt es in der lebendigmachenden Natur keinen Unterschied, ich meine nämlich beim Vater, Sohn und heiligen Geist; vielmehr gewahrt man bei ihnen eine innige und untrennbare Naturgemeinschaft...

b) *Gregor von Nyssa* geht in seiner ,,Großen Katechese" so vor, daß er ein Analogieverhältnis zwischen Gott und Mensch nach dem Schema Urbild-Abbild voraussetzt und vom Phänomen der Wortfähigkeit des Menschen zurückschließt auf das Wort Gottes: Christus als der ,,Sohn". Ist Gottes Wort lebendig subsistierend (auf niedrigerer Seinsstufe sich verwirklichend), dann eignet ihm, dem Wort, auch das, was Gott, dem Vater, eignet: Einheit, Allmacht, Wille, Güte, Schöpferkraft. Dann ist das Wort aber ebenso von dem, der es spricht, verschieden, also eine Hypostase.

In derselben Weise argumentiert Gregor auch in bezug auf das analoge Verhältnis von menschlichem Odem und göttlichem Geist.

22 Gregor von Nyssa, Große Katechese 1, 3; 2, 1; 3, 1: (1, 3) ... Wie wir nämlich von unserem menschlichen Worte sagen, es habe seinen Ursprung im Verstande, ohne es weder mit demselben ganz zu identifizieren, noch für völlig verschieden von ihm zu erklären – denn weil das Wort aus dem Verstande ist, ist das Wort etwas anderes und nicht er; aber weil es ihn zur Offenbarung und zum Ausdruck bringt, wird man es auch nicht für etwas vollständig von ihm Verschiedenes halten können, sondern es bleibt der Natur nach mit ihm eins, wenn es auch der Existenz nach von ihm verschieden ist –, ebenso ist auch das Wort Gottes [Christus] durch sein selbständiges Sein von dem verschieden, von welchem es dieses selbständige Sein hat; aber dadurch, daß es an sich selbst aufweist, was wir an Gott erkennen, ist es der Natur nach mit jenem identisch, an dem sich die gleichen charakteristischen Eigenschaften finden. Denn mag man Güte oder Macht oder Weisheit oder Ewigkeit und Erhabenheit über Sünde, Tod und Verderben oder Allvollkommenheit und sonst etwas Derartiges als Kennzeichen des Vaters aufstellen; die nämlichen Kennzeichen muß man auch an dem Worte finden, das von ihm ausgeht.

(2, 1) Wie wir von menschlichen Verhältnissen aus durch eine hoch emporsteigende Betrachtung in der göttlichen Natur das Wort erkannten, so werden wir auf dem nämlichen Wege noch auf den Begriff des *Geistes* oder des *Odems* geführt, wenn wir gewisse Abschattungen und *Abbilder* der unaussprechlichen Macht in unserer eigenen Natur ins Auge fassen. Freilich ist bei uns der Odem eine Bewegung der Luft, die nicht zu unserer Natur gehört, die aber zur Erhaltung des Körpers notwendig ein- und ausgeatmet wird; durch sie wird, wenn wir ein Wort aussprechen, die Stimme erzeugt, durch die erst der Sinn des Wortes anderen zugänglich wird. Bei der göttlichen Natur ist ebenfalls die Existenz eines Odems oder Geistes frommgläubig gesetzt (gleichwie die Existenz des Wortes Gottes zugegeben wurde), wenn das göttliche Wort nicht unvollkommener sein kann als das menschliche; außerdem würden wir ja das menschliche Wort mit Geist und Odem ausstatten, das göttliche aber dessen berauben.

Jedoch gebührt es sich in bezug auf Gott zu glauben, daß der Odem nicht nach Art des unrigen als etwas zu Gott ursprünglich nicht Gehörendes ihm von außen zuströme und in ihm erst zum Odem werde, sondern es verhält sich hier ähnlich wie beim Worte: Wie dieses weder etwas für sich Nichtbestehendes noch durch Erlernung entstanden, noch durch die Stimme hervorgebracht, noch nach dem Entstehen vergänglich, noch mit den Mängeln belastet ist, an denen unser Wort leidet, sondern wesenhaft subsistierend, willenskräftig, wirkend und allmächtig ist, so verstehen wir auch, wenn wir vom Odem Gottes hören, der das Wort begleitet und seine Wirksamkeit offenbart, darunter keinen leeren Hauch des Atems..., sondern eine *wesenhafte Macht,* welche *in eigener Subsistenz,* auf sich selbst fußend, uns entgegentritt, welche auch weder von Gott, in dem sie ist, noch vom Worte Gottes, das von ihr begleitet wird, losgetrennt werden kann, oder welche sich je in das Nichtsein ergießt, sondern welche, dem Worte Gottes ähnlich, *hypostatisch existiert,* ebenfalls *willenskräftig,* frei in der Bewegung, *wirksam ist,* das Gute will und für jeden Plan mit dem Willen zugleich die Macht zur Ausführung hat.

(3, 1)... Hinsichtlich der Person ist der Geist ein anderer und ein anderer das Wort und wieder ein anderer der, von dem Wort und Geist ausgehen. Und wenn du in denselben die Unterscheidung erkannt hast, so gestattet die Einheit der Natur eine Trennung nicht.

Aus heutiger Sicht ist es wichtig, angesichts der Vorgeschichte folgendes zu erwägen: Die ,,dogmatische" Spekulation über die Gottheit läßt einen großen Interpretationsspielraum im Blick auf die dahinter stehenden Wissenschaftssysteme (aristotelisch-platonisch). Historisch gesehen heißt das, daß gerade durch diesen Spielraum nicht ein antikes ,,Weltbild" dogmatisiert, sondern umgekehrt weite Beweglichkeit in bezug auf die Wirklichkeit und deren Geiststruktur zugestanden wird. Ferner: die Gottheit wird nicht statisch-objektiviert, sondern in Bezug auf ihre Wirksamkeit ausgedeutet. Der innertrinitarische Gott ist wirksam. Erst von der Geschichte seines Wirkens her kann über ihn nachgedacht werden. Das Dritte: Die Wahrheitsaussage des Christentums kann nicht zweckrational, politisch gestaltet werden. Sie entstammt der Frömmigkeit des Glaubens und findet in der Wissenschaft ihre Sprachgestalt, ihr ,,Dogma", ohne daß dieses zum Zwangsdenken oder zur Glaubenspflicht im Sinne einer individuellen Denkverweigerung wird.

3. Das Konzil von Konstantinopel 381

Das von Kaiser Theodosius im Jahr *381 nach Konstantinopel* einberufene *Konzil* führt zur Beendigung der Streitigkeiten und zur Einigung in der trinitarischen Frage. Diese Synode ist von Bischöfen des Ostens besucht und auch nur als Ostsynode einberufen. Erst eine spätere Berichterstattung auf dem Konzil von Chalcedon 451 läßt sie als ökumenisch erscheinen, als das sogenannte *2. ökumenische Konzil.* Eine Debattenniederschrift gibt es in Konstantinopel ebenso wenig wie in Nizäa. Die Akten und Beschlüsse sind auch nicht in den Westen gelangt. Erst auf dem Konzil von Chalcedon wird das in Konstantinopel verabschiedete Symbol als das Symbol der „150 Väter" gefeiert. Der Text ist auch erst in den Akten von Chalcedon greifbar.

Der geistige Impetus zu dieser Ostsynode ist von Basilius von Caesarea ausgegangen (gest. 379). Theodosius läßt die Bischöfe ohne seine eigene Anwesenheit verhandeln. Sie können sich offensichtlich ohne große Schwierigkeiten auf der Linie der Jungnizäner versammeln. Das eigentliche Ereignis ist die *Aufnahme des heiligen Geistes als dritte Person* der Gottheit, allerdings ohne eine Anwendung des homo-usios auf den Geist. Damit fällt angesichts der noch laufenden Auseinandersetzung mit den Pneumatomachen eine endgültige Entscheidung. Mit den Pneumatomachen werden eine Reihe weiterer bisheriger Häresien aus der Kirche ausgeschieden.

Die Vorlage des Symboltextes wird im alten Taufbekenntnis von Jerusalem vermutet. Der Symboltext hat folgende Gestalt:

23 *Das Nizäno-Konstantinopolitanum von 381:* Wir glauben an einen Gott, den Vater, den Allmächtigen, Schöpfer des Himmels und der Erde, alles dessen, das sichtbar und unsichtbar ist.

Und an einen Herrn Jesus Christus, den eingeborenen Sohn Gottes, gezeugt vom Vater vor aller Zeit, Licht von Licht, wahrer Gott vom wahren Gott, gezeugt, nicht geschaffen, eines Wesens mit dem Vater, durch den alle Dinge wurden, der um uns Menschen und um unserer Erlösung willen von den Himmeln herabkam und Fleisch annahm vom heiligen Geist und der Jungfrau Maria und Mensch wurde und der für uns unter Pontius Pilatus gekreuzigt wurde und litt und begraben wurde und auferstand am dritten Tag nach den Schriften und gen Himmel fuhr und zur rechten Hand des Vaters sitzt und wiederkommen wird in Herrlichkeit, zu richten Lebendige und Tote, dessen Reich kein Ende haben wird.

Und an den heiligen Geist, den Herrn und Lebensspender, der vom Vater ausgeht, der mit dem Vater und dem Sohn zusammen verehrt und zusammen verherrlicht wird, der durch die Propheten geredet hat; an eine heilige katholische und apostolische Kirche. Wir bekennen eine Taufe zur Vergebung der Sünden; wir warten auf die Auferstehung der Toten und das Leben der zukünftigen Welt. Amen.

IV. Das christliche Mönchtum

Im Hintergrund der kaiserlichen Religionspolitik und der dogmatischen Auseinandersetzungen der Kirchen entsteht das christliche Mönchtum. Möglicherweise kann man es als die Antwort der Kirche auf die Frage nach den Wegen zu einer christlichen Kultur beschreiben, einer Kultur, die in Eremiten, in Klöstern und schließlich in Orden mit festen Regeln demonstrativ vorlebt, was es heißt, in der Welt, aber nicht von der Welt zu sein. Die protestantische Abneigung gegen das Mönchtum bezieht sich auf die in dieser Entwicklung sichtbar werdende Weltflucht, die ihr zugrunde liegende Zwei-Wege-Ethik, die ins Wunderhafte gesteigerte Realistik eines Lebens zwischen Gott und den Dämonen. Während im Osten die Mönche über Jahrhunderte hinweg als Einzelfiguren Beichtväter, Lehrer und Seelsorger sind, gedeihen im Westen die Orden zu Missionsinstrumentarien, sei es in der freien Form der iro-schottischen Mission, sei es in der an den päpstlichen Auftrag gebundenen Form der Ordensmission. Ab dem 6. Jahrhundert setzt sich im Abendland die Regel des *Benedikt von Nursia* (ca. 480 – nach 543) durch, und in wellenartiger Weise wird vor allem das asketische Mönchtum in der cluniazensischen Bewegung des 11. Jahrhunderts und in den Armutsbewegungen des 13. Jahrhunderts zum Träger der Reformen, aber auch oftmals genug einer radikalen, sogar parasitären Lebensweise.

Die Kulturgeschichte des Abendlandes und der Ostkirche ist ohne das Mönchtum nicht denkbar.

1. Die Eremiten

Die Entstehung des christlichen Mönchtums beginnt im ausgehenden dritten Jahrhundert. Einzelne Eremiten trennen sich in Ägypten wie auch in Ostsyrien von ihren Familien und Dörfern, um sich am Rande von Wüsten oder in Einsiedeleien in Armut und geschlechtlicher Askese dem Gebet und dem Kampf gegen das Fleisch und die Dämonen zu widmen.

Wie es zu dieser Erscheinung kommt, ist nicht geklärt. Vorbilder sind im buddhistischen Indien, im Judentum, in den Sarapisheiligtümern

Ägyptens, im Manichäismus gesucht. Die Gemeinde von Qumran in vorchristlicher Zeit, auch die Wanderpropheten und Täufersekten der christlichen Zeit können die Erscheinung nicht voll erklärbar machen. Die Anfänge liegen in der „Windstille" der Zeit unter Gallienus, dann unter Diokletian. Sie mögen auch mit einer Erschöpfung der Stadtkulturen zusammenhängen.

Die Frömmigkeit der Eremiten selbst weist klar auf die Herrennachfolge, vor allem in der Weise der Überlieferung vom „reichen Jüngling" (Mt 19, 16 ff.). Aus welchen Gründen immer steigert sich das Streben nach Vollkommenheit im Kampf gegen die niederziehende Macht des „Fleisches" und im Aufstieg zu den reinen Formen der Schauung Gottes auch dort, wo die Menschen der Weltgemeinden dieser Askese nicht folgen können oder wollen. Der Eremit ist aus ihrer Sicht der Vollkommene, der fast schon Engelgleiche, der in der Erwartung der Endzeit jeglichen Kompromiß mit der Welt und mit sich selbst ablehnt, der gleichsam in repräsentativer und stellvertretender Weise für die Gemeinde das Leben auf Gott hin erprobt, realisiert und von ihm zeugt. Der Dualismus von Fleisch und Geist, von Gottesherrschaft und Dämonenkampf spielt bei den Eremiten eine zentrale Rolle.

Von den ersten Eremiten Ägyptens berichten mehrere Überlieferungen, allen voran die *Historia monachorum* aus der Zeit um 400, sodann die von Bischof Palladios von Helenopolis um 419/20 verfaßte *Historia lausiaca* (Das Leben der heiligen Väter), die die ersten Eremiten im Raum Ägypten und Syrien schildert, sowie ferner die rund 500 entstandene Sammlung *Apophthegmata patrum* (Sprüche der Väter), in der die Weisungen und Erfahrungen der Eremiten, wenn auch legendenhaft überwuchert, niedergeschrieben sind, das Erbauungsbuch des frühen Mönchtums.

Einer der ersten Eremiten in der nitrischen Wüste südwestlich des Nildeltas ist der Ägypter *Amun*, dessen Name noch auf die gleichnamige ägyptische Gottheit Ammon hinweist. Auch in der Sketis gibt es um 300 bereits Eremiten. Von Amun überliefert Palladios folgendes:

24 *Palladios, Historia lausiaca, 8:* ... Er war ein Waisenkind. Mit zweiundzwanzig Jahren zwang ihn sein eigener Onkel, ein Weib zu nehmen. Da Widerstand unmöglich war, ließ er sich bekränzen, in das Brautgemach führen und alles geschehen, was bei Hochzeiten Brauch ist. Nachdem man sie nun in die Brautkammer und zu Bette geleitet hatte, gingen alle hinaus. Amun aber stand auf, verriegelte die Türe, setzte sich und rief seine fromme Gattin herbei: „Komm, Herrin, ich will etwas besprechen mit dir. Die Ehe, die wir geschlossen haben, ist genau wie andere Ehen. Laß uns jedoch etwas Edles tun! Schlafen wir von jetzt an getrennt und bewahren die Jungfräulichkeit unberührt, um Gott zu gefallen!" Dann zog er ein Büchlein aus dem Busen, las der jungen Frau, die nicht lesen konnte, die Worte des Apostels und des Erlösers vor, machte sie mit dem größten Teile des Inhaltes und dann mit dem ganzen vertraut und erläuterte diese

Ägypten im Altertum

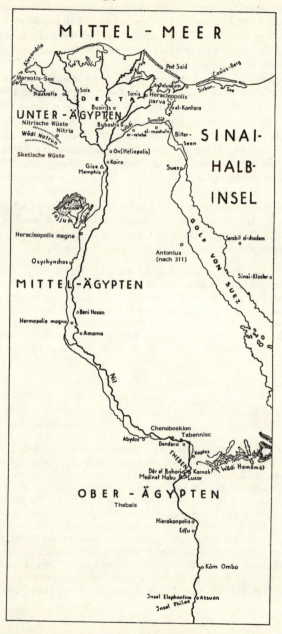

Schrift über die jungfräuliche Reinheit in einer Weise, daß jene durch Gottes Gnade bewogen ihm sagte: „Ich bin derselben Ansicht wie du, Herr! Was ist nun dein Wunsch?" Er sprach: „Mein Wunsch ist, daß wir von jetzt an getrennt bleiben." Sie konnte sich dazu nicht entschließen und sagte: „Wir wollen im nämlichen Hause bleiben, doch nicht im nämlichen Bette schlafen!" Er lebte nun achtzehn Jahre lang im gleichen Hause mit ihr. Den ganzen Tag war er beschäftigt im Garten und mit seiner Balsampflanzung; die Balsamstaude wird nämlich gepflanzt, gepflegt und beschnitten wie der Weinstock und fordert viel Arbeit. Abends ging er in das Haus; nun oblagen sie dem Gebet und nahmen ihr Mahl miteinander; nachdem er noch das Nachtgebet verrichtet hatte, ging er hinaus. So lebten sie dahin, und die Leidenschaft erstarb in beiden. Endlich tat Amuns Gebet seine Wirkung, denn sie sprach zuletzt: „Ich muß dir etwas sagen, mein Herr! Höre mich an! Ich möchte Gewißheit haben, ob du mich so liebst, wie Gott es haben will." Er gab zur Antwort: „Sprich! Was willst du?" Sie sagte: „Du bist ein Mann von gerechtem Wandel; da ziemt es auch mir, nach deinem Beispiele denselben Weg zu gehen wie du und mich zu trennen von dir. Du wohnst in Reinheit unter einem Dache mit mir; daß deine Tugend verborgen bleibe, hat keinen vernünftigen Zweck." Er dankte Gott und sagte: „Nimm also du das Haus in Besitz; ich will mir ein anderes bauen." Dann ging er tief in das Natrongebirge – denn zu jener Zeit gab es noch keine Klöster – und baute sich zwei runde Zellenräume. Dort starb er, vielmehr entschlief, in der Einsiedelei, nachdem er noch zwanzig Jahre gelebt und jährlich zweimal seine Gattin gesehen hatte.

2. Die Anachoreten

Die ersten Eremiten werden im 4. Jahrhundert alsbald zu erfahrenen Meistern und Lehrern für andere, die sich gleich ihnen aus der Welt zurückziehen (anachoresis = Rückzug aus der Welt). Die Anachorese ist eine erste Form der Zuordnung der Eremitensiedlungen zu einem solchen erfahrenen Meister oder Lehrer. Noch lebt jeder der Eremiten für sich in einer Hütte oder in einer Felsenbehausung. Die Versorgung dieser Eremiten geschieht durch Almosen von Speise und Wasser, die ihnen von den Dörfern in weiten zeitlichen Abständen dargebracht werden. Eine Regel oder eine Organisation außer diesem Lehrer-Schüler-Verhältnis besteht in diesen Anachoretengemeinschaften nicht.

Athanasius schildert in der Beschreibung „Das Leben des Antonius" jenen Eremiten, der das Anachoretentum Ägyptens äußerlich und geistlich geprägt hat. Obwohl sich unabhängig von Ägypten auch in Syrien, Palästina und in Oberägypten anachoretische Gemeinschaften bilden, kommt seinem Vorbild für dieses Gebiet eine besondere Bedeutung zu. Die von Antonius beeinflußten Anachoretengemeinschaften Unterägyptens in der nitrischen und sketischen Wüste, werden auf Jahrzehnte hin zu berühmten Vorbildern der Mönchskolonien im Osten und Westen (Gallien, Spanien, Irland).

Antonius geht den Weg vom Eremitendasein hin zur Anachorese. Er wird 251 zu Koma bei Herakleopolis in Mittelägypten geboren (gest. 356). Athanasius berichtet in der Lebensgeschichte des Antonius (cap. 2), daß Antonius im Alter von achtzehn oder zwanzig Jahren nach dem Tod der Eltern für seine noch kleine Schwester sorgen muß, im Gottesdienst von der Lesung der Jerusalemer Urgemeinschaft (Apg 4, 35) und von der Geschichte vom reichen Jüngling (Mt 19, 21) berührt wird und daraufhin Haus und Acker verschenkt, die sonstige Habe verkauft und nur noch einen kleinen Rest Geldes für die Schwester übrig behält. Als er gar in der Kirche das „Sorget euch nicht um das Morgen" (Mt 6, 34) hört, beschließt er, Eremit zu werden. Er gibt seine Schwester in ein Jungfrauenhaus und zieht sich in die Gräber zurück, die in den Fellachendörfern am unteren Nil außerhalb der Siedlungen liegen und als tabuierte Gebiete gelten, in denen Dämonen hausen. In dieser Umgebung wird die äußere Wirklichkeit für die seelische Erfahrung durchlässig auf die in ihr waltenden Hintergrundsmächte hin. Wer zur Gottheit durchdringen will, muß sich diesen Mächten stellen, sie aushalten und besiegen. Dann aber stößt Antonius auf einen „alten Mann", dem er sich anschließt. Dieser Alte führt von Jugend auf ein Einsiedlerdasein und wird ihm zu einer Vaterfigur, der er im Guten nachfolgt. Auch andere solcher Eremiten sucht Antonius auf, bei denen er die Erfahrungen und Weisheit sammelt, und kehrt so bereichert in die Umgebung seines Dorfes zurück. Dort verrichtet er Handarbeit für seinen eigenen Unterhalt und für die Armen (nach 2. Thess 3, 10). „Seine ganze Sehnsucht aber und seinen ganzen Eifer richtete er auf die Anspannung in der Askese", berichtet Athanasius (Kap. 3). „Er betete beständig, da er gelernt hatte, daß man für sich allein unaufhörlich beten müsse. Bei der Vorlesung der Schrift war er so aufmerksam, daß ihm kein Wort entfiel; vielmehr behielt er alles bei sich, und sein Gedächtnis ersetzte ihm so die Bücher".

Ca. 271 beginnt Antonius sein asketisches Leben. Nach ungefähr 20 Jahren verläßt er seine Höhle in den Bergen „wie ein Mann, der im Allerheiligsten in die Mysterien eingeweiht ist, von Gottes Geist erfüllt". Seit 306 sammelt er Schüler um sich, denen er nun seinerseits zum „Vater" wird. Diesen Anachoreten gibt er seine Erfahrungen in der Form eines Anachoretenbekenntnisses weiter.

25 *Athanasius, Das Leben des Antonius, 16:* [Antonius] trug ihnen [den Mönchen] in ägyptischer Sprache folgendes vor: „Die heilige Schrift ist zwar hinreichend zur Belehrung; für uns aber ist es gut, wenn wir einander ermuntern im Glauben und uns salben mit dem Balsam guter Lehren. Ihr sollt wie Kinder alles vor den Vater bringen und ihm sagen, was ihr wißt. Ich dagegen, der ich älter bin als ihr, teile euch mit, was ich weiß und was ich erfahren habe. Besonders aber soll bei allen der gemeinsame Eifer darauf gerichtet sein, nicht nachzugeben, wenn ihr einmal angefangen habt, noch bei den Mühen den Mut zu verlieren, nicht zu sagen: Wir haben lange Zeit hingebracht in der Askese. Wir wollen vielmehr, wie wenn wir täglich von neuem begännen, den guten Willen dafür steigern. Denn das menschliche Leben ist überaus kurz, wenn man es an den künftigen Ewigkeiten mißt; unsere ganze Zeitlichkeit ist so nichts gegenüber dem ewigen Leben. Jedes Ding in der Welt wird nach seinem Wert verkauft, und Gleiches tauscht man um Gleiches ein. Die Verheißung des ewigen Lebens aber wird um ein Geringes erworben... Wenn wir auf Erden unseren Kampf gekämpft haben, dann werden wir unser Erbteil nicht auf dieser Erde haben, sondern unser sind die Verheißungen im Himmel. Und endlich, wenn wir unseren vergänglichen Leib ablegen, werden wir ihn unsterblich zurückerhalten."

Im Jahr 311 geht Antonius zur Zeit der Christenverfolgung nach Alexandria, ohne das gewünschte Martyrium zu erleiden. Danach zieht er sich noch weiter in die Wüste, auf den Berg Kolzim zurück, in das heutige Antoniuskloster im Gebirge des Wadi Araba am Roten Meer. Dort soll er im Alter von 105 Jahren gestorben sein. Er ist Freund des Athanasius im Kampf um das homo-usios. Durch ihn gewinnen die Eremitengemeinschaften auch die Beziehung zur Großkirche.

Antonius fügt die Schüler zu Kleingemeinschaften von je drei Personen zusammen. Diese Monasterien, die im Natrontal in Unterägypten entstehen, leben in ständigem Beten, Meditieren, Psalmodieren, Rezitieren der Schrift, die eine besonders große Rolle spielt. Sie unterstehen der Leitung eines „Vaters"; auch haben sie eine disziplinarische Ordnung, die in den Händen eines „Synhedriums" liegt.

26 *Athanasius, Das Leben des Antonius 7:* ... Mehr und mehr bezwang er seinen Körper und machte ihn untertänig, um nicht, hier siegreich, dort zu unterliegen. Daher ging er mit sich zu Rate, wie er sich an eine noch härtere Lebensführung gewöhnen könne. Gar viele bewunderten ihn, er selbst aber ertrug die Mühe leicht. Denn die Bereitwilligkeit seiner Seele, die ihr so lange innewohnte, hatte eine treffliche Verfassung in ihm zustande gebracht, so daß er, wenn er von anderen auch nur den kleinsten Anstoß erhalten hatte, daraufhin einen glühenden Eifer zeigte; er wachte so lange, daß er oft sogar die ganze Nacht schlaflos zubrachte, und dies nicht etwa einmal, sondern oft und oft, darüber wunderten sich dann die anderen. Nahrung nahm er einmal des Tages zu sich nach Sonnenuntergang; bisweilen aß er nur alle zwei, oft aber auch bloß alle vier Tage; er lebte von Brot und Salz; als Getränk diente ihm nur Wasser. Von Fleisch und Wein bei ihm nur zu reden, ist überflüssig, da man dergleichen nicht einmal bei anderen Frommen fand. Zum Schlafen begnügte er sich mit einer Binsenmatte; meist aber legte er sich auf die bloße Erde zur Ruhe nieder...

Der Sinn dieser asketischen Leistungen ist am ehesten in der Selbsterfahrung der eigenen „Heiligkeit" und in der subjektiven Heilssehnsucht zu finden. Dem geht bei aller Liebe zu Gott und den Menschen oftmals aber auch eine Weltverachtung zur Seite, die gerade bei Antonius zur

Verachtung der hellenischen Wissenschaften, der Wirtschaft, des bürgerlichen Lebens führt.

27 *Athanasius, Das Leben des Antonius, 20:* ... Die Heiden gehen außer Landes und durchsegeln das Meer, um Gelehrsamkeit zu sammeln; wir aber haben nicht nötig, die Heimat zu verlassen wegen des himmlischen Reiches noch brauchen wir über das Meer zu fahren um der Tugend willen. Denn einst sprach der Herr: „Das Himmelreich ist in euch" (Lk 17, 21). Zur Tugend ist also nur nötig, daß wir selbst wollen, daß sie in uns ist und aus uns entsteht. Denn die Tugend besteht darin, daß die Seele das Vernünftige in sich hat, wie es ihrer Natur gemäß ist...

Es entsteht bereits im frühen Mönchtum ein Ethos der christlichen Existenz, das im scharfen Gegensatz gegen die paulinische Gnadenlehre und im Gegensatz zur Großkirche steht, so schnell es auch zu Beziehungen zwischen ihr und den Mönchen kommt. Das frühe Mönchtum ist bis zu seiner Integration in die Großkirche durch das Konzil von Chalkedon 451 eben auch eine Fortsetzung des pneumatisch-charismatischen Protestes am Rande der Kirche.

3. Das Koinobitentum

Um 320 beginnen sich organisierte Mönchsgemeinschaften zu bilden (koinonia = Gemeinschaft). Durch den Kopten *Pachomius* (gest. 346) erhält das Anachoretentum seine erste Klostergründung in Tabennisi im mittleren Nilgebiet, in der Nähe des heutigen El-Kaor wa's Saijad. Diese Klosterform breitet sich schnell nach Palästina, Kleinasien, Syrien, Persien, Nordafrika, Spanien, Gallien und Italien aus. Es handelt sich um feste Wohnhäuser, die durch eine Mauer von der Außenwelt abgetrennt sind und nur durch eine Pforte betreten werden können. Die Mönche leben je einer in einer Zelle für sich. Pachomius gibt diesen Klostergemeinschaften eine „Regel".

Pachomius, geb. ca. 288/292, Sohn heidnischer Eltern in der oberen Thebais, lernt als junger Zwangsrekrut die Christen kennen, die den Soldaten Lebensmittel in die Unterkünfte bringen. Nach der Entlassung aus dem Heeresdienst bekehrt er sich, wird getauft (ca. 315), und entschließt sich, Schüler des Eremiten Palamon zu werden.

Aufgrund einer „himmlischen Weisung" gründet Pachomius in Tabennisi das Kloster, das Athanasius bei seiner Visitationsreise des Jahres 330 bestätigt. Maria, die Schwester des Pachomius, leitet daneben ein Nonnenkloster.

28 *Die Pachomius-Regel, Historia lausiaca, 32:* Als er [Pachomius] einst in der Höhle saß, kam ein Engel und sagte [zu ihm]: „Für dich selber hast du gesorgt und sitzt darum zwecklos in deiner Höhle. Gehe fort und vereinige alle jungen Mönche und wohne mit ihnen zusammen und gib ihnen eine Regel nach dem Muster, das ich dir überreichen will". Und er gab ihm eine eherne Tafel, worauf geschrieben stand wie folgt:

„Laß jedermann essen und trinken, soviel er nötig hat! Demgemäß gib auch jedem an Arbeit, was er tun kann. Hindere keinen weder am Essen noch am Fasten. Wer fähig ist, mehr zu leisten, dem gebiete mehr zu leisten. Weniger jedoch denen, die schwächer sind oder sich strenger abtöten in Speise und Trank. Mache verschiedene Zellen in der Ansiedlung. In jeder Zelle sollen drei wohnen. Die Nahrung für alle soll in *einem* Hause bereitet werden. Schlafen sollen sie nicht liegend, sondern sich schräge Stühle anfertigen, darüber Teppiche breiten und in sitzender Stellung schlafen. Zur Nachtzeit sollen sie leinene Mäntel haben und gegürtet sein. Jeder soll ein gegerbtes Ziegenfell tragen, das sie auch bei Tisch nicht ablegen dürfen. Am Sabbat und am Tag des Herrn, wenn sie hingehen, um an den Geheimnissen [der Eucharistie] teilzunehmen, sollen sie den Gürtel lösen, das Ziegenfell ablegen und nur in der Kukulle gehen. Die Kukullen sollen ungefüttert sein, wie sie bei Kindern gebräuchlich sind; ein purpurfarbenes Kreuz soll darauf eingebrannt sein. Teile sie in vierundzwanziger Gruppen und gib jeder als Kennzeichen einen griechischen Buchstaben...

Kommt ein Gast aus einem anderen Kloster, wo man nicht dasselbe Zeichen führt, so darf er nicht essen und trinken mit diesen noch ihr Haus betreten, er wäre denn auf einer Reise begriffen...

Während der Mahlzeit müssen sie das Haupt verhüllen, damit kein Bruder den anderen essen sehe. Auch dürfen sie nicht reden noch anderswohin blicken als auf Tisch und Teller. Den ganzen Tag müssen sie zwölf Gebete verrichten: Zur Zeit, da man die Lichter anzündet, zwölf; um Mitternacht zwölf und zur neunten Stunde drei: Jedesmal, wenn eine Gruppe zu Tisch kommt, muß vor dem Gebet ein Psalm gesungen werden.

Die Einzelheiten sind voller Anknüpfungen und Symbole, so etwa wenn das Tragen von Ziegenfell und Gürtel an den Täufer erinnert, dessen Symbole in der Nähe des eucharistischen Herrn verschwinden.

Jedem Haus steht ein Hausvater vor. Der einzelne Mönch verfügt über einige persönliche Dinge: bescheidene Kleidung, Schutz gegen die Sonne und die Kälte, Schuhe, Kapuze (Kukulle), Gürtel, Stock. Alle Mönche sind zur Arbeit verpflichtet: Matten flechten, Weben, Schneidern, Schustern, Wagnern, Lederarbeit, Feldarbeit. Die Insassen je eines Hauses treiben dasselbe Handwerk. Mehrere Häuser werden zu „Ordnungen" zusammengefaßt, insgesamt zu 24, die je nach ihrem Wandel mit Buchstaben des griechischen Alphabets bezeichnet sind: Die Aufrichtigen werden mit Jota, die Verschlagenen mit Zeta oder Chi bezeichnet. Die Belange des Klosters werden umschichtig von diesen „Ordnungen" wahrgenommen: Küchendienst, Krankenpflege, Verkehr mit der Außenwelt, Handel. Der *Produktionskommunismus* der Klöster führt zu wirtschaftlichen Erfolgen auf den Märkten. Im allmählich steigenden Wohlstand liegen wiederum Gefahren für die mönchische Strenge.

Die pachomianischen Klöster stellen einen Ordensverband dar, der vom Mutterkloster aus geleitet wird.

29 *Historia lausiaca, 32:* Solche Klöster, die nach diesem Vorbild geordnet sind, gibt es ziemlich viele. Sie bergen an siebentausend Männer. Im ersten und größten wohnt Pachomius selbst. Dieses ist zugleich das Mutterkloster, von dem die anderen abstammen; es zählt dreizehnhundert Mönche. Darunter ist der edle Aphthonius..., der gegenwärtig die Stellung eines zweiten Oberen hat. Weil er ein durchaus nicht reizbares Gemüt hat, pflegen die Brüder ihn nach Alexandrien zu entsenden, damit er ihre Handarbeiten verkaufe und die nötigen Lebensmittel besorge. Ferner gibt es auch Klöster mit zweihundert oder dreihundert Insassen. So traf ich in Panapolis dreihundert. In diesem Kloster fand ich die fünfzehn Schneider, sieben Schmiede, vierzig Bauleute, zwölf Kamelwärter und fünfzehn Tuchscherer. Sie treiben jedes Handwerk und beschenken aus dem Überschuß der Einnahmen Frauenklöster und Gefangene. Auch betreiben sie Schweinezucht ... [und sagen dazu]: ‚Bei uns ist es immer üblich gewesen, Schweine zu halten, um Spreu, Gemüseabfälle und ungenießbare Speisereste, die man nutzlos wegwerfen müßte, verwenden zu können...'

Der Leiter eines Klosters ist der Abt (abba = Vater), dem der Deuteros (der Zweite) und der Wirtschaftsverwalter (Oikonomos) zugeordnet sind. Mehrere Klöster unterstehen einem Generalabt, im Anfang Pachomius selbst, der im Kloster Pabau (heute: Faukebli) residiert. Zweimal im Jahr findet zu Ostern und im Sommer ein Generalkonvent statt.

Der Regel liegt der Gedanke der Nachahmung der Urgemeinde zugrunde, in der Gleichheit aller Mönche untereinander. Dem entspricht vor allem das Gemeineigentum. Jeder Mönch ist zudem allen seinen Oberen vollen Gehorsam schuldig. Die Ermäßigung der harten Askese, wie sie bei den Eremiten gebräuchlich ist, auf eine den individuellen Bedürfnissen angepaßte Beziehung von Leistung und Versorgung erklärt sich auch aus dem Gedanken heraus, daß die Mönche nicht im Egoismus der Heilssorge oder in der gleißnerischen asketischen Haltung versinken, sondern sich im Gemeinschaftssinn üben, den Vater achten, die Brüder lieben und sich der Arbeit hingeben sollen. In den geistlichen Übungen spielen die Schrift und insbesondere die Psalmen eine Rolle.

Realistisch klingt der Augenzeugenbericht, den *Palladius* von seinem Besuch in den Klöstern Ägyptens aus der Zeit um 400 gibt. Er zeigt, daß es noch lange Mischformen zwischen dem Anachoretentum und dem Zönobitentum unmittelbar nebeneinander gegeben hat.

30 *Palladius, Historia lausiaca 7:* In den Klöstern um Alexandrien blieb ich drei Jahre lang und verkehrte mit überaus edlen, eifrigen Männern, etwa zweitausend an Zahl. Von da ging ich in das Natrongebirge. Zwischen ihm und Alexandrien liegt der sogenannte Mareotissee, dessen Breite siebzig Meilen beträgt. Nachdem ich diesen durchsegelt hatte, kam ich in anderthalb Tagen an die Südseite jenes Gebirges; von dort erstreckt sich die große Wüste bis nach Äthiopien, an das Ge-

Ausbreitung des ägyptischen Mönchtums

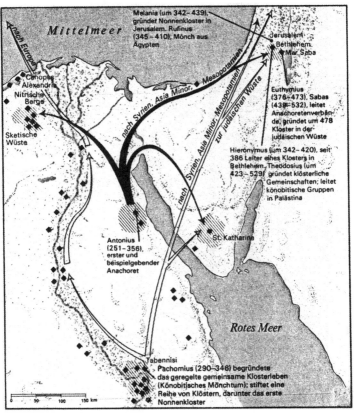

Das Mönchtum im Orient

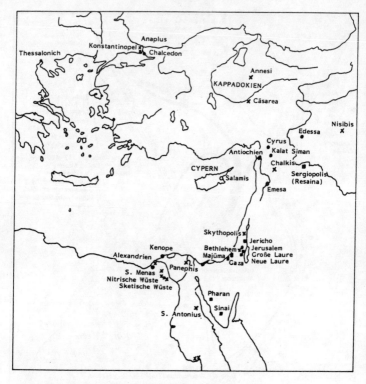

× Mönchsniederlassungen im 4. und 5. Jh.
■ Mönchsniederlassungen im 6. Jh.
● Wallfahrtsorte

biet der Maziker und nach Mauretanien. In diesem Gebirge wohnen etwa fünftausend Männer. Sie leben nicht auf die nämliche Weise, sondern ein jeder so, wie er kann und will; darum ist jedem gestattet, allein zu bleiben oder zu zweit oder in großer Gesellschaft. Es gibt da sieben Bäckereien, die jenen Männern das Brot liefern und auch den Einsiedlern in der großen Wüste, sechshundert an Zahl. Ich blieb ein Jahr und schöpfte großen Gewinn aus dem Umgang mit den seligen Vätern Arsisius dem Großen, Putubastus, Asion, Kronius und Sarapion. Dann ging ich, durch die vielen Erzählungen der Väter angestachelt, mitten in die Wüste. Dort im Natrongebirge ist eine große Kirche, worin drei Palmbäume stehen. An jedem hängt eine Geißel. Eine davon ist für Mönche bestimmt, die sich etwas zu schulden kommen lassen; die zweite für Räuber, die vielleicht einbrechen; die dritte für andere Leute, die dahin kommen. Wer in einer Weise fehlt, daß er Schläge verdient, muß den Palmbaum umfassen und erhält in solcher Stellung auf den Rücken die festgesetzte Zahl von Streichen. Dann wird er losgelassen. Neben der Kirche steht ein Hospiz; da findet jeder Fremdling Aufnahme, bis er freiwillig weiterzieht, auch wenn er zwei bis drei Jahre sich aufhält. Einen Tag der Woche läßt man ihn ohne Beschäftigung; während der übrigen wird er zur Arbeit verwendet in Garten, Bäckerei oder Küche. Wenn er des Lesens kundig ist, gibt man ihm ein Buch und gestattet ihm bis zur sechsten Stunde nicht, ein Gespräch mit jemand zu führen. Auf diesem Gebirge leben auch Ärzte und Kuchenbäcker. Auch trinkt man Wein und verkauft ihn. Eigenhändig webt ein jeder Leinwand und so leidet kein einziger Mangel. Um die neunte Stunde hört man aus allen Klöstern Psalmengesang erschallen, so daß man glaubt, in das Paradies entrückt zu sein. Zur Kirche kommen sie nur am Sabbat und Sonntag; acht Priester stehen ihr vor. Solange der erste Priester noch am Leben ist, opfert, predigt und richtet keiner aus den übrigen, sondern sie sitzen nur still an seiner Seite.

4. Die Ausbreitung des Mönchtums

Während die unterägyptischen Klöster zu Beginn des 5. Jahrhunderts dem Ansturm heidnischer Stämme zum Opfer fallen, breitet sich die pachomianische Lebensform nach Oberägypten aus. Dort entstehen in der zweiten Hälfte des 4. Jahrhunderts unter der Leitung des Kopten *Schenute von Atripe* (ca. 333/334–451) Koinobien, deren Zucht außerordentlich hart gewesen ist, aus denen aber auch die erste koptische Nationalliteratur entstanden ist.

Problemreich ist die Zuordnung der Klöster zur Kirche und zum Klerus. Die Mönche und Anachoreten der nitrischen und sketischen Wüste haben unter sich Priester, oder es kommen zu ihrer Versorgung Presbyter aus den Gemeinden, während Pachomius mit der Aufnahme von Priestern eher zurückhaltend bleibt.

Das Mönchtum in *Palästina* und auf der *Sinaihalbinsel* bewahrt noch auf längere Zeit das Anachoretentum neben den Pachomiusklöstern.

Diodor von Tarsus übernimmt von Pachomius die Klosterform. *Hilarion aus Thabata* bei Gaza (gest. 371) hingegen gründet eine Eremitenkolonie, und auch *Epiphanius,* der zuvor in Ägypten weilt, gründet Mönchssiedlungen. Verständlicherweise sind das Sinaigebiet und das heilige Land bevorzugte Stätten mönchischer Niederlassungen. In Palästina gewinnen sie die besondere Form der *Lavren,* das sind Mönchshütten, die sich um den Mittelpunkt einer Kirche und einiger anderer Gebäude herumlegen, so daß ein gemeinsamer Gottesdienst möglich ist. Das erste Koinobium auf dem Sinai ist eine Gründung Kaiser Justinians I.

Das *syrische Mönchtum* gewinnt teilweise exzentrische Gestaltungen. Ohnehin ziehen auch durch Kleinasien Scharen von frei vagierenden Mönchen, so daß kaiserliche Edikte diese chaotischen Formen der Askese in den Jahren 381–383 bekämpfen. Es handelt sich dabei um jene ,,Enthaltsamen, Weltentsagenden, Sackträger, die auch beim Abendmahl den Wein verbieten", wie Codex theodosianus (16, 5, 7.9.10.11) sagt.

Die syrischen Eremiten halten sich schlechthin für die ,,Starken". Das Weib gilt ihnen nur als ,,Waffe des Satans", wie *Afrahat,* der persische Mönchsvater in einer Predigt sagt. Die syrischen *Messalianer* (= die Beter) leben allein dem Gebet, betteln arbeitslos in den Städten, aber sie verstehen sich als die Pneumatiker, die anstatt durch die Taufe durch ihr Gebet gerettet werden. Sie sind die ,,Lebenden" gegenüber den ,,Toten".

Im 5. Jahrhundert erwächst diese Askese zu Formen der Selbstentsagung, deren Beurteilung aus heutiger Sicht schwierig ist.

Sie lassen sich mit Ketten binden, hausen in verlassenen Zisternen, auf Berggipfeln oder wie Baradatos in einer bloßen Lattenkiste. Sie steigern ihre Frömmigkeit durch Hunger, Durst, Schmerzen, dauerndes Gebet. Sie sind als Wundertäter, Orakelspender, Seelsorger, Nothelfer bei der Bevölkerung beliebt, als Missionare heidnischer Stämme erfolgreich.

Symeon d. Ä., der Stylit (Säulenheiliger), läßt sich mehrfach begraben oder zum vollkommenen Fasten einmauern. Im Bergdorf Tel neschin zwischen Antiochia und Aleppo lebt er auf einem Steinblock, der schließlich zu einer 20 Meter hohen Säule aufgeschichtet wird. Teils gebetsversunken, teils in rhythmischem Niederfallen betreibt er seine Übungen. 1244 Verbeugungen sind nach Theodoret an einem Tag gezählt worden.

Diese aketische Frömmigkeit lebt aus der Monotonie gewaltiger Zahlen und Wiederholungen, in denen sich eine durch nichts zu störende Ordnung kundgibt, die sich als Form, nicht als Sinn und auch nicht als Aktion äußert. Der Stylit fragt nach dem Licht in der Seele, nicht nach den Inhalten.

In Kleinasien kommt es schon früh zu Konflikten zwischen Mönchtum und Kirche. *Eusthatius von Sebaste,* ein Homoiusianer, lernt das Mönchtum in Ägypten kennen. Durch armenische Einflüsse wird er so enthusiastisch-radikal, daß sich eine Synode in Gangra (ca. 343) gegen seine Mönche wendet, weil sie den Verheirateten die Seligkeit absprechen, die Reichen zur Besitzverteilung auffordern und sich – ähnlich den Messalianern – zu Konventikeln zusammenschließen, ohne sich an die Sakramente oder die kirchlichen Fastenzeiten zu halten.
Basilius d. Gr. wächst in die Welt des ägyptisch-kleinasiatischen Mönchtums hinein, ebenso wie Gregor von Nyssa und Gregor von Nazianz. Es ist eine neue Generation von asketisch-kirchlich eingestellten Theologen. Seine begüterte Familie und Geschwister können sich das zurückgezogene Leben auf ihren Gütern leisten. Von Basilius gibt es zwei überlieferte *Regeln,* von denen die kürzere wahrscheinlich direkt auf ihn zurückgeht. Aus diesen Basilius-Regeln erwächst das *griechische Mönchtum,* das keine Einzelorden kennt wie das römische.

Die Grundgedanken der Basiliusregel sind folgende: Der Mönch ist der wahre Christ; sein Leben ist die ganzheitliche Heiligung zur Gottes- und Menschenliebe. Die Klosterform dient der bewußten Abkehr von der Stadtzivilisation, der Rückkehr zur Natur. Den Kampf gegen die 8 repräsentativen Hauptsünden, von denen *Evagrius Ponticus* erstmals spricht, sieht Basilius als den Kampf gegen die im Menschen wohnende Todsünde überhaupt. Die Pflicht zur Beichte – Pachomius kennt sie bereits – offenbart das Innere der Mönche den Vorstehern und Brüdern. Aus dieser Beichtpraxis des Mönchtums entsteht im Mittelalter die allgemeine Beichtpflicht der römischen Kirche. Weitere Gesichtspunkte der Basilius-Regel sind: Verzicht auf Eigentum – Noviziat – aber keine Gelübde – Arbeitspflicht (Ackerbau, Handwerk) – Gehorsam gegenüber der Disziplinargewalt der Oberen – sechs tägliche Gebetszeiten (Morgen, Terz, Sext, Non, Vesper, Mitternacht) – mäßige Mahlzeiten – Verbot des Weingenusses – noch keine Mönchstracht – keine Aufnahme von Verheirateten (außer bei Zustimmung der Partner) und Sklaven, Kindern und Waisen – keine überpflichtigen Leistungen.

Das mönchisch-asketische Ideal breitet sich im vierten und fünften Jahrhundert auch in die Gemeinden und vor allem auch unter den Bischöfen aus *(Mönchsbischöfe).* Auch im Abendland entstehen eine Fülle von Klöstern, die ihre Dependencen im heiligen Land aufrichten, aus denen nun ein neues, christliches Erziehungsideal erwächst, das Ethos der spezifisch christlichen Askese. In ihr drückt sich zweifellos eine Abkehr von der Hof- und Herrschaftskultur der byzantinischen Kaiser und ihrer Beamtenschaft aus, der gegenüber der Mönch als der Mensch der Armut und Bruderliebe erscheint.

Hieronymus schreibt einen seiner Briefe an die Römerin Laeta, deren Tochter, das junge Mädchen Paula, für das Kloster bestimmt ist. Ihre Eltern sind christlich-heidnische Patrizier Roms. Dieser Brief ca. aus dem Jahr 401 zeigt den Umbruch, den die monastische Sittlichkeit auch in bürgerlichen Kreisen bewirkt.

31 *Hieronymus, Brief an Laeta, 107, 4–7:* (4) Nun will ich dir zeigen, wie eine Seele zu erziehen ist, die ein Tempel des Herrn werden soll. Sie darf nur Dinge hören und sprechen, die Gottesfurcht atmen. Schmutzige Worte soll sie gar nicht verstehen, weltliche Lieder sollen ihr unbekannt bleiben. Schon in den frühesten Kindesjahren soll sich die zarte Zunge mit den frommen Psalmen vertraut machen. Knaben in den Flegeljahren halte von ihr fern! Ihre Dienerinnen und Zofen sollen von der Außenwelt abgeschlossen bleiben, damit sie nicht Schlimmes lernen und noch Schlimmeres lehren. Besorge ihr Buchstaben aus Buchsbaum oder Elfenbein und lasse sie deren Namen lernen! Sie soll damit spielen, und sie wird aus dem Spiele Belehrung schöpfen... (5) Schon die Art, sie herzurichten und zu kleiden, belehre sie darüber, wem sie versprochen ist. Laß ihre Ohren nicht durchbohren; ihr Christo geweihtes Antlitz soll sie nicht mit Bleiweiß und Purpur bemalen. Belade ihren Hals nicht mit Gold und Perlen, das Haupt nicht mit Edelsteinen! Laß sie das Haar nicht rot färben, erinnert doch diese Tönung zu sehr an das höllische Feuer. Sie besitzt andere Perlen, durch deren Verkauf sie sich die so kostbare Perle des Evangeliums erwerben kann... (7) Wenn die kleine Paula allmählich größer wird und nach dem Vorbild ihres himmlischen Bräutigams zunimmt an Weisheit, Alter und Gnade bei Gott und den Menschen, dann soll sie mit ihren Eltern in den Tempel ihres wahren Vaters gehen. Sie soll aber den Tempel nicht mit ihnen zusammen verlassen. Die Eltern mögen sie suchen auf der Straße der Welt, unter den Volksscharen und unter den Verwandten. Sie werde nirgends gefunden, es sei denn im Allerheiligsten der Schrift, wo sie Propheten und Apostel über die mystische Vereinigung mit Christus befragt. Maria sei ihr Vorbild, die der Engel allein im Gemach antraf, wobei sie vielleicht deshalb so heftig erschrak, weil ihr der Anblick eines Mannes etwas ganz Ungewohntes war. Ihr soll sie nachstreben...

Es wird deutlich, daß die sich zum Ende des 4. Jahrhunderts steigernde Marienverehrung (unbefleckte Empfängnis und nachfolgend die Josephsehe) und das asketische Ideal der Mönche und Nonnen in unmittelbarer Beziehung stehen.

Es gibt freilich auch Widersprüche zu hören. Zur Zeit des Bischofs Damasus von Rom (366–384) kursiert in der Stadt die Schrift eines *Helvidius,* der behauptet: Maria hat nach der Geburt Jesu als Ehefrau gelebt, und der ferner fragt, wieso die Jungfrauen Besseres als andere Ehefrauen seien? Hieronymus und Damasus treten dagegen für den Marienkult, die Askese und das Mönchtum ein. Eine andere Bestreitung der Askese erwächst aus der Schrift eines westlichen Mönches, *Jovinian,* der in der im Glauben angenommenen Taufe, die er als die Geistgeburt nach 1. Joh. 3, 9 und 5, 18 versteht, das Abwehrmittel gegen den Teufel und die Sünde sieht, über die es kein grundsätzlich weiteres Mittel der Erlösung geben kann. So tritt die Frage nach der Beziehung von Askese und Sakrament, von individueller und vermittelter Erlösung ins

Blickfeld. Auch Augustin muß sich wegen der Gnadenlehre des Pelagius mit dieser Frage befassen (s. u. S. 131 ff.).

Eine Reihe von Mönchen ist zu Bischöfen berufen worden. Schon im vierten Jahrhundert beginnt dadurch eine Integration des Mönchtums in die Kirche hinein. Die Spannung zwischen Amt und Charisma, die bereits im zweiten Jahrhundert vorhanden ist, löst sich aus der Sicht der damaligen Kirche durch solche Berufungen. Einige dieser Mönchsbischöfe werden für den mittelalterlichen Heiligenkalender und vor allem für die Prägung des geistlichen Amtes zu legendenhaften Vorbildern als Heilige, Wundertäter und Gottesmänner.

Ein Beispiel solcher Hagiographien ist der *heilige Martin von Tour* (ca. 316/17–397), den uns *Sulpicius Severus* (geb. nach 353–ca. 410/20) in seinem Buch „Das Leben des heiligen Martin von Tour" beschrieben hat. Sulpicius selbst repräsentiert dieses südgallische Mönchtum: Er entstammt der heidnischen Bildungsschicht des Raumes Toulouse-Narbonne, entdeckt Martin als sein Vorbild und findet so zum asketischen Leben. Beide teilen ihr Vermögen auf, besuchen mehrfach ägyptische Klöster. Besonders die aus dem Raum Alexandrias wirken nach Gallien und nach Irland hinüber.

Die Lebensbeschreibung Martins berichtet von mehrfachen Totenerweckungen, Krankenheilungen, Dämonenaustreibungen, von der Niederlegung heidnischer Götzensymbole und -statuen. Das soll der damaligen Frömmigkeit zeigen, daß Gottes Machterweise in der Kirche und ihren Heiligen real wirksam sind. Das Staunen der Gläubigen wird zum Stolz über den Bischof „unserer Kirche". Das Wunder wird damit aber auch zu einer Herrschaftsgeste; es bezwingt zur Unterwerfung. Daß Martin von Tour, wie die Legende berichtet, seinen Kriegsmantel – wie auch ähnlich später Franz von Assisi – mit einem Bettler teilt, bedeutet zugleich Kritik an der weltlichen Wertskala der Macht und des Besitzes. Die im Heiligen anschaubar werdende „Königsherrschaft Christi" gewinnt das Recht, im Namen Gottes Unterwerfung zu fordern. Das *Demutsmotiv* wird auf diese Weise zu einem *Herrschaftsmotiv*. So geht es auch in die Geschichte des aufsteigenden Papsttums ein.

V. Die Entwicklung der Metropolitanverfassung und der Aufstieg des Papsttums

Nachdem bei den apostolischen Vätern und im Frühkatholizismus die wohl wichtigste Entwicklung für die Verfassung der christlichen Gebietskirchen eingeleitet wird, daß es überhaupt ein christliches Sakral- und Amtsrecht geben soll, werden die Gebietskirchen von Bischöfen und Synoden geleitet, die – nach Cyprian – in einem Verhältnis der Liebe stehen, rechtlich gesehen in sich selbständig sind, aber in diesen ihren Rechtsentscheidungen auch gehalten sind, sich aufgrund der gemeinsamen Erkenntnisse des göttlichen Geistes in ökumenischer Gemeinschaft zu bewegen.

Zum Eingang des vierten Jahrhunderts, zur Zeit des Konzils von Nicäa, gibt es weit überwiegend schon Metropolitangliederung, und zum Ausgang des Jahrhunderts entwickelt sich mit den Beschlüssen des Konzils von Konstantinopel 381 daraus dann die Patriarchatsgliederung.

Bezüglich der Entscheidungen von Konstantinopel 381 und Chalcedon 451 bereits von Patriarchaten zu sprechen, begegnet sprachlich-quellenmäßigen Bedenken, weil erst im 5./6. Jahrhundert der Begriff Patriarchat im vollen Sinne der kirchenrechtlichen Oberstellung im Unterschied zur bloßen Titulatur, die älter ist, aufkommt. Jedoch werden auf diesen Synoden die Weichen für die spätere Patriarchatsgliederung gestellt. Der damaligen Auffassung nach handelt es sich um Obermetropolien oder Erzbischöfe.

Die Reichskirche bleibt im Osten aufgrund ihrer Selbstauffassung bei den konstitutiven Faktoren von Bischof und Synode stehen. Im Westen hingegen entwickelt sich das Papsttum. Jedoch gibt es am Ende des vierten Jahrhunderts kein ökumenisches Einheitsamt. Es ergibt sich vielmehr bis 451 die Pluralität der Obermetropoliten von Rom, Konstantinopel, Alexandria, Jerusalem und Antiochia.

Auch für einen westlichen Kirchenpolitiker wie Ambrosius gilt der römische Bischof unter allen übrigen Bischöfen gewiß als der Vertreter einer besonders geachteten Gemeinde und zugleich auch als Sprecher der westlichen Bischofsgemeinschaft. Aber auch Ambrosius treibt seine Kirchenpolitik im direkten Verkehr mit den Kaisern, besonders mit Gratian, ohne sich dabei Rom unterzuordnen. Einen papalen Anspruch läßt Ambrosius nicht erkennen, und seine Eigenständigkeit würde ihn auch nicht zulassen. Die Leitung, wenn man davon in einer nicht-rechtlichen, sondern mehr politischen Weise sprechen will, kommt dem Bischof zu, der sie auch durchsetzen kann. So sind auch die Grundsätze zu verstehen, die die Synode von Sardica 342 hinsichtlich des römischen Bischofs Julius I. verabschiedet hat. Sie sind kaum als rechtlich für alle Zeit bindende Grundsätze zu verstehen. Jedenfalls hat Ambrosius sie in dieser Weise nicht respektiert.

Für die Überlegungen zur Entstehung des Papsttums ergibt sich damit im 4. Jahrhundert ein höchst sensibles Feld historischer Ereignisse, deren Interpretation schwankend ist und die zur Frage führen, von wann ab eigentlich von Päpsten zu sprechen wäre. Dabei ist ein Doppeltes zu unterscheiden:

Der römische *Selbstanspruch* entsteht früher als die ökumenische Durchsetzung des römischen Anspruchs. In Rom selbst ist der Gedanke, daß Rom sowohl als politische Hauptstadtgemeinde als auch als Sukzessionsgemeinde des Petrus und Paulus eine Sonderstellung einnimmt, vielleicht bereits zum ausgehenden zweiten Jahrhundert vorhanden. In einzelnen kirchenpolitischen Schritten verdichtet Rom beharrlich diesen seinen Anspruch.

Ein anderes aber ist die *Rezeption* dieser Ansprüche durch die Ökumene. Der mit den Beschlüssen von Konstantinopel 381 anhebende Streit zwischen Konstantinopel und Rom in der Frage des Vorrangs zeigt deutlich, daß die neue Hauptstadt, das „Neurom", unterstützt von den Kaisern, ebenso oberbischöfliche Rechte beansprucht wie das alte Rom. Das Grundschema im Osten bleibt dabei aber die in ihrer Zuspitzung reichssynodal verfaßte Reichskirche. Der Westen hingegen entwickelt ein vom Ostkaisertum sich loslösendes *autonomes Kirchen- und Verfassungsrecht,* in dessen Zentrum nun die Papstidee zu stehen kommt, vorangetragen von den römischen Bischöfen und auf die Dauer auch rezipiert von den übrigen Diözesen des Westens, der immer deutlicher als eine kirchenpolitische Einheit erscheint.

Die Entstehung des „Papsttums" weist damit in eine Epoche, in der sich der Gedanke der römischen Petrussukzession so durchsetzt, daß man auch von einer Rezeption sprechen kann, und dies geschieht erst im 5. Jahrhundert. Für die römisch-katholische Geschichtsschreibung ist eine solche Auffassung kaum akzeptabel. Die Entstehung des „Papsttums" eindeutig im Raum des vierten Jahrhunderts unterzubringen, ist aber historisch ebensowenig vertretbar.

1. Die Beschlüsse von Nizäa 325

Die Beschlüsse von Nizäa schreiben die Funktionen und Rechte der Metropoliten fest.

Dem geht das melitianische Schisma in Ägypten voraus. Aus der älteren Tradition der nordafrikanischen Märtyrerkirchen heraus nimmt im Jahr 305 (?) Bischof Melitius von Lykopolis für sich das Recht in Anspruch, Bischöfe einzusetzen und Ordinationen durchzuführen. Mit dieser Ausübung des Weiherechts greift er in die Aufsichtsstellung Bischofs Petrus von Alexandrien ein. Es handelt sich dabei, wie kurz später bei den Donatisten, um eine durch die Verfolgungen entstandene Frage danach, wer und was die wahre Kirche ist. Auch nach seiner Verbannung führt Melitius im Sinne der früheren Konfessorengemeinden ein abgeändertes, besonderes Verfahren bei der Aufnahme von „Gefallenen" durch.

Bei diesem melitianischen Schisma handelt es sich zugleich um eine Verfassungsfrage dieser Region. Lykopolis gehört zu den fünf Städten, der Pentapolis in Nordafrika. Diese Bistümer sind in ihrer Zuordnung nach Alexandria strittig. Melitius will seine eigenen Metropolitanrechte sichern. Alexandria hingegen ist für Ägypten unangefochten Metropolie, erstrebt nun aber auch für die Pentapolis eine Obermetropolie, also ein Aufsichtsrecht für Libyen und die Thebais. Darin zeigt sich eine Entwicklung, die über die Metropolien hinausführt zu Obermetropolien, die dann im 5./6. Jahrhundert Patriarchate genannt werden.

Der Kanon 6 von Nizäa bestätigt die Obermetropolitenstellung Alexandrias, aber er setzt ihr zugleich eine Grenze an den originären Rechten der außer-ägyptischen Metropoliten. Diese behalten das zentrale Weiherecht. Alexandria erreicht aber eine Oberaufsicht in Sachen der Zustimmung, der Disziplin und der Lehre, und zwar unter Berufung auf die Stellung, die zu dieser Zeit bereits der römische Bischof für seinen Bereich wahrnimmt.

Der Kanon 6 von Nizäa ordnet, wer diese Obermetropoliten sind:

32 *Kanon 6 von Nizäa:* Die alten Gewohnheitsrechte (!), die in Ägypten, Libyen und der Pentapolis bestehen, sollen dergestalt in Kraft bleiben, daß der Bischof von Alexandrien über alle diese [Gebiete] Amtsgewalt hat, da eben dies auch dem Bischof von Rom gewohnheitsrechtlich zusteht. In gleicher Weise sollen bei Antiochia und in den übrigen Eparchien die herkömmlichen Rechte gewahrt bleiben. Überhaupt steht fest, daß die große Synode bestimmt hat: Wer ohne die Zustimmung der Metropoliten Bischof geworden ist, der kann nicht weiterhin Bischof bleiben.

Ausgelöst durch die ähnlich gelagerten Beschwerden der Donatisten, befindet die Synode von Nizäa, angesichts der Tatsache, daß in dieser Zeit 29 melitianische gegen ca. 100 katholische Bischöfe stehen, dazu im einzelnen folgendes:

33 *Kanon 4 und 5 von Nizäa:* (4) Eigentlich gebührt es sich, daß ein Bischof von allen Bischöfen der Provinz eingesetzt wird. Sollte dies aber zu schwierig sein wegen einer drängenden Not oder wegen der Weite des Weges, so sollen unbedingt *drei* an demselben Ort zusammentreten; und wenn auch die Abwesenden ihre Zustimmung schriftlich erklärt haben, dann soll die Weihe vorgenommen werden. Die *Bestätigung* aber der Handlung bleibt in jeder *Provinz* dem *Metropoliten* vorbehalten.

(5) Über die aus der Kirchengemeinschaft Ausgeschlossenen, mögen sie nun dem Klerus oder dem Laienstand angehören, soll die von den Bischöfen jeder Provinz getroffene Bestimmung Gültigkeit haben nach dem Kanon, der verordnet, daß die von den einen Ausgestoßenen von den anderen nicht wieder zugelassen werden sollen. Es soll aber untersucht werden, ob sie nicht durch Engherzigkeit oder Streitsucht oder sonstige Gehässigkeit des Bischofs aus der Gemeinschaft ausgeschlossen worden sind. Damit nun diese Untersuchung recht verlaufe, ist bestimmt worden, daß *jährlich* in jeder Provinz *zweimal Synoden* abgehalten werden, und daß sie von allen Bischöfen der Provinz gemeinsam angestellt werden kann und so die eingestandenermaßen dem Bischof Ungehorsamen als rechtmäßig ausgeschlossen erscheinen, bis es etwa der *Gesamtheit der Bischöfe* gefällt, einen milderen Beschluß über sie herbeizuführen. Die eine dieser Synoden soll abgehalten werden vor der Quadragesima [Fastenzeit vor Ostern], damit alle niedrige Gesinnung abgetan und Gott ein reines Opfer dargebracht werde, die zweite im Spätherbst.

Das Konzil von Nizäa ist selbst ein neues Moment, geboren aus der konstantin'schen Kirchenpolitik. Es gibt nunmehr Provinzialsynoden der Metropolitanverbände; es gibt als Neues die Reichssynode aus kaiserlichem Beschluß.

Die neue Institution der Reichssynode zeigt die Verwicklung von kirchlichen und staatlichen Gesichtspunkten in der Kirchenpolitik und in den kirchlichen Rechtsentscheidungen. Im Grundsatz handelt es sich dabei um eine ökumenische Hilfskonstruktion: Der Kaiser beruft eine Reichssynode ein; er organisiert sie für die ganze Ökumene. Aber indem er ihr beiwohnt, ihre Beschlüsse promulgiert und danach auch durchsetzt, werden seine Maßnahmen, ohne selbst kirchlichen Rechts zu sein, zu Faktoren der Beeinflussung, ob im guten oder im abwegigen Sinn.

Die Entwicklung der trinitarischen Streitigkeiten läßt deutlich erkennen, daß den Reichssynoden – ob sie ökumenische Synoden sind oder nur ihrem Titel und Rechtsanspruch nach zu solchen erklärt werden – eine tatsächlich ökumenische Bedeutung zukommt: Sie fingieren und realisieren ein großes Stück weit die Einheit des ökumenischen Kirchenrechts. Der Osten sieht dieses ökumenische Kirchenrecht mehr und mehr als ein Recht auch des Staates an, das zwar nicht Staatsrecht als solches ist, aber aus der Symbiose mit den Kaisern erwächst.

Hier schlagen die für die Kirche nicht tragbaren Faktoren kaiserlicher Machtanwendung durch. Wie soll mit schismatischen, mit häretischen, mit Bischöfen verfahren werden, die dem Druck kaiserlicher oder höfischer Politik weichen müssen? Wie läßt sich gegenüber einer richtungspolitischen Manipulation seitens der kaiserlichen Macht noch die Kirche als solche zur Geltung bringen? Hierbei spielt die Frage des Bischofsrechts eine zentrale Rolle. Das zeigt sich bereits bei den novatianischen Streitigkeiten und bei den Folgeproblemen der beiden spanischen Bischöfe (s. Bd. 2, S. 149 f.). Bis zum vierten Jahrhundert ist es Gewohnheit, daß um ihre Rechte ringende Bischöfe sich an Metropoliten wenden, selbstverständlich auch nach Rom, aber eben z. B. auch nach Afrika-Karthago, um dort Unterstützung zu finden, und daß in diesen Bemühungen, die Kirchengemeinschaft zu erlangen oder aufrecht zu erhalten, die Mutterkirchen eine besondere Rolle spielen. Die Auseinandersetzungen des vierten Jahrhunderts um die Trinität zeigen aber zugleich, daß die Spaltungen nicht nur gebietskirchlicher Natur sind, sondern quer durch die Kirchen hindurchlaufen je nach Schulenbildung und theologischem Standort.

Nachdem Athanasius durch seine Flucht nach Rom den dortigen Bischof in die Auseinandersetzungen einbezogen hat, wird Rom sowohl zur Seite der theologischen Lehre als auch zur Seite der disziplinarischen Verwaltung der Catholica zu einer wichtigen Instanz, umso wichtiger noch, als die nunmehr deutlich auftretenden Spannungen zwischen der theologischen Orientierung des „Westens" und den Zielen der Politik unter Konstantius II. *Rom* zum *Sprecher des Abendlandes* werden lassen.

2. Die Beschlüsse von Sardica 342

Die *Synode von Sardica* hat diese Stellung Roms zweifellos herausgehoben, und römische Legaten haben später im 5. Jahrhundert auf diese Beschlüsse der westlichen Kirchen so zurückgewiesen, als ob es sich um reichskirchliche Synodalentscheidungen gehandelt habe. Die Hosius-Vorlage bestimmt in Sardica:

34 *Kanon 3 der Synode von Sardica (342):* Wenn einer von den Bischöfen verurteilt ist und er glaubt, eine gute Sache zu haben, die es verdient, von einem neuen Gerichtshof untersucht zu werden, dann laßt uns, wenn es euch gefällt, das Andenken des heiligen Apostels Petrus so ehren, daß von denen, die den Prozeß geführt haben, an den Bischof Julius von Rom geschrieben wird. Ist er der Ansicht, das Verfahren solle wieder aufgenommen werden, so hat es zu geschehen [durch die der Provinz benachbarten Bischöfe], und der Bischof Julius bestimmt die Schiedsrichter. Ist er aber der Ansicht, die Sache sei nicht derart, daß sie eine Revision der Verhandlungen erfordere, dann soll es bei den gefaßten Beschlüssen bleiben.

Wie schon oben (S. 36) gezeigt, ist die Gaudentius-Vorlage darin noch weitergehender, daß sie auch vorsieht, der römische Bischof könne Verfahren von sich aus an sich ziehen und neue eröffnen.

Die Texte von Sardica zeigen den Gelegenheitscharakter des Beschlusses, die Beschränkung auf das Bischofsrecht, das – wie der Fall Athanasius zeigt – zur Seite des Lehramtes hin fließend ist, und im Blick auf die Kompetenz nicht mehr als eine schiedsrichterliche Ehreninstanz meint, die dem römischen Bischof Julius zukommen soll. In der Linie eines Anspruches auf eine ökumenische Weihe- und Weidegewalt in Kontinuität von Mt 16, 18 liegt der Sardica-Beschluß sicher nicht. Dennoch ist deutlich, daß sich der Westen vom Bischof der Hauptstadt vertreten lassen will. Die Begründung des Beschlusses stammt nicht aus einer schon allgemein durchgesetzten Theorie vom Papsttum, sondern erklärt sich aus der Notlage der westlichen Kirchen, die sich dem Ostkaiser gegenüber einheitlich erweisen müssen, also aus Praktikabilitätsgründen.

3. Der Konflikt unter Damasus I.

Der Druck des kaiserlichen Willens in Mailand 355 und danach ist so groß, daß Bischof Liberius umfällt. Das Ansehen des römischen Stuhles sinkt im Westen wie in der Stadt selbst.

Damasus I. (366–384) findet bei seiner Wahl eine zerrissene Gemeinde vor. Der harte nizänische Kern schart sich um Bischof Ursinus. Damasus wird, wie üblich, vom Bischof von Ostia geweiht, Ursinus hingegen von Bischof Paulinus von Trier. Im Kampf der beiden Rivalen kommt es zu Belagerungen, Kirchenstürmereien, Verstümmelungen mit wohl an die hundert Toten. Der Stadtpräfekt greift nicht in „die inneren Angelegenheiten" der Kirche ein. Der gemeine Mann sagt: „Schon zum fünften Mal macht Damasus Krieg; herunter vom Stuhle Petri mit den Mördern."

Aus diesen Zuständen erwächst ein Rechtsstreit. Die römische Gemeinde ist nicht gewillt oder nicht in der Lage, eine Entscheidung zwischen beiden zu treffen. Die Ursinus-Leute schieben dabei einen Juden Isaak vor, und in diesem Isaak-Prozeß wird Damasus die Schuld an den Ausschreitungen des Pöbels gegeben. Der Stadtpräfekt zögert nun nicht mehr, einen weltlichen Kriminalprozeß gegen Damasus einzuleiten, der, wie bei nobili gewohnheitsmäßig üblich, an Gratian weitergeleitet wird. Kurz darauf spricht die römische Synode Damasus frei, und somit entsteht die Frage, ob die Sache mit der kirchlichen Gerichtsbarkeit abgeschlossen ist oder aber – und dies betrifft die Stellung und die Anerkennung des römischen Bischofs – ob der Bischof Roms nach wie vor der weltlichen Gerichtsbarkeit untersteht. In diesem Konflikt zwischen kirchlicher und weltlicher Gerichtsbarkeit entscheidet Gratian:

Im Verfahren von Geistlichen soll über die Metropoliten hinaus, wenn diese parteiisch sind, die Appellation nach Rom gestattet sein. Als staatliches Gesetz verstanden heißt dies: Der Praefectus praetorio leitet ein Verfahren dieser Art nach Rom weiter. Somit entsteht im Jahr 378 der Grundsatz der staatlichen *Zwangsvollstreckung* kirchlicher Verfahren und Urteile.

Im übrigen weist Gratian die Forderung eines privilegierten Gerichtsstandes für den römischen Bischof ab. Auch der römische Bischof steht weiterhin unter der ordentlichen Kriminalgerichtsbarkeit des Staates; er ist nicht exemt.

Diese Vorgänge zeigen, daß sich die audientia episcopalis nur noch innerkirchlich fortsetzt, daß aber gerade vom Kaiser her eine herausgehobene Stellung des römischen Bischofs nicht akzeptiert wird. Das betrifft nun freilich nur die Seite zum kaiserlichen Recht hin.

Innerkirchlich geht Damasus dazu über, 1. vom *„apostolischen Stuhl"* zu sprechen und damit die Sukzession von Petrus (und Paulus) her als die Besonderheit des römischen Stuhles vor allen sonstigen Metropoliten zu behaupten, 2. beginnt er nach dem Vorbild der römischen Kaiser innerkirchlich mit der *Dekretalen-Gesetzgebung*.

Die Dekretalen sind formal Antwortschreiben auf Anfragen, die in Sachen der Disziplin oder der Lehre aus anderen Diözesen an den bischöflichen Stuhl von Rom gerichtet werden, die dieser dann Recht setzend oder Recht auslegend, ähnlich den kaiserlichen Reskripten, beantwortet. Diese Wahrnehmung oberbischöflicher Rechte bekundet am deutlichsten den Anspruch Roms auf den *Jurisdiktionsprimat* in der Catholica.

Wenn Damasus I. vom apostolischen Stuhl spricht, dann zeigen die Verlautbarungen seiner Synoden, daß er damit nicht mehr bloß Rom als eine apostolische Gründungsgemeinde meint, was andere Kirchen auch vorweisen können, sondern eine Ineinssetzung von Petrus und apostolischem Stuhl. Jetzt ist die Rede von der cathedra Petri, auf die die Kirche gebaut ist, während bisher von Petrus gesprochen worden ist, auf den die Kirche gebaut ist. Die Cathedra, der Bischofssitz, ist – unabhängig von der Person des Bischofs – in seinem Verständnis eine vom Herrn der Kirche gestiftete Institution der Leitung der Kirche. Die Kirche und der römische Stuhl treten in die heilsgeschichtliche Linie der Gottesoffenbarung ein. Die Kirche Roms versteht sich als römische Kirche. Von hier aus begründen Damasus und seine Nachfolger den Widerspruch zu den Beschlüssen von Konstantinopel: Es gibt nur einen Vorrang unter den Bischöfen, den römischen, und dieser Vorrang ist nicht nur ehrenhalber, sondern ein traditionalheilsgeschichtlicher. Deshalb heißt die Reihenfolge: Rom – Alexandria – Antiochia, und diese Reihenfolge stammt nicht aus den Beschlüssen der Synoden, sondern für Damasus aus dem Wort des Herrn selbst.

Die Frage ist, wieweit der Amtsbereich des römischen Bischofs reicht. Damasus beginnt eine Politik, die diese Jurisdiktions- und Lehrgewalt, die sich eng mit der Anerkennung der eucharistischen Gemeinschaft verbindet, auch für den Bereich des Ostens anzuwenden und durchzusetzen sucht. Was er anstrebt, zeigt sich im meletianischen (im Unterschied zum melitianischen) Schisma im Vorfeld des Konzils von Konstantinopel 381.

In Antiochia ist unter drei Bewerbern ein Streit ausgebrochen, ein Arianer, ein Homoi-usianer, ein Altnizäner. Basilius d. Gr. versucht, sich für seinen Schützling Meletius im Sinne der homoi-usianischen Einigungspolitik einzusetzen und durch Vermittlung Alexandrias auch Damasus für diesen Plan zu gewinnen. Damasus hingegen setzt sich für den Altnizäner Paulinus ein und sucht so, seinen Anspruch gegen Basilius und Alexandria aufzurichten, indem er Paulinus das Gemeinschaftsschreiben sendet. Man halte nur mit denen Gemeinschaft, die in allen Dingen „unserer Ansicht" zustimmen. Diese Haltung setzt die Einigung in der Trinitätsfrage aufs Spiel. Die römische Synode von 378 dekretiert, daß ein einmal an einem Ort geweihter Bischof nicht an einen anderen Ort als Bischof gehen solle.

Es sind die Kaiser, die eingreifen. Valens läßt sogleich den gebannten Bischof, den Bruder des Athanasius, Petrus, nach Alexandria zurückkehren. Gratian läßt auch Meletius 379 nach Antiochia zurückkehren, eine Voraussetzung für das Zustandekommen des Konstantinopler Konzils.

In dieser Lage stellt die reichsgesetzliche Regelung der kirchlichen Einheit im Edikt *Cunctos populos* (s. o. S. 48) von 380 den Versuch dar, zwischen Rom und Alexandria einen Ausgleich in dem Sinne zu schaffen, daß *beide* Metropoliten als Träger der nunmehr geltenden Orthodoxie anerkannt werden, und das besagt, daß damit die jungnizänische Theologie, die mit Alexandria gemeint ist, ebenso anerkannt wird wie die altnizänische, die mit Rom gemeint ist. Entsprechend ist auch die Entscheidung, die in Konstantinopel in Sachen der Trinitätslehre gefällt wird, ebenfalls eine durch die jungnizänische Theologie ermöglichte kirchenpolitische Kompromißlinie. Damals jedenfalls setzt sich weder bei den Kaisern noch auf der Synode selbst eine Anerkennung der römischen Ansprüche durch.

4. Die kirchenpolitischen Entscheidungen des Konzils von Konstantinopel 381

So schlecht die Überlieferung des Konstantinopler Konzils auch ist, es handelt sich um eine im wesentlichen von Ostbischöfen besuchte Synode; aber die kanonischen Beschlüsse dieser Synode, die hinsichtlich der Obermetropolien fallen, gehen auch den Westen an.

Für das Morgenland gibt es fünf politische Bereiche: Ägypten, Oriens, Asia, Pontus und Thrazien. Die kirchliche Einteilung geht der politischen konform.

Die orientalischen Metropolen und Patriarchate

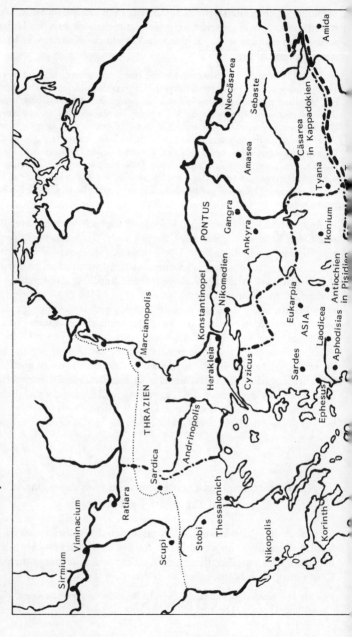

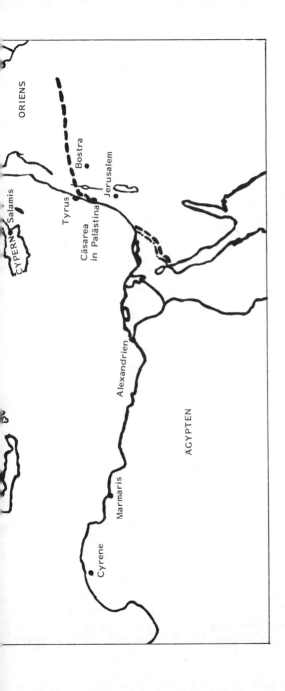

—·—·— Kirchliche Ämter, festgelegt auf dem Konzil von Konstantinopel (381)
— — — Kirchliche Ämter, festgelegt auf dem Konzil von Chalcedon (451)
············ Die lateinisch-griechische Sprachgrenze

Der Sinn des Kanons 2 von Konstantinopel ist, daß die Asia, Pontus und Thrazien als geschlossene Gebiete angesehen und dem Einfluß von Alexandria (Ägypten) und Antiochia (Oriens) entzogen werden. Damit wird die Voraussetzung für die Zuordnung nach Konstantinopel geschaffen, das damit zu einer Obermetropolis aufsteigt und sich zu einem später sogenannten Patriarchat verfestigt.

Der *Kanon 2* von Konstantinopel beruft sich ausdrücklich auf die in Nizäa bereits beschlossene Linie und beschränkt die amtliche Tätigkeit des Obermetropoliten auf die Diözese, der sein eigenes Bistum zugehörig ist. So wird Alexandria auf den ägyptischen Bereich verwiesen. In derselben Weise werden Antiochia, Asia, Pontus und Thrazien in Angleichung an die politischen Gliederungen zu Diözesen erklärt, deren Obermetropoliten nicht außerhalb ihres Bereichs weihen dürfen. Der Sinn zielt auf die Beschränkung der Amtsbereiche.

Daß dies gemeint ist, zeigt auch der *Kanon 3,* der Konstantinopel im Osten einen Ehrenvorrang vor den übrigen Obermetropolien zuschreibt in Analogie zu dem Vorrang, den Rom im Westen einnimmt, und zwar mit der ausdrücklich politischen Begründung, daß Konstantinopel als „Neurom" das ist, was das alte Rom im Westen darstellt. *Kanon 3 von Konstantinopel 381 bestimmt:* „Der Bischof von Konstantinopel soll den Ehrenvorrang haben nach dem Bischof von Rom, weil es Neurom ist."

Thrazien wird als erstes Konstantinopel unterstellt. Im Zuge der Reichsteilung von 395 erweitert sich das Gebiet des Konstantinopler Obermetropoliten um die Diözesen Thrazien (Heraklea), Pontus (Caesarea-Kappadozien) und Asia (Ephesus). Diese Obermetropolien gehen damit ein.
Die Konstantinopler Entscheidung versteht unter dem Ehrenprimat keine oberste Jurisdiktion innerhalb der Reichskirche, auch für Altrom nicht, sondern eine Weihegewalt in der Form der Bestätigung, freilich damit auch in Lehrfragen und in Sachen der Disziplin. Die Grenzen sind fließend.

Wichtig ist die Beurteilung der eingetretenen Lage für das Papsttum. Die Entscheidungen von 381 nehmen den Westen nicht direkt in den Blick. Im Osten ergibt sich in enger Anlehnung an die staatlichen Gliederungen eine Reichskirche, und Theodosius veröffentlicht – auf Antrag der Bischöfe – die Beschlüsse als Reichsgesetz. So werden sie auch im Staat in Kraft gesetzt. Dabei wird Altrom nicht mehr erwähnt. Als Sitze der Rechtgläubigkeit, die das Edikt Cunctos populos mit Rom und Alexandria angegeben hat, erscheinen dabei nunmehr einzelne Bischofssitze des Ostens.

Rom *anerkennt* diesen *Kanon 3* von Konstantinopel *nicht.* Im folgenden Jahr fordert eine römische Synode von Theodosius die Einberufung einer Reichssynode aus Ost und West nach Rom und dokumentiert damit, daß die Gliederung der Kirche Sache der gesamtkirchlichen

Entscheidung ist, nicht des Kaisers. Bis zum Jahr 381 erhebt Rom bereits deutliche Ansprüche auf einen heilsgeschichtlich, in der Petrus-Nachfolge begründeten Vorrang in der Catholica, kann aber diese Ansprüche weder im kirchlichen Osten noch beim Kaiser durchsetzen. Im Gegenteil, die Kaiser heben die audientia episcopalis, die Konstantin eingeführt hat, wieder auf, erst im Osten, dann auch im Westen.

Zur geforderten Reichssynode kommt es nicht. Auf der *Doppelsynode* des Jahres *382* in *Konstantinopel* und *Rom* stellt sich Konstantinopel auf den Standpunkt, daß bei der Besetzung von Bischofssitzen nach den Regeln von 381 verfahren werden soll, die Besetzung also über die Obermetropoliten resp. die Metropoliten geht, während Rom es nunmehr ist, das sich auf Nizäa beruft und Mitbeteiligung der ganzen Kirche, gemeint ist vor allem: Roms, fordert.

Der Reichskirchengedanke konkretisiert sich im Osten, der Gedanke eines autonomen, ökumenischen Kirchenrechts, ohne Aussicht auf vollständige Durchsetzung, in Rom. Während der Osten die Sanktionierung durch kaiserliche Gesetzgebung geradezu erbittet in der Auffassung, daß Gottesrecht zugleich Reichsgesetz ist, geht Rom den Weg einer von der westlichen Zentralinstanz zu sanktionierenden Kirchengesetzgebung weiter fort. So entsteht hier wie dort ein unterschiedliches, in die Wurzeln der Kirchenauffassung hineinreichendes Verständnis von der Verfassung der Catholica. In der Folgezeit gibt es zwar noch manche Kläger des Ostens, die sich auch nach Rom wenden. Aber grundsätzlich ist durch die Entscheidungen von Konstantinopel weit über das Politische hinaus ein kirchlicher Graben entstanden, in dem die künftigen Spaltungen ihre Ursache finden. Im Westen wird auf der römischen Synode eine Appellation an den Kaiser (oder an ein Reichskonzil) verboten. Der Instanzenweg innerkirchlicher Revisionen soll über die Provinzialsynode an die Diözesansynode gehen. Im Osten setzt Theodosius den Vorrang Konstantinopels damit durch, daß alle Bischöfe des Ostens bei der Besetzung dieses Stuhles wahlberechtigt mitwirken.

Wie man in Rom über die Obermetropoliten des Ostens denkt, zeigt der Text des sogenannten *Decretum Gelasianum* aus dem Beginn des 6. Jahrhunderts, der aber aus den Anfängen des 5. Jahrhunderts stammen muß und sich unter der Überschrift „Konzil in der Stadt Rom unter Papst Damasus über die Auslegung des Glaubens" findet.

35 *Decretum Gelasianum:* Wenn auch die gesamte über den Erdkreis verbreiteten katholischen Kirchen ein Brautgemach Christi sind, so ist doch die heilige römische Kirche *nicht durch Synodalbeschlüsse* den übrigen Kirchen vorangestellt, sondern hat den Primat erhalten durch das Herrenwort des Evangeliums: „Du bist Petrus und auf diesen Felsen werde ich meine Kirche bauen usw." Dazu fügt sich noch die Gemeinschaft mit dem seligsten Apostel Paulus, dem erwähl-

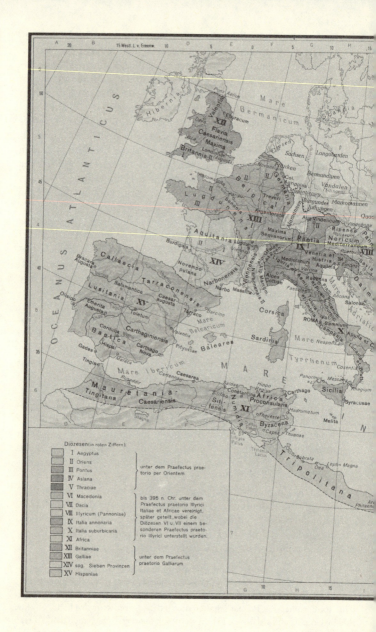

DAS RÖMERREICH IM JAHRE 395 n. Chr.

Grenze des Ost- und Weströmischen Reiches 395 n.-Chr. (endgültig seit ca. 410). Erst 437 hat der Westen auf die Diözesen VI und VII verzichtet.

Abkürzungen:

Aemil.	= Aemilia	Picen.	= Picenum
Alp. Maritim.	= Alpes Maritimae	Poen.	= Poeninae
Calab.	= Calabria	Rip.	= Ripensis
Flam.	= Flaminia	Sal.	= Salutaris
Inf.	= Inferior	suburbic.	= suburbicarium
Med.	= Mediterranea	Sup.	= Superior
Pac.	= Pacatiana	Val.	= Valeria
Palaest.	= Palaestina	vet.	= vetus

Maßstab 1:18 000 000

0   100   200   300   400   500 km

ten Gefäß, der zu gleicher Zeit und an demselben Tage mit Petrus unter dem Caesar Nero in der Stadt die Märtyrerkrone errang. Gleicherweise haben sie die genannte römische Kirche dem Herrn Christus geweiht und sie allen anderen Kirchen in der gesamten Welt durch ihre Gegenwart und ihren ehrwürdigen Triumph an Rang vorangestellt. Es steht also der *erste Sitz des Apostels Petrus der römischen Kirche* zu. Der *zweite Sitz ist zu Alexandria* im Namen des heiligen Petrus von seinem Schüler, dem Evangelisten Markus, geweiht worden, und er selbst hat, vom Apostel Petrus nach Ägypten entsandt, das Wort der Wahrheit gepredigt und das glorreiche Martyrium vollendet. Der *dritte Sitz* des heiligen Petrus ist bei *Antiochia* in Ehren, weil er [der Apostel] daselbst, ehe er nach Rom kam, wohnte und dort zuerst der Name „Christen" des neuen Volkes entstanden ist.

Sollte dieses Dokument auf der römischen Synode von 382 entstanden sein, so spiegelt es die römische Auffassung dieser Zeit klar wieder: Der erste Sitz ist Rom selbst, nicht aus politischen, sondern aus heilsgeschichtlichen Gründen aus der Schrift, danach rangieren Alexandria und Antiochia. Konstantinopel ist danach überhaupt nicht in römischer Sicht vorhanden.

5. Die Durchsetzung des römischen Primats im Westen

Bischof Damasus hat die Begründung des Vorranganspruchs Roms durch die Petrus-Nachfolge vorangetrieben. Zwischen ihm und Leo d. Gr. liegt geschichtlich der Punkt, von dem ab man von Päpsten in Eindeutigkeit für den Westen sprechen muß. Das hängt aber im einzelnen von den Kriterien ab. Augustin von Hippo Rhegius hat sicherlich den römischen Bischof als eine Leitungsfigur des Abendlandes akzeptiert, aber ihn dabei weder als oberste Lehrinstanz noch in einem kirchenrechtlichen Sinne als Oberhaupt betrachtet. Ist der römische Bischof Repräsentant einer originären Christus- und Apostoltradition, ist er eine Ehreninstanz für bischöfliche Rechtsfälle, wie ist sein Weiherecht zu dem der Bischöfe gestellt, welche Rechte eignen ihm für die Leitung der außeritalischen Diözesen, wird seine Lehrgewalt anerkannt? Eine Fülle einzelner Kriterien.

Die Dekretalengesetzgebung der römischen Bischöfe wird seit *Siricius (384–399)* immer eindeutiger. Die *sollicitudo,* die „*Sorge*" für alle Kirchen, so lautet der Standpunkt des Siricius, ist Rom in allen Bereichen der Weihe, der Lehre und der Disziplin von Christus her übertragen. Synodalentscheidungen und Weisungen des römischen Stuhles behandelt Siricius in seinen Antwortschreiben als gleichrangig. Die Dekretalen zögern auch nicht mit Strafandrohungen. Das ist die Folge der seit Gratian vorhandenen Durchführungsgarantie des Staates. Aber es ist zugleich auch Ergebnis einer sich verdichtenden Rom-Orientierung im Abendland. Nur wer Rom zugehört, ist rechtgläubig; wer nicht, ist ein Schismatiker, ein Sünder – so meint zu dieser Zeit zum Beispiel *Optatus von Mileve* in Nordafrika.

In Rom wächst im Übergang zum 5. Jahrhundert eine kirchliche Führungsschicht auf, die sich aus den Diakonen rekrutiert und die Anfänge des späteren *Kardinalkollegiums* darstellen. Sie sind nach Apg 6 auf sieben begrenzt. Auch aus den Presbytern stammen Verwalter einzelner Kirchen in Rom, die sich der kurialen Arbeit zuwenden. Besonders jedoch die Diakone der kirchlichen Verwaltung werden im Wechsel der Bischöfe die Konstante, das die Verwaltung und die historischen Erfahrungen in sich bewahrende Gerüst der sich bildenden *Kurie*.

Die Bedeutung der römischen Bischöfe wächst im Zuge der *Germaneneinfälle*. Dadurch daß in der Krise und im Auseinandertreten der Reichshälften der römische Bischof eine Figur auch der altrömischen Kontinuität wird, steigt sein Ansehen nicht nur kirchlich, sondern auch politisch.

In der Regierungszeit *Bischofs Innozenz I. (402–417)* erlebt die Stadt Rom den Zusammenbruch.

Die Westgoten dringen unter Alarich vor. Nach der Ermordung des weströmischen Feldherrn Stilicho (408) ist der Weg Alarichs nach Rom frei. Während Kaiser Honorius sich in den unzugänglichen Sümpfen von Ravenna verschanzt und damit sicherlich auf die Dauer das Verbleiben der Goten in Italien verhindert, erobern und plündern Alarichs Truppen im Jahr 410 die alte Hauptstadt. Ein Mythos geht zu Ende. Die Welt des Mittelmeeres ist erschüttert.

Bischof Innozenz – nach längerer Zeit wieder ein geborener Römer – soll der Legende nach Alarich im Talar entgegen gegangen sein und ihn um Verschonung der Stadt gebeten haben. Tatsächlich befindet sich Innozenz zu dieser Zeit aber in Ravenna. Die Legende zeigt das Politikum dieser Ereignisse: In der Schwäche des Reiches wird der römische Bischof die politische Leitfigur Roms und Italiens. Nach dem Kirchenhistoriker Sozomenos verhandelt Innozenz dann tatsächlich doch noch mit Alarich, der die Kirchen als Asylstätten – die Westgoten selbst sind ja „arianische" Christen – verschont.

Innozenz prägt den Stil des Vorgesetzten gegenüber den Bischöfen, dessen, der Anordnungen zu geben, Entscheidungen zu treffen, Lob und Tadel zu erteilen hat. Er ist es, der die Beschlüsse von Sardica auf das Nizänum zurückdatiert, der auch behauptet, daß die Gründung schlechterdings *aller* abendländischen Kirchen auf Petrus und Rom zurückzuführen sei. Vor allem führt er im Jahr 404 im Schreiben an Bischof Victricius von Rouen den Rechtsgrundsatz ein, daß grundsätzlich alle größeren Fälle (die sog. causae majores) an die römische Gerichtsbarkeit gehören, nicht allein die, die von den Synoden nicht entschieden werden können. So hebt sich der römische Bischof schrittweise *über die Synoden* heraus, und dies spielt in den geschichtlichen Spannungen, die bis in die Neuzeit hinein zwischen dem Papst und den Synoden bestehen, eine große Rolle.

Bischof Innozenz geht sogar noch einen Schritt weiter. Bei Gelegenheit einer Vakanz in der Diözese *Thessaloniki* unternimmt er den Versuch, den illyrischen Sprengel unter die römische Jurisdiktion zu bringen. Er tut dies, indem er den dortigen Bischof zum Obermetropoliten erhebt und ihm den Titel eines *Vikars*, eines Stellvertreters des römischen Bischofs erteilt, der „an unserer Stelle" die Weide- und Rechtsgewalt des römischen Stuhles ausübt (412).

Damit ist der Fall eingetreten, daß der römische Bischof außerhalb seines eigenen Sprengels einen Oberbischof einsetzt und die nizänisch vorgeschriebene Entscheidung der Synode und die Mitbeteiligung der Bischöfe dabei übergeht. Zugleich aber reklamiert Innozenz damit das balkanische und griechische Gebiet für das Abendland im Widerspruch zu Konstantinopel.

6. Das Konzil von Chalcedon und Papst Leo I.

Auf dem Konzil von Chalcedon 451 setzen Kaiser Markian und die Kaiserin Pulcheria gegen den Widerstand Papst Leos I. den *Kanon 28* durch, der formell die rechtliche Eingliederung der Diözesen Pontus, Asia und Thrazien unter Konstantinopel beschließt und damit Konstantinopel dieselbe jurisdiktionelle Vormacht zuweist wie sie Altrom besitzt.

36 *Kanon 28 der Reichssynode von Chalcedon 451:* Indem wir überall den Bestimmungen der heiligen Väter folgen und den eben verlesenen Kanon [3 der Reichssynode von Konstantinopel 381] der 150 gottgeliebten Bischöfe kennen, bestimmen auch wir dasselbe über die Privilegien der heiligen Kirche von Konstantinopel, dem neuen Rom. Denn dem Stuhl des alten Rom haben die Väter, wie billig, Ehrenrechte eingeräumt, weil jene Stadt der Herrschersitz war; von demselben Interesse geleitet haben die 150 gottgeliebten Bischöfe [der Synode von Konstantinopel 381] die gleichen Vorrechte dem heiligen Stuhl von Neu-Rom zugewiesen, in der wohlbegründeten Erwägung, daß die durch das *Kaisertum* und den *Senat* geehrte Stadt, die dieselben *Ehrenvorrechte* genießt wie die ältere Herrscherin Rom, auch in kirchlicher Beziehung geehrt werden und die *zweite nach jener* sein müsse. Demnach sollen allein die Metropoliten der Diözesen *Pontus, Asien und Thrazien,* dann aber auch die Bischöfe in den Barbarenländern der vorgenannten Diözesen von dem vorerwähnten heiligen Stuhl der heiligen Kirche in Konstantinopel geweiht werden, so natürlich, daß jeder Metropolit der genannten Diözesen in Gemeinschaft mit den Bischöfen der Provinz

die Bischöfe der Provinz weiht, wie es in den heiligen Kanones verordnet ist. Die Metropoliten aber der genannten Diözesen werden, wie gesagt, geweiht von dem Erzbischof von Konstantinopel, nachdem dem Herkommen entsprechend einmütige Beschlüsse [über ihre Wahl] gefaßt sind und ihm Bericht erstattet wird.

Der Patriarch von Konstantinopel erhält die Bezeichnung „ökumenisch". Der Grundgedanke des Kanon 28 ist *reichskirchlich-synodal:* Die Reichssynode verfügt über die Neugliederung und die Gewaltansprüche. Im einzelnen bestätigt der Kanon 28 die eingetretene Lage, daß den „Metropoliten der Diözesen Pontus, Asia und Thraziens von dem geheiligten Thron in Konstantinopel die Hände aufgelegt werden sollen". Dadurch sind die Bischöfe von Ephesus und Caesarea/Kappadozien nicht mehr Konstantinopel gleich-, sondern unterstellt. So werden aus den zunächst fünf Obermetropolien nunmehr drei, wobei allerdings neu Jerusalem als Obermetropolie oder Patriarchat, gleichsam ehrenhalber, hinzutritt.

Der Jerusalemer Bischof versucht denn auch in der Folgezeit, in der Diözese Oriens (mit dem Sitz Caesarea/Palästina) Einfluß zu erlangen. Das wiederum führt zu Störungen mit Antiochia, und Kaiser Theodosius II. schneidet deswegen aus der Diözese Oriens zugunsten Jerusalems die drei palästinensischen Diözesen (Eparchien) heraus, wohingegen Phönizien und Arabien bei Antiochia verbleiben.

Seit dem Konzil von Chalcedon gibt es somit fünf Patriarchate: Rom, Konstantinopel, Alexandria, Jerusalem und Antiochia.

Papst Leo I. und die römische Kurie haben auch diesen Kanon 28 niemals anerkannt. In ihm liegen die Gründe für die schismatischen Trennungen zwischen der Ost- und Westkirche, die im Jahr 1054 zu einer regelrechten gegenseitigen Exkommunikation führen. Auch die Ostkirchen ihrerseits anerkennen den päpstlichen Universalprimat nicht.

Leo baut den Vorrang des Papstes zum vollen Jurisdiktionsprimat aus. Das wird erneut in seinen Weisungen erkennbar, die das Verhältnis des Papstes zu den von ihm eingesetzten Bischöfen regeln, vor allem zum Vikar in Thessaloniki. Geht es im Jahr 404 bei Innozenz I. nur um die Forderung der Berichterstattung nach Rom, so verdichtet Leo den römischen Anspruch nunmehr zu einem Weihe- und Weisungsanspruch in Richtung einer *obersten Weihe- und Jurisdiktionsgewalt,* ein Modell für auch alle sonstigen abendländischen Bischöfe (s. u. S. 162).

In den monophysitischen Kämpfen des 6. und 7. Jahrhunderts kommt es dahin, daß sich die Patriarchate von Alexandria und Antiochia als monophysitisch aus der Reichskirche ausgliedern. Diese Gebiete fallen dem Ansturm des Islam als erste zum Opfer; ihre Patriarchate erlöschen (dazu vgl. Bd. 4).

VI. Die christologischen Klärungen

1. Das Problemfeld der christologischen Streitigkeiten

Ebenso früh, wie die trinitarische Fragestellung nach dem Verhältnis des Sohnes zum Vater, entstehen schon im zweiten Jahrhundert die Fragen nach dem Aufbau der Person Jesu Christi. Die Gnosis wollte den Menschen Jesus vom himmlischen Christus scharf trennen. Das aber widerspricht dem biblischen Zeugnis, das eine historische, menschliche Figur eben als diesen Christus, Sohn und Logos identifiziert. Wieder ist es *Tertullian*, der zu Beginn des dritten Jahrhunderts aus der Sicht des lateinischen Westens die Formel vorgibt, mit der sich das christologische Problem aus der damaligen Sicht umreißen läßt: zwei Substanzen in der Einheit der Person.

Mit diesen „Substanzen" sind metaphysische Seinshaftigkeiten gesetzt, die göttliche und die menschliche, und *Hippolyt*, der ja die Logos-Christologie in Rom gegen die Monarchianer durchsetzt, bestimmt für die weitere Theologiegeschichte, in welcher Weise diese Substanzen nun des näheren zu umschreiben sind. Von ihm abhängig wird das christologische Problem als die *Zuordnung von Logos und Sarx*, von *Wort und Fleisch* definiert, wobei „Wort" für das göttliche Wesen und Fleisch für die Wesensbedingtheit menschlichen Existierens steht. Wie lassen sich diese beiden metaphysischen Seinsweisen in der Einheit dieser einen, in der Schrift bezeugten Person Jesu Christi vereint denken?

Für den neuzeitlichen Nachvollzug dieser altkirchlichen Überlegungen ergeben sich Hemmnisse, weil der antike Substanzbegriff uns nicht mehr geläufig erscheint. Aus diesem Grund sind auch die Entscheidungen des Konzils von Chalcedon im Jahr 451, die die christologischen Streitigkeiten zwar nicht beendigen, sie aber doch in ein ökumenisches Rahmenbekenntnis hineinführen, heute kaum existentiell nachvollziehbar. Gleichwohl sind die zu Chalcedon gefaßten Formulierungen: Aus zwei Naturen in der Einheit der einen Person, aus theologischen Gründen immer noch von dirigierender Bedeutung, nur eben nicht mehr ohne weiteres erschließbar. Während es dem neuzeitlichen Denken naheliegt, sich Jesus als Menschen und als vornehmlich ethisches Vorbild zu denken (exemplum), bezeugt die altkirchliche Christologie die Einzigartigkeit seiner Person, seine Exemplarität (exemplar). Von daher ergeben sich auch für uns in der Neuzeit Konnotationen hinsichtlich der Auffassung der Frömmigkeit, der Universalität des Glaubens, der kosmischen Stellung Jesu Christi, der Kirche und schließlich auch der Stellung, die Jesus Christus als der „Herr" zu unserer Lebenswelt hin einnimmt. So stellt sich uns heute die Frage, ob die altkirchliche Christologie mythisch gedeutet und damit distanziert betrachtet werden muß, oder aber ob sie nicht auch – über das engere Problem der „Person" Jesu Christi hinausreichend – konnotativ, also in bewußter Berücksichtigung auch der weiteren Fragen des Verhältnisses des christlichen Glaubens zur „Welt" um uns und in uns bedacht werden muß. Die uns heute naheliegenden „ethischen" Auffassungen der Christologie führen bei näherem Eindringen doch auch in „substanzhafte" Überlegungen zurück. Darum ist der Denkweg der alten Kirche in dem Maß nachzuvollziehen, als es uns angesichts der Wert- und Sinnpluralitäten unserer Zeit um die Erfassung des Grundes geht, der aller Sinngebung voraussteht und ihr Ziel ist.

2. Der frühe Monophysitismus

Apollinaris (ca. 310 – ca. 390), Bischof von Laodicea, denkt sich den Aufbau der Person Jesu Christi so: „*Eine* Natur des fleischgewordenen Gottes". Für ihn, den Altnizäner und Freund des Athanasius, besteht kein Zweifel, daß Jesus Christus Gott und wesenseins mit dem Vater ist. So konstruiert er weiter, daß der im Fleisch erschienene Jesus Christus in seinem Personzentrum nicht Mensch, also: Fleisch und Seele ist, sondern einen Logoskern besitzt, eben den göttlichen Logos, und er stellt sich dies so vor, daß der göttliche Logos die personkonstitutive Rolle in diesem Jesus Christus übernimmt. Zwar ist es umstritten, ob Apollinaris dichotomisch (Leib-Seele) oder trichotomisch (Leib-Seele-Geist) gedacht hat, aber es ist doch klar, was er aussagen will: Der göttliche Logos tritt an die Stelle der Seele resp. des Geistes (des Nous) im Menschen Jesus, so daß das Bild eines „himmlischen Menschen" entsteht, der das „Fleisch" nur als einen „Tempel", als „äußeres Kleid" angenommen hat, das zwar die menschliche Erscheinung bestimmt, das aber ganz aus der göttlichen Natur (hypostasis) heraus lebt, wirkt, denkt.

37 *Apollinaris, Fragment 117:* Indem Gott ein Werkzeug annimmt, ist es sowohl Gott, insofern er die wirkende Kraft ist, als auch Mensch, insofern er Werkzeug ist... Das Werkzeug und das, was bewegt, sind so beschaffen, daß sie nur eine einzige Wirksamkeit hervorbringen. Ist aber die Wirksamkeit nur eine, so ist auch das Wesen nur eines. Also ist ein einziges Wesen des Logos und des Werkzeugs zustande gekommen.

Seine Bekenntnisformel lautet: Wir bekennen..., daß (ein und) derselbe Sohn Gottes und Gott sei nach dem Geist, Menschensohn nach dem Fleisch; daß dieser eine Sohn nicht aus zwei Naturen bestehe: einer anbetungswürdigen und einer nicht anbetungswürdigen, sondern *eine* Natur des Gott-Logos sei, wie sie fleischgeworden ist und angebetet wird zusammen mit seinem Fleische in einer Anbetung.

Es werden die Konnotationen deutlich, daß es auch um die Frage geht, wer und wie angebetet werden soll, worauf sich der Glaube richtet. Den auf Erden erschienen Gott in Fleischesgestalt zu gewahren, in einer geschichtlichen Person Gott selbst glauben zu dürfen, das ist es, was diesem frühen Monophysitismus im Osten weite Verbreitung sichert. Aber schon Gregor von Nyssa wendet ein, daß „was von Christus [bei seiner Fleischwerdung] nicht angenommen ist, das ist auch nicht erlöst; [nur] was aber mit Gott vereint ist, das wird gerettet". Was bedeutet und bewirkt also die Fleischwerdung Gottes für die Erlösung des Menschen – das ist Gregors Gegenfrage. Der Monophysitismus des Apollinaris wird auch den orthodoxen Nizänern alsbald unbequem: Er wird auf den Synoden von Alexandria (362), Rom (377), Antiochia (379) und Konstantinopel (381) verurteilt.

3. Der frühe Dyophysitismus der zweiten antiochenischen Schule

Die (nach Lukian zweite) antiochenische Schule wird von *Diodor*, Mönch und später *Bischof von Tarsus* (378–392) gegründet, auch er ein orthodoxer Nizäner. Er will aus der Sicht der biblischen Überlieferung dem Menschsein Jesu Christi Rang und Würde sichern, und das deswegen, weil die Theorien des Apollinaris von der Einwohnung in einem seelenlosen Körper irrational erscheinen und auf die Vorstellung eines leidensfähigen Gottes hinauslaufen.

Deshalb vertritt er gegenteilig die andere Ansicht von den *zwei Naturen* in der *einen Person* Jesu Christi und begründet dies mit biblisch-rationalen Gründen so, daß zwischen dem Gott-Logos und dem „Sohn Davids" unterschieden werden müsse. Der Gott-Logos (den Diodor selbstverständlich voraussetzt) besteht von Natur und Wesen als Gottheit im Sinne der nizänischen Gleichwesentlichkeit; der Sohn Davids hingegen ist Gott durch die Gnade, und hinter diesem Ausdruck „Gnade" verbirgt sich eine Vorstellung von der vorzeitlichen Adoption, die dem Sohn Davids widerfährt. Die Folge davon ist, daß Maria nicht den Gott-Logos geboren hat, sondern den durch die Gnade und den heiligen Geist Adoptierten, den Christus-Logos. Im Laufe seines Lebens erstarkt in diesem geschichtlichen Christus immer mehr diese göttliche Gnade, so daß er erst am Ende seines Lebensweges die volle Einwohnung des Geistes erfährt. So verdichtet sich das Bild von zwei voneinander distanzierten Naturen in der Person des geschichtlichen Jesus Christus, in dem – auch Diodor verwendet dieses Bild – der Gott-Logos wie in einem Tempel „wohnt".

Daran ist ein Doppeltes bemerkenswert: Für die mehr von der aristotelischen Philosophie beeinflußte rationale und philologische Denkweise der Antiochener gibt es keine Mischung zwischen der Substanz Gottes und der Substanz der Geschöpfe; sie bleiben unvermischt. Sodann ist die Art der Einwohnung Gottes im Menschen Jesus Christus nicht substanzhaft, sondern willentlicher Art, wie das der Ausdruck der Gnadenwahl nahelegt.

Angebetet wird also der Gott-Logos in Christus. Dieser Jesus Christus ist in einzigartiger und (durch die Auferstehung) in vollendeter Weise, was auch die Propheten und Heiligen in ihrer verminderten Potenz sind, Menschen in der Entwicklung und auf dem Wege der Vollendung. Darin zeigt sich das Interesse des ethisch ausgerichteten Mönchtums an dieser dyophysitischen Theorie.

Dieser Dyophysitismus des Diodor stößt wenig später auf den entschlossenen Widerstand des alexandrinischen Obermetropoliten *Kyrill* (seit 412, gest. 444). Gleichwohl findet der Dyophysitismus zunächst weite Verbreitung. Zu dieser Schule gehören Theodor von Mopsuestia (gest. 428), Johannes Chrysostomus (gest. 407), Nestorius (gest. ca. 440), Theodoret von Cyrus (gest. 457) und Ibas von Edessa.

4. Theodor von Mopsuestia und weitere Schüler Diodors

Auch Theodor (ca. 350–428) ist zunächst Mönch, bevor er zum Bischof von Mopsuestia berufen wird; er wird als größter Schriftexeget der antiochenischen Schule bezeichnet, der das alexandrinische Allegorisieren leidenschaftlich ablehnt. Auch er wird von Kyrill wegen des Dyophysitismus angeklagt.

Bei Theodor treten nun die dyophysitischen Konnotationen noch deutlicher hervor: Gott ist Mensch geworden (nicht nur Fleisch), damit er uns alle vom Gesetz der Knechtschaft befreit. Auch die Menschen sind durch die einst vorbestimmte Adoption zur Befreiung berufen. Sie vollzieht sich in der Christus-Nachfolge. Christus ist Vorbild im sittlichen Sein. Seine Einigung mit der Gottheit ist nicht substanzhaft, sondern eine Willenseinigung; er nimmt in Freiheit an den Nöten und Zwängen menschlichen Daseins teil und lebt deren Überwindung vor. Jesus Christus ist wesensgleich mit uns Menschen wie der Logos wesensgleich mit Gott ist.

38 *Theodor von Mopsuestia, Gegen Eunomius (ca. 380/81):* ... Das Prosopon (Personsein) unseres Herrn Christus bedeutet Ehre und Größe und Anbetung. Weil sich der Gott Logos in der Menschheit offenbarte, verband er die Ehre seiner Hypostase mit dem Sichtbaren. Und deswegen bezeichnet „prosopon"

Christi, daß es [ein Prosopon] der Ehre ist, nicht [ein Prosopon] der Usia [des Wesens] der zwei Naturen... Was für den König Purpurgewänder oder königliche Kleider sind, das ist für den Gott Logos der Anfang, den er aus uns genommen hat, unzertrennlich, unveräußerlich, ohne [räumliche] Entfernung in der Anbetung. Wie der König also nicht durch Natur Purpurgewänder hat, so hat auch nicht der Gott Logos durch Natur Fleisch. Wenn jemand behauptet, daß der Gott Logos natürlicherweise Fleisch hat, geschieht der göttlichen Usia eine Entfremdung durch ihn, weil er [der Logos] sich einer Veränderung unterzieht durch Hinzufügung einer Natur.

Theodor unterscheidet scharf zwischen der Hypostase des himmlischen Logos und dem Personsein (prosopon) der irdischen Erscheinung Jesu Christi. Die Einwohnung des Logos im Menschen ist eine Weise der Ehre, der Authentie, der Macht, also der Wirkungen und Äußerungen, aber keine im eigentlichen Sinne substantielle, hypostatische Einigung, sondern eben nur eine der Person. Die beiden Naturen bleiben auch hier getrennt und unvermischt.

Aus dieser zweiten antiochenischen Schule stammt beispielsweise der Matthäus-Kommentar, der damals fälschlich unter den Namen des Ambrosius umläuft und dessen unbekannter Autor der *Ambrosiaster* genannt wird. Um das Jahr 399 bringt Rufin der Syrer eine Darstellung der Theologie Theodors nach Rom, und diese Darstellung wird für Pelagius und dessen Freund Coelestin zum Anlaß dafür, ihre Freiheitslehre aufzubauen, gegen die Augustin dann die Theologie der radikalen Gnade, der Prädestination, aber auch – in den späteren Jahren – die Sicht der Kirche als sakramentale Heilsanstalt vertreten wird (s. u. S. 131 ff.). So greifen die christologischen Konzeptionen mit ihren Konnotationen tief in das Bild der Kirche, in die Theologie des Gottesdienstes (Maria als Christus- und als Gottesgebärerin) und – für die Reformation wichtig – in die Lehre von Sünde und Gnade, die christliche Anthropologie und Soteriologie, hinein.

Die Auseinandersetzungen zwischen den Schulen von Antiochia und Alexandria bewegen sich nicht nur um vulgärkatholische Fragen wie die Anbetung auch der Gottesmutter Maria, sondern um die zentrale Frage nach dem Grund und dem Charakter der durch Christus bewirkten Erlösung des Menschen.

5. Die zweite Phase des christologischen Streites: Nestorius und Kyrill

Im Jahr 428 besteigt Nestorius den Stuhl des Erzbischofs und Ober-Metropoliten in der Kaiserstadt Konstantinopel. In Alexandria regiert bereits seit 412 Kyrill (gest. 444) als Erzbischof. Der Streit um die Christologie wird von einem Streit der Schulen zum Kampf der beiden

Obermetropolitensitze um den beherrschenden Einfluß im Osten und in der Catholica überhaupt. Alexandria will den 381 auf dem Konzil von Konstantinopel beschlossenen Ehrenvorrang der Kaiserstadt nicht hinnehmen, umso weniger als in Alexandria die Substanzchristologie nach dem Schema von Logos und Fleisch und die Anbetung der Maria als Gottesmutter ihre althergebrachte Vertretung finden. Kyrill klagt Nestorius wegen Predigtäußerungen an, in denen dieser den liturgischen Namen für Maria „Gottesgebärerin" ersetzt und austauscht durch den anderen Namen „Christusgebärerin". Die Absicht des Nestorius ist dabei auch diese, die altarianischen Kreise auszuschalten, die sogar nur von einer „Menschengebärerin" sprechen wollen.

39 *Nestorius, Predigt von (Weihnachten?) 428:* Um des Tragenden willen ehre ich den Getragenen, um des Verborgenen willen bete ich den Sichtbaren an. Untrennbar von dem Sichtbaren ist Gott; deshalb trenne ich nicht die Ehre dessen, der sich [selbst] nicht trennt. Ich trenne die Naturen, aber ich vereine die Anbetung... Nicht ist an sich Gott, was im Mutterleibe gebildet wurde; nicht ist an sich Gott, was aus dem heiligen Geiste geschaffen wurde; nicht ist an sich Gott, was im Grabmal bestattet wurde; denn dann wären wir offenkundige Menschenverehrer und Totenverehrer. Sondern da im Angenommenen Gott ist, heißt der Angenommene, weil mit dem Annehmenden vereinigt, von dem Annehmenden her mit ihm zusammen Gott.

Für Nestorius ist die Einung zwischen Gott und Mensch in Christus nur eine der Anbetung, der Ehre, keine Unio an sich. Bischof Kyrill gelingt es, Papst Coelestin auf seine Seite zu bringen, schon dadurch, daß er ihm rechtzeitig und in lateinischer Sprache die Akten des Falles Nestorius zusendet. Auch Nestorius stellt seine Ansichten in Briefen an den Papst dar. Es wird gelegentlich gefragt, ob Rom und das Abendland für die neuerliche Naturenspekulation überhaupt entsprechendes Verständnis aufbringen. In dem ersten von Nestorius an Coelestin gerichteten Schreiben aus dem Jahr 428/29 wird die mariologische Argumentation des Nestorius besonders deutlich:

40 *Nestorius, Erster Brief an Coelestin:* Sie ... schmähen ganz offen den Gott-Logos, als hätte er aus der jungfräulichen Christusmutter [Christotokos] seinen ersten Ursprung genommen und wäre mit seinem Tempel erbaut und mit dem Fleische begraben worden, und sie sagen, das Fleisch sei nach der Auferstehung nicht Fleisch geblieben, sondern übergegangen in die Natur der Gottheit ... Sie scheuen sich nicht, sie [die jungfräuliche Christusmutter] Gottesmutter zu nennen, während doch die heiligen, über alles Lob erhabenen Väter in Nicäa über die heilige Jungfrau nichts weiter gesagt hatten, als daß unser Herr Jesus Christus Fleisch geworden ist aus dem heiligen Geist und Maria der Jungfrau ... Wenn aber jemand diesen Namen Theotokos [Gottesgebärerin] gebraucht..., dann erklären wir zwar, diese Bezeichnung passe nicht auf die, die geboren hat – denn eine wirkliche Mutter muß dasselbe Wesen haben wie das von ihr Geborene –, doch kann man diese Bezeichnung dulden in der Erwägung, daß dieses Wort auf die Jungfrau nur angewandt wird, weil aus ihr der unabtrennbare Tempel des Gott-Logos kommt, nicht weil sie selbst Mutter des Gott-Logos ist; denn niemand bringt einen hervor, der älter ist als er selbst.

In Konstantinopel streiten zu dieser Zeit selbst die Marktfrauen über das Christotokos und Theotokos, und aus der skytischen Wüste ziehen Mönche herauf, die auf den folgenden Synoden, vor allem auf der „Räubersynode" den Bischöfen ihren rechten Glauben mit handgreiflichen Mitteln und Knütteln beibringen wollen. Wie stellt sich das Verhältnis Gottes zur Menschennatur in Christus? Handelt es sich um eine Mischung – so Alexandria – oder handelt es sich nur um eine Verbindung – so Konstantinopel.

41 *Nestorius, Zweiter Brief an Coelestin:* Auch einige kirchlich Gesinnte nehmen irgendwie das Bild von der Vermischung aus Gottheit und Menschheit des Einziggeborenen an und leiden also an der Krankheit der erwähnten Häretiker. Sie wagen es, auch die „Leiden" des Körpers über die Gottheit zu bringen, und phantasieren, die Unveränderlichkeit Gottes sei auf die Natur des Körpers übergegangen. Die *beiden Naturen,* die mittels der engsten, unvermischten *Verbindung* in der Einen Person des Einziggeborenen verehrt werden, vermischen sie in der Veränderlichkeit einer *Mischung* ...

Die alexandrinische Mischung der Wesenheiten, erscheint dem Nestorius als etwas, was unmöglich mit der Gottheit verbunden werden kann. Denn wo „Mischung" ist, da ist auch Veränderung, und Veränderung ist das Merkmal des Geschöpflichen. Gott jedoch ist unveränderlich. So gesehen geht es Nestorius um die Gottheit Gottes und ebenso auch um die Menschheit Jesu, wie sie die Schrift verkündigt.

Rom schlägt sich aus kirchenpolitischen Gründen zunächst auf die Seite Alexandrias, und Coelestin „beauftragt" Kyrill, Nestorius zum Widerruf zu bringen oder ihn zu exkommunizieren. Diesem Ansinnen kommt Kyrill natürlich nicht als Beauftrager Roms, sondern in eigener Amtsvollmacht nach. Kyrill will eine *hypostatische Union* der beiden Naturen bekennen. Die Begriffe Hypostasis und Prosopon bezeichnen dabei die Personhaftigkeit, die Individuation, das, was in der Fleischwerdung zustande gekommen ist. Die Union der beiden Naturen kommt mithin im Akt der Geburt zustande, nicht erst im Verlauf oder gar am Ende des Lebens Jesu Christi.

42 *Kyrill von Alexandria, Zweiter Brief an Nestorius (430):* ... (4) Da er aber nun um unseret- und um unseres Heils willen aus dem Weib hervorging, indem er das Menschliche mit sich hypostatisch vereinigte, deshalb sagt man, er sei nach dem Fleische geboren worden. Denn es ist nicht zuerst ein gewöhnlicher Mensch aus der heiligen Jungfrau geboren worden und dann noch der Logos auf ihn herabgekommen; sondern dieser ist schon vom Mutterleib an [mit dem Fleisch] vereint worden, und deshalb heißt es von ihm, er habe eine fleischliche Geburt auf sich genommen, da er sich die Geburt des Fleisches zu eigen machte.

Aus den 12 Anathematismen des Kyrill ist die Gegensätzlichkeit beider Positionen rückschließend ableitbar. Ob übrigens in diesem Streit auch die Erinnerungen an heidnische Muttergottheiten im Blick auf Maria eine Rolle gespielt haben, läßt sich nur vermuten, aber nicht erweisen.

43 *Kyrill von Alexandrien, Anathematismen gegen Nestorius (Nov. 430):* 3. Wenn jemand an dem Einen Christus *nach* der Einigung der Hypostasen unterscheidet und sie durch eine bloße *Verbindung* in der Würde oder der Macht oder Herrschaft verbindet und nicht vielmehr durch einen Zusammenschluß in der „physischen" Einigung, der sei verdammt.

4. Wenn jemand die in den Evangelien und Apostelschriften vorkommenden Worte – mögen die Heiligen sie von Christus sagen oder von sich selbst – nach zwei Prosopa oder Hypostasen aufteilt und die einen [sozusagen] dem Menschen zuschreibt, der neben dem aus Gott [kommenden] Logos besonders gedacht wird, die anderen als Gott angemessene nur dem Logos aus Gott dem Vater, der sei verdammt.

12. Wenn jemand nicht bekennt, daß der Logos Gottes am Fleische gelitten hat und mit dem Fleische gekreuzigt worden ist und am Fleische den Tod geschmeckt hat und der Erstgeborene aus den Toten geworden ist, sofern er Leben und lebenschaffend wie Gott ist, der sei verdammt.

6. Das Konzil von Ephesus (431)

Die zwischen den Erzbischöfen ausgetauschten Schreiben sind Zeugnisse der Orthodoxie, aber auch der Herrschsucht und Anmaßungen. Angesichts der festgefahrenen Fronten ersucht Nestorius den Kaiser um Abhaltung eines Konzils, das als das sogenannte 3. ökumenische Konzil in Ephesus 431 zusammentritt. Weil die Nestorianer zu spät erscheinen, wird es zum Triumph des Kyrill.

Nestorius wird abgesetzt und verbannt. Die Restgruppe der Dyophysiten unter *Johannes von Antiochien* setzt ihrerseits, aber ohne Wirkung, Kyrill ab. Das Konzil von Ephesus setzt den Namen der „*Gottesmutter*" für Maria durch, sanktioniert die 12 Anathematismen gegen Nestorius und gibt damit dem kyrillischen Monophysitismus den entscheidenden Einfluß nicht nur für die folgenden Jahre. Daß Christus der fleischgewordene Gott, daß Maria Gottesmutter ist, prägt sich seitdem der Theologie und Frömmigkeit in Ost und West als der eigentliche Inhalt der liturgischen Anbetung ein.

Die dyophysitische Restsynode von Ephesus erarbeitet nach dem Abzug der Monophysiten eine Formel, die irrigerweise als „ephesinisches Symbol" bezeichnet wird, die im Jahr 433 die Grundlage für eine Union zwischen Johannes von Antiochia und Kyrill von Alexandria abgibt. Sie gesteht die „Gottesgebärerin" und die Einigung der beiden Naturen zu, aber als eine Einigung *ohne die Vermischung* der Naturen. Der kaiserliche Wille macht diese Union von 433 möglich.

44 *Die Unionsformel von 433, aus dem Brief des Johannes von Antiochien und seiner Bischöfe an Kyrill:* (3) Wir bekennen also, daß unser Herr Jesus, der Christus, der einziggeborene Sohn Gottes, vollkommener Gott und vollkommener Mensch aus vernünftiger Seele und Leib, vor den Weltzeiten aus dem Vater nach der Gottheit, aber am Ende der Tage als derselbe um unseretwillen und um unserer Errettung willen aus Maria der Jungfrau nach der Menschheit geboren wurde, dem Vater wesensgleich nach der Gottheit und derselbe uns wesensgleich nach der Menschheit. Denn es ist eine *Einigung* zweier Naturen erfolgt: Einen Christus, Einen Sohn, Einen Herrn bekennen wir daher. Gemäß dieser Vorstellung von der *unvermischten* Einigung bekennen wir die heilige Jungfrau als *Gottesmutter,* weil der Gott-Logos Fleisch und Mensch geworden ist und unmittelbar von der Empfängnis an den aus ihr genommenen Tempel mit sich vereinigt hat.

Wir wissen aber, daß die von Gott lehrenden Männer die evangelischen und apostolischen Worte über den Herrn teils gemeinsam auf *Eine Person* [Prosopon] beziehen, teils gemeinsam auf *zwei Naturen* verteilen und die gottgemäßen Worte entsprechend der Gottheit Christi, die niedrigen aber entsprechend seiner Menschheit erklären.

Diese Formel umgeht das Thema der physischen Einigung, bekennt aber die zwei Naturen. Das bedeutet, daß die Behauptung der hypostatischen Union, wie sie Kyrill noch in den Anathematismen vorgetragen hat, nunmehr fallen gelassen ist. Wiederum findet Kyrill doch seine Verurteilung des Nestorius bestätigt, und eben dies wird der Grund dafür, daß sich seit 433 die *Abspaltung* der dyophysitischen *Nestorianer* aus der Reichskirche einleitet. Damit wird auch der antiochenischen Schule der Grund ihrer theologischen Fortexistenz auf die Dauer entzogen.

7. Der Streit um Eutyches und die Räubersynode

Trotz dieser Union kommt es ab 448 zu einer dritten Phase der Auseinandersetzungen.

Inzwischen sind die Bischofsstühle neu besetzt. Der Erzbischof Flavian von Kontantinopel (446–449/50) stellt sich bewußt kirchenpolitisch gegen den Erzbischof Dioskur von Alexandria (ab 444 – gest. 454). In Edessa regiert Ibas, in Antiochia Domnus, beide kämpferische Antiochener, ebenso Theodoret von Cyrus. Es ist den Alexandrinern nicht gelungen, die Verurteilung Diodor von Tarsus und Theodor von Mopsuestias im Orient durchzusetzen. Lediglich am kaiserlichen Hof verfügen sie mit dem Eunuchen Chrysaphius über erheblichen

Einfluß. Das animiert sie zu einer erneuten monophysitischen Aktivität, in deren Verfolg der monophysitische Archimandrit und Presbyter aus Alexandria, *Eutyches*, sich so äußert, daß er *vor* der Einigung von Logos und Fleisch zwei Naturen, jedoch *nach* der Einigung nur eine einzige Natur erkenne.

Auf der sogenannten *endemischen Synode von 448* wird Eutyches von Flavian verhört.

45 *Das Verhör des Eutyches (Nov. 448):* Erzbischof Flavian: Bekennst du „*aus zwei Naturen*"? Eutyches: Da ich meinen Gott und meinen Herrn als Herrn des Himmels und der Erde bekenne, habe ich mir bis heute nicht gestattet, seine Natur zu erklären... Bis heute habe ich den Leib unseres Herrn und Gottes nicht uns wesensgleich genannt, aber ich bekenne, daß die heilige Jungfrau uns wesensgleich ist und daß unser Gott aus ihr Fleisch geworden ist... Ich habe den Leib Gottes nicht Menschenleib, sondern menschlichen Leib genannt und [gesagt], daß der Herr aus der Jungfrau Fleisch geworden ist. – Ich bekenne, daß unser Herr *vor* der Einigung *aus* zwei Naturen beseht; *nach* der Einigung aber bekenne ich Eine Natur.

In dieser Differenz „aus" zwei Naturen und „in" zwei Naturen tritt die letzte Zuspitzung der christologischen Frage jener Zeit hervor. Flavian nimmt selbstverständlich seine Zuständigkeit in Konstantinopel wahr und setzt diesen monophysitischen Archimandriten Eutyches ab. Sein und seiner Synode Bekenntnis wird kurz darauf im Jahr 449 formuliert.

46 *Glaubensbekenntnis Flavians von Konstantinopel (449):* Wir bekennen nämlich den Christus *aus zwei Naturen nach der Fleischwerdung* aus der heiligen Jungfrau und der Menschwerdung *aus zwei Naturen in einer Hypostase und in einem Prosopon,* Einen Christus, Einen Sohn, Einen Herrn. Und wir weigern uns nicht zu sagen: Eine Natur des Gott-Logos, die jedoch Fleisch geworden und Mensch geworden ist, da unser Herr Jesus der Christus aus beidem Einer und derselbe ist. Aber die, welche zwei Söhne oder zwei Hypostasen oder zwei Prosopa lehren..., die verurteilen wir und rechnen sie nicht zur Kirche.

Es bleibt ein unzweifelhaftes Verdienst Papst Leos I. in Rom, daß er sich in dieser verfahrenen Lage, mißtrauisch auch gegen die Lehre des Eutyches, sowohl aus Konstantinopel als auch aus Alexandria die Akten kommen läßt und einen Lehrbrief an Flavian richtet, der einigungsfähig erscheint und auf dem Konzil von Chalcedon 451 den Akten beigefügt wird. Dieser Lehrbrief, der tomus leonis, besitzt darum ökumenische Bedeutung.

47 *Aus dem Lehrschreiben Leos I. (tomus leonis) an Flavian von Konstantinopel 13. Juni 449,* Briefe Leos 28, 2–4: (2) Man darf aber jene einmalig wunderbare und wunderbar einmalige Geburt nicht so auffassen, als wäre durch die Neuheit der Erschaffung die Eigenart der (menschlichen) Gattung beseitigt worden. Denn der heilige Geist gab die Fruchtbarkeit der Jungfrau, aber die Wirklichkeit des Leibes wurde aus ihrem Leibe genommen. ... (3) Die Besonderheiten *beider Naturen* blieben also erhalten und schlossen sich in *Einer Person* zusammen, als von der Herrlichkeit die Niedrigkeit, von der Kraft die Schwachheit, von der Ewigkeit die Sterblichkeit angenommen wurde. Um die Schuld unsres (gefallenen) Zustandes zu tilgen, wurde die unversehrbare Natur mit der leidensfähigen Natur vereint, damit, wie uns unsere Heilung erforderte, ,,Ein" und derselbe ,,Mittler zwischen Gott und den Menschen, der Mensch Jesus Christus" [1. Tim. 2, 5], einerseits sterben und andererseits nicht sterben könnte. In der unverkürzten und vollkommenen Natur eines wahren Menschen ist also der wahre Gott geboren worden, vollständig in dem Seinigen, vollständig in dem Unsrigen. Mit dem Unsrigen aber meinen wir das, was der Schöpfer ursprünglich in uns geschaffen hat und was er wiederherzustellen übernommen hat. Denn das, was der Betrüger hineingebracht hat und der betrogene Mensch aufgenommen, das hat im Erlöser keinen Raum gehabt... Er nahm die Knechtsgestalt an ohne den Schmutz der Sünde; er steigerte das Menschliche, ohne das Göttliche zu verringern. Denn die Entäußerung (exinanitio), in der sich der Unsichtbare sichtbar machte und der Schöpfer und Herr aller Dinge einer der Sterblichen sein wollte, war eine Herablassung (inclinatio) des Erbarmens, nicht eine Minderung der Macht... (4) Die Niederung dieser Welt betritt also der Sohn Gottes. Er steigt vom himmlischen Thron herab und entfernt sich doch nicht von der väterlichen Herrlichkeit. Geboren (generatus) wurde er nach einer neuen Ordnung, in einer neuen (Art von) Geburt. In einer neuen Ordnung, denn der in dem Seinigen Unsichtbare wurde im Unsrigen sichtbar. ... In einer neuen Geburt kam er zur Welt, denn die unverletzte Jungfräulichkeit stellte, ohne die Begierde kennenzulernen, die Materie des Fleisches bereit. ... Denn der, der *wahrer Gott* ist, der ist auch *wahrer Mensch*. Und in dieser Einheit ist keine Lüge, da die Niedrigkeit des Menschen und die Hoheit der Gottheit miteinander vereint sind. Wie sich nämlich Gott nicht verändert durch sein Erbarmen, so wird der Mensch nicht verzehrt durch die (göttliche) Würde. Es wirkt nämlich jede der beiden Naturen *in Gemeinschaft* mit der anderen das, was ihr eigentümlich ist, d. h. das Wort wirkt, was Sache des Wortes ist, und das Fleisch tut, was Sache des Fleisches ist. Das eine von ihnen strahlt in Wundern, das andere unterliegt Mißhandlungen. ... Ein und derselbe ist, was immer wieder gesagt werden muß, wahrhaft Gottes Sohn und wahrhaft des Menschen Sohn...

Dieser Lehrbrief Leos nimmt eine im wesentlichen dyophysitische Position ein, indem er die zwei Naturen von der einen Person Jesu Christi unterscheidet. Er setzt dabei voraus, daß die Eigenschaften der menschlichen Natur auch von der göttlichen Natur angenommen werden und umgekehrt, daß sie also zwischen den Naturen austauschbar sind. Dieser Austausch der Eigenschaften (communicatio idiomatum) ist vorher bereits von Theodor von Mopsuestia gelehrt.

Die im Jahr 449 in Ephesus stattfindende ,,Räubersynode" ist der schmähliche Höhepunkt der monophysitischen Machtpolitik. Sie erfolgt auf Antrag des alexandrinischen Erzbischofs Dioskur beim Kaiser Theodosius II. mit dem Ziel, die Absetzung des Eutyches aufzuheben. Der Kaiser ist durch das Vordringen der Hunnen 447/8 in Anspruch genommen. Es gelingt Dioskur mit Hilfe fanatisierter Mönchshorden und seinem organisierten Saalschutz die Verlesung des tomus leonis zu verhindern, den Konstantinopler Erzbischof Flavian absetzen zu lassen und Eutyches erneut in sein Amt einzusetzen. Leo in Rom ist über die Vorkommnisse dermaßen entsetzt, daß er vom Kaiser eine neue Synode verlangt, und zwar auf italienischem Boden. Theodosius stirbt durch einen Sturz vom Pferd (28.7.449). Seine Nachfolgerin Pulcheria erhebt 450 Markian zum Mitkaiser, und damit endigt der monophysitische Einfluß bei Hof. Es wird eine neue Synode einberufen nach Chalcedon, auf die dem Kaiserpalast in Konstantinopel gegenüber liegende Landzunge. Leo beschickt das Konzil lediglich mit fünf Legaten und akzeptiert damit, daß die Beschlüsse einer Reichssynode nur durch eine Reichssynode aufgehoben werden können.

8. Das (4. ökumenische) Konzil von Chalcedon (451)

Die Synode ist von 360 Bischöfen des Ostens hervorragend besucht. Sie muß vor allem die kirchenpolitischen Fragen klären. Das geschieht, indem sie das Absetzungsurteil gegen Flavian und die Wiedereinsetzung des Eutyches durch Dioskur kassiert. Auf Wunsch der päpstlichen Legaten muß Dioskur von Alexandria als Angeklagter vor der Synode erscheinen, während Ibas von Edessa und Theodoret von Cyrus als Vollmitglieder ihre Plätze einnehmen, allerdings nachdem sie Nestorius abgesagt haben. Völlig neu und von keinem der Orientalen ernst genommen, erscheint der Anspruch der Legaten Leos, daß Dioskur deswegen anzuklagen sei, weil er „ohne Erlaubnis des heiligen Stuhles" es gewagt habe, die Synode von Ephesus einzuberufen, ein Recht, das nur dem Papst zukomme. Natürlich will die Synode die Absetzung des Alexandriners, aber dies geschieht dann so, daß sie – außer dem Kanon 24 mit seiner Bestimmung, daß die Mönchsklöster den Bischöfen unterstellt werden sollen – im Kanon 3 nachdrücklich erneut den Ehrenvorrang Neuroms hinter dem Ehrenvorrang Altroms bestätigt, also am Rang Konstantinopels gegen die Proteste Roms festhält.

Die dogmatische Entscheidung verwirft Eutyches (*in* zwei Naturen) und nimmt die Linie des tomus leonis auf: „aus" zwei Naturen – „eine" Person. Die damit befaßte 4. Sitzung führt zum Beschluß, daß die Synodalbriefe an Nestorius und der Lehrbrief des „Erzbischofs" von Rom als Erläuterung des Bekenntnisses anzusehen sind.

48 *Das Symbol von Chalcedon (Ch) (25. Okt. 451):* Den heiligen Vätern folgend, lehren wir alle übereinstimmend,

(I) als einen und denselben Sohn unsern Herrn Jesus Christus zu bekennen, denselben vollkommen in der Gottheit und denselben vollkommen in der Menschheit, wahrhaft Gott und denselben wahrhaft Mensch aus Vernunftseele und Leib, wesensgleich dem Vater nach der Gottheit und denselben uns wesensgleich nach der Menschheit, in allem uns gleich, ausgenommen die Sünde (vgl. Hebr. 4, 15),

vor den Äonen aus dem Vater geboren nach der Gottheit, aber in den letzten Tagen denselben um unsertwillen und um unsres Heiles willen (geboren) aus Maria, der Jungfrau, der Gottesmutter, nach der Menschheit,

einen und denselben Christus, Sohn, Herrn, Einziggeborenen,

(II) in zwei Naturen unvermischt, unverwandelt, ungetrennt, unzerteilt erkannt, wobei keinesfalls die Verschiedenheit der Naturen wegen der Einigung aufgehoben ist, vielmehr die Eigentümlichkeit jeder Natur erhalten bleibt und zu Einer Person und Einer Hypostase wird, nicht in zwei Personen geteilt oder getrennt, sondern einen und denselben einziggeborenen Sohn, Gott-Logos, Herrn Jesus Christus,

wie von alters her die Propheten von ihm und Jesus Christus selber uns gelehrt haben und das Bekenntnis der Väter uns überliefert hat.

Ob Ost und West hier wirklich eine gemeinsame Sprache sprechen, ist oft erörtert. Die Mehrheit der Synode ist von einer kyrillisch-alexandrinischen Frömmigkeit bestimmt. Sie versteht das ,,aus" doch überwiegend im Sinne der Einheit des Gottmenschen Jesus Christus, und das wird noch jahrhundertelang die Frömmigkeit des Ostens prägen. Der Osten sieht in der Inkarnation mehr den Grund für eine mystische Einigung des Menschen mit dem Gott-Logos. Der Westen, insbesondere Leo, betonen, daß das Heil von Christus erworben ist und durch die Kirche vermittelt wird. Der Westen und Rom fassen die Formeln des Konzils mehr als Rechtssätze, der monophysitische Osten mehr als Darlegung eines Heilsweges. Die bleibende Verurteilung der Dyophysiten und des Nestorius, damit auch der antiochenischen Theologie führt zur Abspaltung der nestorianischen Kirche.

Die zwei Naturen werden zwar bejaht. Aber von Leos eigenen Aussagen ist eigentlich nur der Austausch der Eigenschaften aufgenommen. Im übrigen wirken die Naturen nicht in je eigener Weise, sondern als eine Einheit. Dabei werden sowohl Eutyches (unvermischt, unverwandelt) als auch Nestorius (ungetrennt, ungeteilt) abgewiesen. Gerade in diesen adverbialen Grenzbestimmungen zeigt sich auch Raum für ein kyrillisches Verständnis der Zwei-Naturen-Lehre, für die sogenannte kyrillische Interpretation des Chalcedonense, deren Fragen noch Jahrzehnte den Osten bewegen und auch politische Bedeutung gewinnen, weil Ägypten, Syrien, Palästina mit ihren syrisch sprechenden Schichten monophysitisch bleiben und die griechisch sprechenden Schichten des Ostens chalcedonisch eingestellt sind. Chalcedon ist nicht der Sieg der antiochenischen Theologie, sondern ,,ganz überwiegend ein kyrillisches Bekenntnis", ,,allerdings mit einem leoninischen Stachel im Fleisch" (Ritter). Entscheidend dafür ist das ,,in" zwei Naturen, das Kyrill bis zum Schluß verteidigt hat. Die Lehre von den zwei Naturen Christi ist allerdings eine klare Entscheidung für den Vorrang der Soteriologie vor der Ethik. Darin schließt sich der Weg der Gotteslehre doch vorläufig in der alten Kirche ab.

VII. Augustin

1. Der historische Ort Augustins

Die Bedeutung dieses Bischofs ist kaum zu überschätzen. Für das Mittelalter ist er die große Autorität, der Lehrer schlechthin, auf den sich die hochscholastischen Systematiker berufen, und noch für den Augustiner-Eremiten Luther ist er der Theologe, dessen Denkwege und Denkmodelle ihn von Grund auf bestimmen.

Was gibt diesem Mann die große Bedeutung? Man muß sich vergegenwärtigen, in welcher Zeit und an welchem historischen Ort er lebt.

Seit der Reichsteilung 395 unterliegen der Osten und der Westen weithin unterschiedlichen Schicksalen. Dem Osten gelingt es, die Westgoten und danach die Hunnen aus seinen Bereichen herauszuhalten. Der Westen hingegen wird von ihnen überflutet. Rom fällt 410 in die Hände der Westgoten, und Augustin selbst stirbt während der Belagerung durch die Vandalen in Hippo Rhegius. Europa, Italien, die iberische Halbinsel und Nordafrika sind in ein Wanderungsgeschehen einbezogen, das zu neuen politischen und gesellschaftlichen Herrschaftsformen hinleitet und das mit einer Flut von Leidenserfahrungen verbunden ist. Das alte Rom siecht dahin und mit ihm die Wertwelt dieses Reiches mit seinen soldatischen und philosophischen Traditionen.

Aber es kommt hinzu, daß Byzanz doch eine erheblich andere Herrschaft ausübt als die früheren römischen Kaiser. Es ist ein Hofprotokoll entstanden, das die kaiserlichen Personen weit über alle übrigen Menschen himmelwärts erhebt. Eine durchorganisierte Beamtenschaft regiert die Menschen in Stadt und Land. Byzanz und Mailand – das sind die neuen Zentren kaiserlichen Glanzes. Die uns dort und anderswo erhaltenen Basiliken und Mosaiken aus dieser Zeit zeigen uns ein zwar künstlerisch überzeugendes, aber theologisch doch eigentlich merkwürdiges Bild von Gott und Christus. Die byzantinische Mosaikkunst stellt ihn als den Weltherrscher, als den *Kosmokrator* dar, der in seinem Lichtreich oberhalb der irdischen Welt regiert und dem sich sowohl die Kaiser und Kaiserinnen zur Seite stellen als auch die Apostel, die Bischöfe oder die Schafe als die Sinnbilder für die Völker, die sich auf diesen Christus hin bewegen. Es sind eschatologische Bilder, aber eschatologisch nicht hinsichtlich der Zukunft allein, sondern vor allem hinsichtlich der Seins- und Wertwelt, in die alles Leben, alle Staatlichkeit und Kirchlichkeit eingegliedert ist. Es ist ein in sich geradezu geschlossener Kosmos, während doch in der politischen Realität die Entmachtungen vor sich gehen und neue Stämme, neue Könige mit fremden Rechtsbräuchen als Herrscher auftauchen. Kaum je ist der Gegensatz zwischen den Bildern und der Wirklichkeit so greifbar wie in dieser Phase der byzantinischen Kunst des 5. Jahrhunderts.

Was damit gemeint ist, läßt sich leicht begreifen, blickt man auf die Ketzergesetzgebungen der ost- und weströmischen Kaiser, die sich in kurzen Abständen jagenden Verbote heidnischer Riten und heidnischer Philosophien. Das Christentum wird auf dem Rücken politischer Gewalt eingeführt. Die antike Bildungswelt verliert ihre öffentliche Geltung. Die Ermordung der neuplatonischen Philosophin *Hypatia* 415 in Alexandria beweist, daß sich längst ein christlicher Mob und Pöbel gebildet hat, der unter christlichen Vorzeichen genau so gierig bleibt, wie er es früher in den Christenverfolgungen gewesen ist. Der Erzbischof von Alexandria bekennt seine Scham und sein Entsetzen über diese Vorgänge. Das zeigt, daß die Bischöfe und Theologen nicht allein den staatlichen „Schutz" übernehmen, sondern daß die neue Stellung des Christentums ihnen die Aufgabe auferlegt, die alten Bindungen, die aus dem Heidentum stammen, ihrerseits zu ersetzen, neue einzuführen, zu zeigen, daß christliches Leben auch im Bereich weltlich-menschlicher Kultur zu gemeinschaftlichen Formen und Erfahrungen führt.

War die christliche Theologie darauf vorbereitet? Selbst dort, wo weltlich scharf beobachtende Männer wie Chrysostomus predigen, dringt nur ein asketisch-mönchisches Ideal des Christen hervor. Es wundert nicht, daß in diesen christlichen Kreisen der Gegensatz zum Gepränge der kaiserlichen Hofhaltung so tief empfunden wird. Aber kann denn eine asketische Ethik wirklich die Menschen in Stadt und Land aneinander binden? Kann sie Handel und Wandel regulieren? Ist sie nicht darin schon erschöpft, daß sie lediglich den Gegensatz zu allem darstellt, was nun einmal „weltlich" ist? Wie kann das Christentum eine neue Bildung, neue Sozialhaltungen hervorbringen, wie kann es sozialisieren?

Augustin lebt in einer solchen Zeit der Umbrüche und der Gegensätze. Dort, wo er seine Wurzeln hat und als Bischof einer kleinen Gemeinde waltet, in Nordafrika, hat die christliche Kirche noch keineswegs wirklich Fuß gefaßt. Dieses Hippo Rhegius, das ihn zum Bischof wählt, ist von der römischen Garnison, von den Verwaltungsbeamten und Soldaten geprägt. Aber es gibt auch andere Kreise. Augustins eigene Familie zeigt dies. Seine Mutter Monika ist fromme, fast fanatische Katholikin, sein Vater hingegen bleibt Heide, stramm und römisch. Aber daneben spielen die alten Zerwürfnisse der Catholica eine Rolle. Jene Spannungen und Spaltungen aus der Zeit der Donatisten rund hundert Jahre vorher sind nicht beseitigt, im Gegenteil, sie haben sich inzwischen verdichtet. Die Donatisten sind zu einer schismatischen Bewegung geworden, und mehr noch: bei ihnen sammeln sich die nationalen Kräfte, die militanten Circumcellionen, berberische Christen aus den Stämmen des Westens und des Südens, die sich gegen die römische Besatzung auflehnen, die mit Waffen Handelsreisende, militärische Wachposten überfallen und sie niedermachen, die offensichtlich für die Römer ungreifbar sind, eine nationalreligiöse Guerilla, die durch eine Reihe von Aktionen der Staatsmacht in diese Rolle gedrängt sind. Hier die Katholiken – hier die Donatisten: so sieht die Lage aus, als Augustin ca. 396 Presbyter in Hippo Rhegius wird. Die nordafrikanischen Katholiken sind fromme, entschiedene Leute, aber in dieser Lage stehen sie nicht allein für die Kirche, sondern sie gelten auch als Römer, als eine fremde Kirche, und allenthalben steht ihre Ökumenizität auf dem Spiel.

Ein weiteres kommt hinzu: Auch Augustin vernimmt in sich den Ruf zum Mönchtum. Er will der Wissenschaft, der Bildung, der Meditation leben. Mit einigen Freunden zusammen möchte er sich abkapseln, dem reinen Denken zuströmen. Dennoch wird er durch die Ereignisse seines Lebens zu einem Bischof gewählt, nicht weil er es will, sondern gegen seinen Willen und Widerstand, einer, über den von außen, von fremdem Ruf verfügt wird. Ob er will oder nicht, er muß sich dem fügen, und so wie er sich darein gibt, sich mit einer Flut von Schriften zu den großen Fragen der damaligen Theologie äußert, nimmt er – als einfacher Ortsbischof, nicht als Metropolit von Karthago – das Wort aus der Sicht Nordafrikas, einer Provinz, die sich wohl bewußt ist, nach Rom orientiert zu sein, die aber hier ganz frei ist, sich auch nach Alexandria oder nach Gallien umzuschauen, die nirgendwo so gebunden ist, daß sie einfach nur als eine Tochterkirche Roms gelten könnte. Augustin faßt das Erbe der ersten vier Jahrhunderte in sich zusammen. Er macht es für diese seine Zeit lebendig.

Wie aber geschieht das theologisch? Es ist bekannt, daß Augustin kein Griechisch versteht. Die Schriften und Fragestellungen des Ostens sind ihm weithin verschlossen. Er nimmt auch nicht an den christologischen Auseinandersetzungen teil. Es ist fast so, daß sie ihn nicht erreichen. Er stellt sich die Frage nach dem Glauben ganz von den Konstantinopler Beschlüssen her. Er denkt trinitarisch, aber was ihn am meisten dabei interessiert, ist jene *immanente Trinität*, die Einheit des dreifaltigen Gottes, nicht jene Fragen nach dem Aufweis ihres Wirkens in der Welt. Er ist ein durch den Neuplatonismus bestimmter Monist, nur ohne die Geschlossenheit des byzantinisch-griechischen Kosmos, sondern mehr in die Richtung der inneren Welt des Menschen, des inneren Kosmos. In ihm sieht er sich abspiegeln, was sich äußerlich als Wertzerfall ereignet. Im Inneren des Menschen wird ihm erfaßbar, was Glaube

an Gott ist. Die Biographie des Menschen, die Analyse der geistigen Prozesse, die Schilderung des frommen Ich, die Demütigung des Herzens unter die Gnade Gottes – das sind seine Themen, und diese bringen zur Erfahrung für viele, was Erlösung ist. Ethik und Politik sind dem Spiel der großen Mächte ausgeliefert. Augustin blickt auf die Gestaltung der inneren Welt des Glaubenden, auf die Übergänge zwischen dem alten und dem neuen Menschen, dem Heiden und dem Christen, dem Weltmenschen und dem Mönch. So wird er ein Grundleger der mittelalterlichen Kultur, der Mittler zwischen dem nur schmalen Kulturraum seines Nordafrika und den für die Mission zu dieser Zeit noch weithin unentdeckten Provinzen im Westen und Norden Europas.

2. Augustins Werdegang

Seinen Weg bis zur Taufe hat er selbst in seinen „Konfessionen" (ca. 399) in der Form eines betenden Monologs, einer Selbstoffenbarung vor Gott dargelegt. Das Aufschlußreiche dieses seines Weges sind die Durchgänge durch die Zonen der manichäischen und der skeptisch-neuplatonischen Bildung. Was ist es, das ihn dann schließlich zur katholischen Kirche zieht? Was ist daran repräsentativ für den historischen Verlauf der Kirchengeschichte dieses Raumes?

Augustin wird am 13. Nov. 354 in Thagaste/Nordafrika geboren. Er stirbt am 28. August 430 in Hippo Rhegius. Sein Vater Patricius ist römischer Verwaltungsbeamter, der seinen Sohn zum Studium der Jurisprudenz und der Verwaltungslaufbahn bestimmt. Während der Vater in den Konfessionen kaum erwähnt wird, begleitet die Mutter Monika – ihre rassische Herkunft ist nicht zu erschließen – ihren Sohn mit aller Leidenschaft einer frommen Katholikin, daß der Sohn zum Christen werden möge. Der oftmals verzweifelten Mutter widmet ein Bischof den Trost: „So wahr du lebst, es ist unmöglich, daß ein Sohn solcher Tränen untergeht" (Konf. III, 12).

Es ist nicht leicht, das Verhältnis Augustins zu seiner Mutter zu deuten. Das Naheliegendste ist, daß er in ihren Gebeten eine ständige Mahnung und Berufung zum Glauben, eine Art von Bestimmung zu Christus hin sieht, die sie ihm vorantträgt. Sie ist eine in ihrer Stellung gegenüber dem Vater offenbar schwache Frau, aber in ihrer inneren Zielstrebigkeit unbeugsam. Sie reist ihrem Sohn nach, wohin er geht; bis zu ihrem Lebensende sucht sie ihn zu lenken. Dabei gehört sie ihrer Frömmigkeit nach ganz in den nordafrikanischen Bereich. In Mailand will sie, dem nordafrikanischen Brauch entsprechend, bei den Gräbern Trank und Speise niedersetzen; aber Ambrosius verbietet solche Verehrung. Wiederum nimmt Augustin sie in Schutz gegen Vorwürfe, sie sei der Trunksucht ergeben. Das Letzte, das der Sohn von ihrer Gemeinschaft berichtet, ist ihrer beider Vision von der ewigen Seligkeit, über die sie in Ostia sprechen. Als junger Student flieht der Sohn den Einfluß seiner Mutter; am Ende ihrer Gemeinsamkeit steht der Glaube an das, was sie aneinander bindet. Augustin ist ein autoritätsbezogener Denker, aber diese Autorität empfindet er weniger vom Vater als von der Mutter her; es ist nicht die Autorität der Stärke oder des Befehls, sondern die Autorität, die vom Hintergrund des autorisierenden Gottes ausgeht und die sich auch nicht als bloßer Gehorsam wider Willen, sondern als Gehorsam aus Einsicht durchsetzt. Augustins Mutter ist in uns undurchsichtiger Weise das Medium für das seelische Feinempfinden Augustins geworden.

Er beginnt sein Studium der Rhetorik ab 371 in Karthago. Ihn lockt die öffentliche, politische Laufbahn; so schätzt er selbst sich ein. In Karthago begegnet er der damaligen Welt der Lust: Theater und Liebesaffären binden ihn. Aus seinem Konkubinat mit einer für uns Namenlosen entstammt sein Sohn Adeodatus. Eine echte väterliche Beziehung zu ihm entwickelt sich offenbar nicht. Der Sohn erscheint in den Konfessionen als Frucht beklagenswerter Leidenschaft, und von seiner Konkubine trennt sich Augustinus ohne alle weitere Anzeichen einer besonderen Verantwortung ihr gegenüber in Mailand.

In Karthago versenkt er sich in die altrömische Staatsliteratur, und so begegnet er dem heute verschollenen Buch „Hortensius" des Cicero. Es beeindruckt ihn und erweckt in ihm den Zugang zur Philosophie mit ihrem Ideal der Weltweisheit. Seine abstrakt-theoretisierende Jungmannesphase erlebt er in dieser Aura einer Lehre vom öffentlichen Leben, das von einer letzten Weisheit erfüllt sein soll.

Ab 375 lehrt Augustin als Dozent in Thagaste Rhetorik, verläßt aber alsbald seine Heimatstadt, um erneut nach Karthago zu gehen, in die größere Freiheit, sollte man meinen, und hier wird er bei den Manichäern Auditor, Hörer, noch nicht Vollmitglied (375–383). Die Manichäer in Karthago geben sich als eine christliche Gruppe aus, und beachtet man die Gründe, deretwegen sich Augustin von ihnen wieder löst, dann gehen sie mit dem Versprechen vor, die Strukturen des Seins, die Hintergründe der Weltwirklichkeit in ihren Gliederungen und Kausalitäten von ihrem dualistischen Weltbild her klären zu können. Sie beanspruchen eine Art metaphysischen Materialismus, eine Bildung, für die das Religiöse und das Naturhafte zusammenfließen. Wieviel dabei mysteriös, mantisch oder gar nur symbolisch-erklärend gewesen sein mag, läßt sich kaum nachvollziehen. Augustin scheint aber zunächst von der Aussicht fasziniert, Welterklärung durch letzte Symbole zu erlangen; gerade an diesem Punkt wird er auch zunehmend kritisch. Er löst sich von ihnen aufgrund eines Besuches des Manichäerbischofs Faustus, der sich den inzwischen gewachsenen Ansprüchen des Rhetorikers Augustin auf Bildung und Wissenschaft nicht gewachsen zeigt. Augustin entwächst der dualistischen Weltdeutung in dem Maß, als er selbständig-rational denkt. Er ist vor allem nicht mehr gewillt, die Ursache für das Böse irgendwo außerhalb der menschlichen Erfahrung in einem Urdualismus zu suchen, sondern drängt bereits jetzt darauf, begründete und konkrete Ansichten zu gewinnen. So beginnt die Verabschiedung vom manichäischen Unternehmen bereits in Nordafrika. Sie vollendet sich in Rom und Mailand.

383 geht Augustin nach Rom, und zwar ohne Wissen seiner Mutter, das heißt: in Flucht von ihr und ihrem katholischen Bekehrungseifer. Er wird in Rom erneut Rhetorik-Dozent in der Erwartung, dort bessere studentische Sitten, insbesondere in Sachen der Bezahlung, anzufinden als in Karthago. Aber ungebunden, wie er mitsamt seiner Konkubine lebt, ergibt er sich der Skepsis. Auch dieser Durchgang seines Denkens ist von Wichtigkeit, weil seine spätere Theologie darauf abhebt, den inneren Grund der Möglichkeit des Glaubens zu finden. Er bindet sich des näheren an die Vertreter der mittleren Akademie, und schon dies leitet ihn wahrscheinlich bereits in seinshafte Vorstellungen hinein, die zwar noch – wie im mittleren Platonismus überhaupt – von ,,naturwissenschaftlichen" Fragestellungen nach dem Grund des Seins bestimmt sind, aber doch schon auf eine Sicht der Welt hinweisen, wo eine ewige Einheit vermutbar wird.

In den Konfessionen beschreibt er diese Phase aus der späteren Sicht als ein Ringen um die Gottesfrage selbst, und dabei bezeichnet er genauer den Punkt, um den es auf die Dauer geht, nämlich die Erläuterung seines naturhaft-anthropomorphen Gottesbildes. Er beschreibt diese Wandlung in den Konfessionen (V, 10) so, daß er sich zunächst Gott nur als eine körperliche Masse habe vorstellen können und auch das Böse in einer häßlichen und ungestalteten Substanz verursacht sah, wobei sich das Göttliche und das Böse bereichsartig gegenseitig Grenzen setzen im Raum und Fluidum der Welt.

Augustin hat Plotin gelesen, wohl auch Porphyrius. Was er aus den neuplatonischen Quellen lernt, ist *Gott* als der *reine Geist*, als das immaterielle Licht, das *nur* in den Abbildern oder: daß *aber* in den Abbildern des geistigen Lebens und der Seele erfaßt und geschaut werden kann.

49 *Augustin, Konfessionen VII, 20:* Damals aber, als ich jene Bücher der Platoniker gelesen und in ihnen die Aufforderung gefunden hatte, die Wahrheit außerhalb der Körperwelt zu suchen, ward mir ,,das Unsichtbare an dir aus den erschaffenen Dingen erkennbar" (Röm 1, 20) und sichtbar; doch schon wieder zurückgestoßen empfand ich, was ich bei der Finsternis meiner Seele noch nicht schauen durfte. Doch hatte ich die Gewißheit, daß du bist, daß du unendlich bist,

wenn auch nicht ausgebreitet durch endliche und unendliche Räume, und daß du in Wahrheit bist, du, der immer Gleiche, in keinerlei Beziehung oder durch keinerlei Veränderung anders oder ein anderer, daß aber alles übrige aus dir ist, schon aus dem einen unumstößlichen Grunde, weil es ist. In diesen Punkten hatte ich Gewißheit, doch war ich noch allzu schwach, dich zu genießen...

Hinsichtlich der Schöpfung wird Augustin dadurch zum Monisten. Auf die Frage, woher das Böse stamme, weist er, so belehrt, auf die Abgründe der sich selbst liebenden, libidinösen Seele, auf die Erbsünde des Menschen. Schon die Konfessionen zeigen das deutlich. Das Böse ist nicht ein metaphysisches Phänomen der Weltstruktur, sondern ein menschliches, inneres Phänomen, und aufgrund dieser Erkenntnis, die seit dem römischen Aufenthalt in ihm wächst, wird er zwar Neuplatoniker, aber nicht als Verteidiger eines neuplatonischen Systemdenkens, sondern mehr im Sinne einer philosophischen Deutungshilfe, die dem christlichen Menschen- und Wirklichkeitsbild von dorther erwächst.

Warum kann ihn der Neuplatonismus nicht befriedigen? Es ist klar, daß Augustin zunächst an Gott gläubig wird ohne die christliche Offenbarung, wenn auch nicht ohne die katholischen Belehrungen seiner Jugend. So sagt er denn auch, daß ihn der Hochmut der Neuplatoniker zurückgestoßen habe und die Tatsache, daß in ihrer Philosophie der fleischgewordene Christus nicht vorkommt. Aber dahinter steckt noch der innere Widerstand des jungen Denkers gegen den Anspruch der Offenbarung, der autoritativen Überlieferung der Kirche. Er will Gott aus eigenen Voraussetzungen zu erkennen suchen. Bei den Neuplatonikern findet er die natürliche Theologie der Antike, das Sublimste an esoterischer Seelenkultur, die zur Zeit Augustins noch in voller Blüte steht. Aber gerade dieses Aufsteigen der Seele zu Gott, von dem Plotin spricht, scheitert an der Lebensführung. Er nennt diese Bindung an das irdische Leben die ,,Gewohnheit" und versteht darunter nicht nur die Wünsche für eine gute Ehe, die die Mutter für ihn hegt, oder seine eigenen Berufsziele, sondern Wege des Denkens, und er gerät zur Einsicht, daß das Denken und die ,,Gewohnheiten" der Lebensführung in einem noetischen Zusammenhang stehen. Auch der Aufstieg des Denkens und der vernünftigen Seele zu Gott, wie ihn die Neuplatoniker lehren, führt nur zu einer aktualen Schau Gottes, die sich aber nicht festhalten läßt. Der Mensch sinkt von dieser höchsten Stufe der Kontemplation immer wieder in die Gewohnheiten zurück. Es gibt auf dem Wege der Philosophie keine Konstanz der Gotteserkenntnis.

50 *Augustin Konfessionen VII, 17:* ... So erhob ich mich *stufenweise* von der Körperwelt zu der mittelst des Körpers empfindenden Seele und von da zu ihrem inneren Vermögen, dem die Sinne des Körpers die äußeren Wahrnehmungen mitteilen, von hier wieder – so weit reicht auch die Fähigkeit der Tiere – zu vernünftiger Denkkraft, deren Urteil alles unterworfen ist, was die Sinne des Kör-

pers in sich aufnehmen. Da aber auch diese sich in mir selbst als veränderlich erkannte, so erhob sie sich zur Erkenntnis ihrer selbst, lenkte ihre Gedanken ab von der Gewohnheit, entzog sich dem Schwarm widerspruchsvoller Trugbilder, um das Licht zu finden, welches uns bestrahle, wenn wir mit voller Gewißheit behaupten, das Unveränderliche sei dem Veränderlichen vorzuziehen, woher wir also das Unveränderliche selbst kannten – denn kennten wir es nicht irgendwie, so könnten wir es auf keine Weise dem Veränderlichen vorziehen –, und gelangte so in einem Momente angstvollen Aufblicks zu dem, was da ist. Damals nun erkannte ich, ,,was unsichtbar ist an dir, durch die Vermittlung deiner Schöpfung" (Röm 1, 20); aber ich konnte meinen Blick nicht fest auf dich heften, sondern mußte ihn in meiner Schwäche hinwegwenden und zu dem Gewohnten zurückkehren. Nichts nahm ich mit mir als eine liebende Erinnerung und gleichsam eine Sehnsucht nach dem Duft der Speise, die zu genießen ich noch nicht befähigt war.

Weil die neuplatonische Vision des All-Einen nur ein Moment der vorübergehenden Erhebung der Seele ist, darum stellt sich Augustin die Frage, wie die Erkenntnis Gottes fest und gewiß sein könne. Auf diesem Wege der Nachfrage stößt er auf die katholische Predigt des Ambrosius, auf die Lektüre der heiligen Schrift als autoritative Überlieferung des Wortes Gottes. Noch später äußert Augustin: ,,Ich wäre nicht zum Glauben gelangt, wenn mich nicht die Autorität der katholischen Kirche dazu bewegt hätte", womit nicht die dogmatische Autorität der Staatskirche, sondern Ambrosius, der um die Unverletzlichkeit der Catholica ringende Bischof gemeint ist.

Auf Vermittlung des römischen Stadtpräfekten Symmachus hin gelangt Augustin als Rhetor an die kaiserliche Residenz in Mailand (384),[1] wird dort sogar mit der Abfassung einer Rede beauftragt. Aber seine Mutter eilt ihm nach (385), und vermutlich auch aus diesem Grund wird die Mailänder Zeit zur Phase einer endgültigen Hinwendung zum Katholizismus. Augustin berichtet über weitere Impulse, die ihn schließlich zur Taufe bewegen. An erster Stelle nennt er Bischof Ambrosius, dann aber auch das Erlebnis eines Bettlers, der für ein paar Geldstücke sich berauscht, und in diesem Rausch glücklicher als er zu sein scheint, der gerade für den Kaiser eine verlogene Lobrede ausgearbeitet hat (Konf. VI, 6). Auch erreichen ihn Zeugnisse aus dem Mönchtum, so die Erzählung des Offiziers Pontitianus, der von Antonius dem Einsiedler berichtet und von dem klösterlichen Leben bei den Mönchen vor den Toren Mailands Kenntnis hat. Die Bekehrung des Marius Victorinus vom Rhetorenberuf zum Christentum läßt Augustin nicht unerwähnt. Durch das Vorbild der Mönche gelangt er in den Konflikt seiner Berufs- und Bildungsziele und sieht in Röm 7 durch Paulus das Ringen des alten und des neuen Menschen geschildert.

Da fällt die Entscheidung für die katholische Taufe in einer Weise, die für Augustin aufschlußreich erscheint. Nicht daß er sich aus sich heraus entschließt oder entscheidet, sondern er findet über sich entschieden. Das berichtet die Gartenszene mit dem berühmten ,,tolle, lege".

51 *Augustin, Konfessionen VIII, 12:* Ich aber warf mich, ohne zu wissen wie, unter einem Feigenbaume auf den Boden und ließ meinen Tränen freien Lauf; und wie Ströme brach es aus meinen Augen hervor, dir ein wohlgefällig Opfer; zwar nicht mit denselben Worten, aber doch in demselben Sinne sprach ich zu dir: ,,Und du, o Herr, wie lange noch?" (Ps 6, 4). ,,Wie lange noch wirst du zürnen bis zum Ende? Sei unserer vorigen Missetaten nicht eingedenk!" (Ps 78, 5.8). Denn ich fühlte, wie sie mich festhielten, und stieß die Klagelaute aus: ,,Wie lange noch? Wie lange noch: Morgen und immer wieder morgen? Warum nicht sogleich? Warum soll diese Stunde nicht das Ende meiner Schande bedeuten?" So sprach ich und weinte in der größten Bitterkeit meines Herzens. Und siehe, ich höre da aus dem benachbarten Hause die Stimme eines Knaben oder eines Mädchens in singendem Tone sagen und öfters wiederholen: ,,Nimm und lies, nimm und lies" (tolle, lege). Sogleich veränderte sich mein Gesichtsausdruck, und aufs angestrengteste begann ich nachzudenken, ob etwa die Kinder bei irgendeinem Spiele etwas Derartiges zu singen pflegten, aber ich entsann mich nicht, jemals solches gehört zu haben. Da hemmte ich den Strom meiner Tränen und stand auf; konnte ich mir doch keine andere Erklärung geben, als daß eine göttliche Stimme mir befehle, die Schrift zu öffnen und das erste Kapitel, auf das ich gestoßen, zu lesen. Denn ich hatte von Antonius gehört, daß für ihn bestimmend gewesen sei eine Stelle im Evangelium, auf die er zufällig gestoßen war, gleich als ob ihm die Worte gälten: ,,Gehe hin, verkaufe alles, was du hast, gib es den Armen, und du wirst einen Schatz im Himmel haben; dann komm und folge mir nach" (Mt 19, 21) – und daß er sich auf diesen Ausspruch hin sogleich zu dir bekehrt habe. Daher kehrte ich eiligst auf den Platz zurück, wo Alypius saß; denn dort hatte ich die Briefe des Apostels liegen lassen, als ich aufgestanden war. Ich griff nach ihnen, öffnete sie und las für mich das Kapitel, auf das zuerst meine Augen fielen: ,,Nicht in Schmausereien und Trinkgelagen, nicht in Schlafkammern und Unzucht, nicht in Zank und Neid; sondern ziehet den Herrn Jesum Christum an und pfleget nicht des Fleisches in seinen Lüsten" (Röm 13, 13 f.). Ich wollte nicht weiter lesen, es war auch nicht nötig; denn bei dem Schluß dieses Satzes strömte das Licht der Gewißheit in mein Herz ein, und alle Zweifel der Finsternis verschwanden.

Dann legte ich den Finger oder ein anderes Zeichen auf die Stelle, schloß das Buch und machte mit bereits ruhiger Miene dem Alypius Mitteilung von dem Vorfall...

Augustin wird zusammen mit seinem Sohn und dem Freund Alypius Ostern 387 durch Ambrosius getauft. Die Zeit eines Meditationskreises in Cassiciacum am Comer See 386 mit seinen Freunden währt nur kurz. Im nachfolgenden Rom-Aufenthalt stirbt seine Mutter in Ostia (387). Zurückgekehrt nach Thagaste (388) lebt er in einem mönchsartigen Konvent, den er leitet. Durch Zufall und auf Drängen der Gemeinde wird er 391 gegen seinen Willen in Hippo Rhegius zunächst Presbyter und dann nach dem Tod des Bischofs in dessen Nachfolge berufen (zwischen 395 und 397). Es ist die Zeit, in der sich Augustins Studien konzentriert Paulus zuwenden, über die wir aber nur unzureichend unterrichtet sind. Auch später legt er seinen Presbytern eine klausurartige

Lebensweise auf. Er wird durch seine Theologie und seine Einsatzbereitschaft für die Bischöfe der Umgebung zum leitenden Mann. Einige Fragestellungen, in denen die Problematik der damaligen Ökumene berührt wird, lassen ihn zum führenden Theologen erwachsen.

3. Die donatistische Frage und ihre Klärung

Schon zu seiner Zeit als Presbyter muß sich Augustin dem donatistischen Problem stellen. Unter seiner entscheidenden Mitwirkung gelingt es auf der nordafrikanischen Synode in Karthago 411 diese Frage jedenfalls nach der dogmatischen Seite hin zu klären. Die Synode selbst wird in kaiserlichem Auftrag abgehalten, und der Präfekt spricht nach einem Streitgespräch der Parteien der katholischen Seite den Sieg zu. Aber eine wirkliche Beilegung der schismatischen Spannungen wird dadurch nicht erreicht; sie existieren noch bis ins 6. Jahrhundert hinein.

Die Lage ist komplexer Natur. Die Donatisten betrachten sich als die wahre und heilige Kirche. Dabei haben Donatisten wie Parmenian und Tyconius längst anerkannt, daß es auch in der katholischen Kirche wirksame und gültige Sakramentsausübung gibt, die nicht von der Heiligkeit derer abhängig sein kann, die sie spenden. Aber diese beiden werden von den Donatisten ausgestoßen. Umgekehrt hat Optatus von Mileve schon vor Augustin im Jahr 365 aus katholischer Sicht die Erkenntnis vertreten, daß es auch bei den Donatisten, also Schismatikern, wirksame Sakramentsausübung gibt. Daß es nicht zu einer Überwindung der Spaltung kommt, hängt mit der politischen Situation Nordafrikas zusammen. Alte Ressentiments wirken fort, so die Erinnerungen daran, daß Kaiser Konstans gegen die Donatisten mit Repressionen vorgegangen ist, daß im Jahr 348 der Aufstand der Circumcellionen gegen den Präfekten Makarius stattgefunden hat, daß Honorius 398 strenge Bestrafungen bei Störungen des katholischen Gottesdienstes eingeführt und im Jahr 404 die Synode von Karthago den Kaiser sogar gebeten hat, gegen die Schismatiker Geldstrafen zu verhängen, ihnen die Kirchen zu nehmen und ihre Geistlichen zu verbannen.

Augustin will die staatliche Gewalt aus dem Streit heraushalten. Er schreibt an den donatistischen Bischof Maximinus im Jahr 392 (Brief 23): „Mache du mir keinen Vorwurf aus den Zeiten des Makarius, ich will dir die Grausamkeit der Circumcellionen nicht vorwerfen". Auch an der Synode von 411 soll das Militär nicht beteiligt sein. Aber er kann diese Toleranz nicht durchhalten, nicht allein wegen der neuen kaiserlichen Weisungen, sondern weil ihn seine Amtsbrüder auf die unhaltbare Lage der katholischen Kirche hinweisen. So ruft auch Augustin letztlich nach dem staatlichen Zwang: Zwingt sie einzutreten. Es komme darauf an, wozu man jemanden zwingt; für das gute Ziel sei auch Härte gelegentlich zu vertreten, und viele mit Druck rekatholisierte Menschen stünden heute treu zur Catholica.

52 *Augustin, Brief an Vincentius, Briefe Augustins 93 (408), 5:* ... Du meinst, man dürfe niemanden zur Gerechtigkeit zwingen, obwohl du liest, daß der Hausvater zu seinen Knechten gesagt hat: ,,Alle, die ihr findet, zwingt sie einzutreten" (Lk 14, 23), und obwohl du liest, daß auch Saulus, der spätere Paulus, unter dem Zwang einer gewaltsamen Einwirkung Christi zur Erkenntnis und Annahme der Wahrheit gebracht worden ist (Apg 9, 3–18); denn du kannst nicht glauben, daß den Menschen das Geld oder irgendein Besitz lieber ist als das Augenlicht. Von der Himmelsstimme zu Boden geschleudert, erlangte er das plötzlich verlorene Augenlicht nicht eher wieder, als bis er der heiligen Kirche einverleibt wurde...

Augustin stellt die Donatisten vor das Problem der Ökumene. Wie kann eine nordafrikanische kirchliche Gruppe in exklusiver Weise von sich behaupten, allein die wahre Kirche zu sein? Die Donatisten können sich jetzt nicht mehr darauf berufen, verfolgt zu sein. Aber sie können auch nicht erwarten, daß ihre Sonderlehren allen anderen bekannt sind.

53 *Augustin an Bischof Emeritus, Briefe Augustins 87 (405), 7:* ... Ist es nicht Ungerechtigkeit, den christlichen Erdkreis ungehört zu verurteilen, mag er nun nicht gehört haben, was ihr gehört habt, oder mag ihm nicht glaubwürdig erscheinen, was ihr leichthin geglaubt habt und wessen ihr ohne zuverlässige Beweisgründe anklagt? Ist es nicht Ungerechtigkeit, aus solchen Gründen die Glieder so vieler Kirchen, die durch Predigt und Bemühung des Herrn selbst, da er noch auf Erden im Fleische weilte, und seiner Apostel gistiftet wurden, wieder taufen zu wollen? Soll es euch freistehen, von dem schlechten Leben eurer afrikanischen Amtsbrüder, die zugleich mit euch die Sakramente verwalten, entweder nichts zu wissen, oder, wenn ihr davon wißt, dies zu dulden, damit in der Donatistenpartei keine Spaltung entsteht? Dagegen soll die Kirche in den entlegensten Teilen der Erde bekannt sein mit dem, was ihr von Leuten aus Afrika wißt, glaubt, gehört oder erdichtet habt? Ist es also nicht große Verkehrtheit, die eigene Ungerechtigkeit in Schutz zu nehmen, sich aber über die Strenge der Obrigkeit zu beklagen?

Augustins Streit mit den Donatisten bringt insbesondere für die Kirchen im Westen grundsätzliche Abklärungen. Er faßt die einzelnen kirchlichen Akte wie Taufe, Herrenmahl, Buße, Weihe erstmals unter den Oberbegriff ,,Sakramente". Sie sind nach seiner Auffassung vom Herrn gestiftet und haben beides zu eigen, das Stiftungswort und die dazu gehörigen Zeichen, also etwa das Wasser in der Taufe. Diese Erfassung der Sakramente als Zeichen steht im Zusammenhang mit seiner Theorie vom Verhältnis von signum und res, Zeichen und Sache (s. u.).

Im übrigen entwickelt er drei Gedanken: 1. die Wirkung und Gültigkeit der Sakramente ist unabhängig von der Würdigkeit des Spenders. Das Sakrament ist objektives Handeln Gottes am Menschen. Daran hält auch Luther fest. 2. Das „Zeichen" des Sakraments bewirkt einen unzerstörbaren Charakter (character indelebilis), sowohl in der Taufe als auch etwa in der Weihe. Spätere Generationen haben diesen schon bei Cyprian vorhandenen Gedanken auch im Weihesakrament so betont, daß darüber eine Klerikalisierung der Geistlichen im ständischen Sinne möglich wird, weit über Augustins Interesse an der Objektivität des Handelns Gottes hinaus. 3. Die Heilswirksamkeit der Sakramente ist abhängig vom Glauben dessen, der sie empfängt. Eine im Zirkus nachgeschauspielerte Taufe ist eben keine Taufe, trotz Wasser und trinitarischer Formel. Die Abhängigkeit der Sakramentswirkung von Empfangenden (opus operantis) kann verstanden sein in der Weise, daß der empfangende Glaube erst die Wirksamkeit konstituiert. So haben die Spiritualisten sich auf Augustin berufen. Sie kann aber auch so verstanden sein, daß der Glaube sich nur unter das stellt, was Gott seinerseits objektiv gestiftet hat und bewirken will. So läßt sich Augustin auch institutionell und sakramentsrealistisch deuten. Beides kennzeichnet seine langfristige Wirkung, vor allem in den Sakramentsauseinandersetzungen des Hochmittelalters.

4. Augustins Lehre von der Gotteserkenntnis

Gar zu selbstverständlich geht die Theologie vor Augustin mit der Frage nach der Gotteserkenntnis um. Auf der einen Seite ist für Tertullian die Seele des Menschen von Natur aus christlich, auf der anderen Seite aber bekundet gerade er, daß die Predigt auf die Annahme des Glaubens hin ergeht und zur Erfassung ihrer übernatürlichen Inhalte nicht die Vernunft des Menschen entscheidet, sondern die Gnade. Ja, für ihn ist die Sache des Glaubens gerade deshalb „gewiß, weil es unmöglich ist" (Tertullian, Über das Fleisch Christi 5). Darin scheint bereits angelegt, was im 11. Jahrhundert Anselm als das credo quia absurdum bezeichnet wird: Ich glaube, (gerade) weil es absurd erscheint.

Gnade besagt dabei auf lange Zeit auch nach Tertullian eine Art Begeisterung oder Inspiration, die den Menschen befähigt, über seine Vernunft hinaus die Wahrheit und das Mysterium der Gottesoffenbarung zu erkennen. Gnade ist dann ein Gegenbegriff zur Natur des Menschen. Für Augustin ist Gnade ein Gegenbegriff auch zur Sünde und Schuld des Menschen. Gnade bedeutet ihm soviel wie Vergebung und Annahme trotz der Schuld.

Augustin will die *philosophische* Standortbestimmung des Glaubens im Rahmen einer christlichen Anthropologie klären. Er will sagen, was der Glaube über das rationale Erkennen hinaus ist und wieso sich aus dem Glauben als einer Gabe und Gnade Gottes auch eine verstehende Aneignung der Wirklichkeit Gottes, also *Theologie* begründen läßt. Dabei unterliegt es keinem Zweifel, daß er sich von seiner neuplatonischen Phase her bleibend in dualen Vorstellungen bewegt: Geist-Materie, Liebe-Konkupiszenz, Gottesliebe-Selbstliebe, Sache-Zeichen usf.

Doch so sehr nun Augustin den neuplatonischen Dualismus auch weitergibt, er ist kein Neuplatoniker mehr. Plotin geht von der Voraussetzung aus, daß die erkennende Vernunft (nous) im Stufenaufbau des Seins von unten nach oben aufsteigt und ihn nachvollzieht. Dabei gilt dann, vorbehaltlich der unterschiedlichen intellektuellen Fähigkeiten der Menschen unter sich, doch im ganzen, daß die Stufen des Denkens den Stufungen des Seins ontologisch entsprechen, und unter dieser Voraussetzung spricht Plotin von den *Bildern* im Geist des Menschen, die die Abbilder des Lichtes oder des Allgeistes, also des Urbildes sind.

Bei Augustin ist diese Analogie zwischen Vernunft und Sein so nicht vorausgesetzt. Das macht er bereits in den Konfessionen, wo er die Fundamente für seine *Illuminationstheorie* legt, deutlich:

54 *Augustin, Konfessionen X, 8:* Im Inneren, in den weiten Räumen meines *Gedächtnisses* tue ich das. Da sind mir Himmel und Erde und Meer zur Hand samt allem, was ich jemals wahrnehmen konnte, mit einziger Ausnahme dessen, was ich vergessen habe. Dort begegne ich auch mir selbst und erinnere mich, was, wann und wo ich etwas und in welcher Stimmung ich es getan habe. Dort befindet sich also, wessen ich mich *erinnere*, habe ich es nun selbst erfahren oder auf das Wort anderer aufgenommen. Aus derselben Fülle entnehme ich auch bald diese, bald jene *Bilder* von Dingen, die ich entweder selbst wahrgenommen oder aufgrund meiner Erfahrungen anderen geglaubt habe; ich *verknüpfe* sie mit dem Vergangenen und schließe von ihnen aus auf Handlungen, Begebenheiten und Hoffnungen, die noch der Zukunft angehören, gerade so, als ob das alles gegenwärtig sei...

Groß, o mein Gott, ist die Macht des Gedächtnisses, überaus groß; ein weites, unermeßliches, inneres Heiligtum. Wer hat es je gegründet? Und das ist eine Kraft *meines Geistes* und gehört zu *meiner Natur; aber dennoch fasse ich nicht ganz das, was ich bin.* Also ist der Geist zu enge, um sich selbst zu fassen? Wo mag das sein, was er von sich nicht faßt? Etwa außer ihm und nicht in ihm selbst? Warum also faßt er es dann nicht?...

Augustin geht von der natürlichen Fähigkeit zur Erinnerung aus, die im Neuplatonismus die in der Denkfähigkeit des Geistes angelegte Abspiegelung der urbildhaften Ideen darstellt. Für ihn jedoch ordnen sich die Bilder des Gedächtnisses nach Art einer Verknüpfungshypothese. Er weiß, daß auch die Heiden von Gott reden. Es gibt also eine Art *natürlicher Gotteserkenntnis;* denn was im Gedächtnis gespeichert ist und das Ensemble des menschlichen Geisteslebens ausmacht, das gibt es seit der Jugend durch die Fülle der Bilder, Gedanken, Eindrücke, die von Gott sprechen und die sich mit den anderen Eindrücken der Sinneswelt verbinden. Nur ist dieses Konglomerat des Bewußtseins nicht das, was im Sinne des christlichen Glaubens das „Verstehen" (intelligere) Gottes bedeutet. Der entscheidende Punkt ist, daß es im Menschen selbst innere, intentionale Gegenwirkungen gibt, die zwar Gott als eine zu verobjektivierende Größe ansprechen, die aber doch gerade verhindern, daß Gott geliebt, daß er ,,genossen" wird. Gott kann nicht als ein Etwas unter anderen Eindrücken rangieren, sondern Gotteserkenntnis bestimmt die Gesamtrichtung des Willens, des Denkens, der niederen wie der höheren Bewegungen der menschlichen Innenwelt. Es gibt eine im Bewußtsein des Menschen mitgesetzte und miterfahrene *Grenze* der Vernunft, die sich schon darin erweist, daß man zwar den Begriff Gott kennt und doch nicht weiß, was dieser Begriff real intendiert. Woran liegt das?

Der Hiatus des menschlichen Bewußtseins ist durch die Sünde im Menschen verursacht. Augustin beschreibt ihre Wirkung mit dem Begriff des Konkupiszenz.

Konkupiszentia ist der libidinöse Ich-Wille des Menschen, sein amor sui (Selbstliebe), und zweifellos hat Augustin sie vor allem als die sexuelle Versklavung des Menschen definiert, mit der sich der Mensch selbst reduplizieren und seinen Lüsten entsprechen will. Aber Konkupiszenz ist bei ihm darüber hinaus ein Symbol, in dem sich weitere Willenstriebe zusammenfassen lassen. Sie ist der Grund für die von Gott losgelöste innere Bild- und Gedächtniswelt, in der sich der Mensch seine eigene ,,Ideologie" baut, sich selbst und seiner intelligiblen Selbstverhaftung begegnet. Konkupiszentia hat damit zu tun, daß sich menschliches Erkennen für genügsam hält, ohne die Erfahrung der Grenze und dessen, was über alles Gedächtnis und alle rhetorische und wissenschaftliche Sublimierung noch hinaussteht. Es ist sich selbst bestätigendes Denken ohne Fragen an sich selbst und ohne Frage nach Gott. So hat er in den Konfessionen seine manichäische Gotteserkenntnis als ein selbstgemachtes, aber Gott nicht entsprechendes ,,Bild" verstanden (Konf. VII, 1).

Wegen dieser Konkupiszenz ist der anscheinend freie Denkakt des Menschen unfrei. Gerade von Paulus her stößt Augustin auf die Unfreiheit des menschlichen Willens. Der freie Wille ist dem Menschen nicht gegeben. Wo er ihn meint anzuwenden, verbleibt er in Selbstbindung. Das betrifft auch den Akt der Gotteserkenntnis. Das Verstehen Gottes muß aus dieser Ichbezogenheit heraustreten und ganz umgekehrt eine Erfahrung der humilitas, der Demütigung werden. Der Mensch muß seine kategoriale Forderung fallen lassen, sich Gott in Raum und Zeit, in Analogie zu sich selbst vorzustellen.

55 *Augustin, Konfessionen X, 26:* Wo also habe ich dich gefunden, daß ich dich kennen lernte? Denn bevor ich dich kennen lernte, warest du noch nicht in meinem Gedächtnisse. Wo also habe ich dich gefunden, daß ich dich kennen lernte, als nur *in dir* und *über mir*? Doch ist nicht dabei an räumliche Vorstellungen zu denken; wir entfernen uns von dir, wir nahen uns dir, ohne daß von Raum die Rede ist. Du, die Wahrheit, waltest überall über allen, die bei dir Rat suchen, und du antwortest allen auf ihre verschiedenen Fragen zur selben Zeit. Klar sind deine

Antworten, doch nicht alle hören dich klar. Alle fragen dich, worüber sie Rat haben wollen, aber hören nicht immer, was sie wollen. Der ist dein bester Diener, der weniger darauf achtet, von dir zu hören, was er selbst will, als *vielmehr das zu wollen, was er von dir hört.*

Diejenige Wahrheit nun, die den selbstmächtig scheinenden Verstand zur Wahrnehmung seiner Grenze und zur Frage nach der Realität dessen führt, was er zwar als Bild denken, was er aber nicht als Sein und als geliebtes Sein zu denken vermag, das ist die Wahrheit Gottes in Christus, dem Gekreuzigten. Die Wahrheit muß von Gott geschenkt und erschlossen sein. Sie ist für den natürlichen Verstand trotz all dessen Anlagen zum Geist ein Widerspruch. Dem Kreuz als christliches Symbol der Offenbarung entspricht die Demütigung der menschlichen Vernunftautonomie. *Das zu Erkennende bestimmt den Vorgang des Erkennens.*

Gotteserkenntnis ist nach Augustin im Kern ein Akt des Willens, der inneren Richtungsänderung des Menschen, durch die er seine innere Scheinwelt verlassen und sich Gott liebend zuwenden kann. In dieser Liebe zu Gott gewinnt er ein neues Verhältnis auch zur Welt und zum Mitmenschen.

Wie kommt es zu diesem Richtungswechsel des menschlichen Willens? Augustin beschreibt diesen Vorgang als eine von Gott geschenkte und verursachte Änderung, als Gnade. Sie vermittelt sich durch die heilige Schrift und durch Christus. Im Kern ist diese Erleuchtung des menschlichen Denkens etwas Unverfügbares. Nicht, daß Glauben etwas in sich Unvernünftiges wäre, auch nicht daß diese Unverfügbarkeit jegliche menschliche Bemühung ausschlösse, will er sagen. Wohl aber ist der Glaube ein aus den Kategorien menschlicher Selbstorientierung nach Inhalt und Vollzug hin nicht mehr ableitbares Widerfahrnis. In ihm gewahrt der Mensch die Zuwendung Gottes trotz und in all seinem begrenzten Wollen und Denken. ,,Glauben ist nichts anderes, als mit Zustimmung denken" (Schindler). Folgende Sätze haben den frühen Widerspruch der Pelagianer ausgelöst:

56 *Augustin, Konfessionen X, 29:* Meine ganze Hoffnung beruht allein auf deinem übergroßen Erbarmen. *Gib, was du befiehlst, und befiehl, was du willst.* Du gebietest uns Enthaltsamkeit. ,,Und da ich wußte", sagt die Schrift, ,,daß niemand enthaltsam sein kann, wenn nicht Gott es verleiht, so war auch das selbst Weisheit, zu wissen, von wem dieses Geschenk komme" (Weish 8, 21). Denn durch die Enthaltsamkeit sammeln wir uns; sie verweist uns auf die Einheit, von der weg wir in die Vielheit zerflossen sind. Denn zu wenig liebt dich, wer außer dir noch etwas liebt, was er nicht deinetwegen liebt. O Liebe, die du stets brennst und nie erlischst, o Gott, meine Liebe, entflamme mich! Du gebietest uns Enthaltsamkeit: gib, was du befiehlst, und befiehl, was du willst.

Der christliche Erkenntnisweg geht nicht auf die objektivierende Analyse der raum-zeitlichen Wirklichkeit zu, sondern auf die Liebe zum

Sein selbst. Der Glaube geht dabei intentional voran, die Vernunft folgt ihm verstehend nach.

In seiner Schrift „Über die christliche Lehre", deren Anfänge in die Zeit 396/7 zurückreichen, die aber erst im Jahr 426 vollendet wird, führt Augustin die Lehre von der Erkenntnis noch weiter aus. Er unterscheidet zwischen *Sache* (res) und *Zeichen* (signum). Es handelt sich bei den Zeichen keineswegs allein um die Sakramente, vielmehr sind die Sakramente als „Zeichen", die auf die „Sache" – Gott – hinweisen, Teilaspekt der allgemeinen Gotteserkenntnis, in deren Zentrum die heilige Schrift steht.

Augustin beschreibt zwei unterschiedliche hermeneutische Einsichten. Die erste liegt zunächst in den Erkenntnisgegenständen selbst. Es sind zwar alle Dinge „Sachen", aber nicht alle Sachen sind zugleich auch „Zeichen" (Über die christliche Lehre I, 2).

Der Mensch kann das biblische Wort Gottes durchaus auch objektivierend verstehen. Dann ist es, wie Paulus sagt, „Buchstabe"; es eröffnet seine Intention, seine Symbolkraft oder seine „Zeichen"haftigkeit nicht. Wird aber das Wort im Glauben als ein hinweisendes Zeichen begriffen, das heißt so, wie es sich selbst intendiert, dann wird es „Geist". Die „Sache" – das Geschriebene – wird zum „Zeichen" – zum „Wort". Es weist über seinen Sprachbestand hinaus auf etwas, was selbst außerhalb des Sprachlichen liegt. Nur sind dabei die Sprache und die Sachzeichen für die Erkenntnis dieser Intention notwendige Voraussetzungen, wie alles Erkennen eben an Sachen und Zeichen gebunden ist.

Die andere hermeneutische Einsicht entspricht dieser Unterscheidung von Sache und Zeichen: es gibt ein objektivierendes Erkennen, das sich aus der Sinnenerkenntnis ableitet. Dieses nennt Augustin das *uti*, das zweckrationale Erkennen als *Benutzen, Gebrauchen.* Dem ordnet sich das wahre Erkennen über, das *frui deo*, das *Genießen,* nicht im Sinne eines Selbstgenusses, sondern im Sinne der sich hingebenden Liebe.

57 *Augustin, Über die christliche Lehre I, 4–5:* (4) *Genießen* heißt, einer Sache um ihrer selbst willen in Liebe anhangen; *gebrauchen* aber heißt, die zum Leben notwendigen Dinge auf die Erreichung des Gegenstandes der Liebe beziehen, wenn der Gegenstand überhaupt Liebe verdient. Denn der unerlaubte Gebrauch ist eher ein Verbrauch oder ein Mißbrauch zu nennen...

So ist es in unserem sterblichen Leben: Wir befinden uns da auch auf einer Pilgerschaft ferne vom Herrn. Wenn wir nun ins Vaterland zurückkehren wollen, wo wir allein unser Glück finden, so müssen wir diese Welt zwar gebrauchen, aber nicht genießen, damit wir so das Unsichtbare an Gott durch das erschaffene Sichtbare schauen, das heißt von den körperlichen und zeitlichen Sachen eine geistige und ewige Ernte halten.

(5) Der Gegenstand des Genusses ist also der Vater, der Sohn und der heilige Geist, ein und dieselbe Dreieinigkeit, eine einzigartige, höchste Sache, die allen

denen gemeinsam ist, die sie genießen. Es ist jedoch eine Frage, ob man sie eine Sache oder nicht vielmehr die Ursache überhaupt nennen darf. Denn es ist nicht leicht, für ein so ausgezeichnetes Wesen einen passenden Namen zu finden, wenn man sie nicht besser die Dreieinigkeit, den einen Gott nennt, aus dem, durch den und in dem alles ist (Röm 11, 36)...

Gotteserkenntnis ist Gottesliebe, ist Gott-Genießen. Es ist diejenige Einstellung, in der sich das Gesamtgedächtnis des Menschen, sein ganzer Bewußtseinshorizont derjenigen Erkenntnisbewegung hingibt, die das göttliche Wort auslöst und begründet. Der Mensch läßt sich auf dieses Wort ein und erkennt, daß die partiellen Teilerkenntnisse seines sinnenhaften und lebenszeitlichen Daseins in der Intention auf Gott hin zu einem Ganzen erwachsen, dessen Erfahrbarkeit über das hinausgeht, was jetzt und hier dem Menschen zugänglich sein kann. Er glaubt auf dieses Ganze, auf die Vollendung hin. Daß dies möglich wird, nennt Augustin Geist, Glaube, Erwählung. „Du hast uns auf dich hin geschaffen, und unser Herz ist unruhig, bis daß es Ruhe findet in dir", heißt es im Anfang der Konfessionen.

Damit bringt er zum Ausdruck, daß diese denkerische und glaubende Bewegung des Menschen das Material dazu wohl in sich und seiner Erfahrung findet, daß aber das Bauprinzip, die Intentionalität, die ihn mit dem Sein Gottes verbindet, nur von außen, von Gott her gegeben sein kann. Gott „befiehlt" in diesem Erkennen, und der Glaubende denkt „verstehend" nach.

5. Augustin und Pelagius

Der Streit zwischen Augustin und Pelagius ist für die abendländische Theologiegeschichte von größter Bedeutung. Systematisch betrachtet betrifft er das Verhältnis der naturhaften Gnade Gottes zu der Gnade, die Gott durch seinen heiligen Geist, das heißt durch das Wort Gottes und die Sakramente, insbesondere durch die Taufe vermittelt. Je nachdem, an welchem Aspekt die Theologie anknüpft, ergibt sich eine Reihe von grundlegenden Unterschieden in der Anthropologie (freier oder unfreier Wille, Erziehung), im Bild der Kirche (Schar der Erwählten – die sittlich Nachfolgenden), in der Beurteilung der Heilsmittel (Erwählung – Verdienst). Umfassend ausgedrückt geht es um die christliche Spiritualität.

Pelagius ist kein Mönch, aber er lebt in Rom in einer mönchsartig asketischen Weise. Er und seine Freunde wollen radikale Nachfolger des Herrn und der Bergpredigtweisungen sein. Seiner theologischen Ausrichtung nach ist er als orthodox anzusehen. Er stammt aus Irland oder Britannien und studiert seit ca. 380 in Rom Jurisprudenz. Er scheint ein Mann, der sich als Ausländer der Rechtsinstitutionen des Reiches versichern will und – ähnlich Tertullian – die christliche Botschaft vor allem in Rechtskategorien sittlicher Weisungen begreift. Aber zugleich ist gewiß, daß er von Schriften der zweiten antiochenischen Schule beeindruckt worden ist, und zwar vom Ambrosiaster (s. o. S. 104), von griechischen Theologen und darunter vor allem von Rufin dem Syrer, der 399 aus einem Kloster des Hieronymus in Bethlehem nach Rom übersiedelt. Von Pelagius selbst ist die Erklärung der Paulusbriefe, ein an die römische Jungfrau Demetrias geschriebener Brief, seine kurze Glaubensauslegung an Papst Innozenz und im übrigen eine Reihe von Bruchstücken aus seinen Werken durch Augustin und andere Autoren, die sich mit seiner Theologie befaßt haben, überliefert.

Haben wir es bei *Pelagius* mit einem Vertreter des ethischen Christentums der antiochenischen Schule zu tun? Einige Synoden des Ostens schützen ihn ja. Oder ist er ein Vertreter mönchischer Askese und Verdienstlehre? Oder ist er – als Ire oder Brite – doch ein konservativer Neuerweckter aus den Bereichen der Mission, der mitten im Zerfall der politischen und religiösen Werte des römischen Reiches nach der Wertorientierung in der Bergpredigt sucht und sie durch eine radikale Erneuerung des ,,natürlichen" Menschen zu realisieren sucht?

Je nach dem Aspekt richtet sich auch die Beurteilung Augustins in dieser Sache. Augustin kann die nordafrikanischen Synoden von 411 und 418 auf seine Linie bringen, das heißt auf die *Theologie der Gnade* und der freien Erwählung des Menschen, der nach seiner Naturseite hin erbsündig ist und nach der Seite seines Heils hin sich weder auf die eigene Freiheit noch auf Verdienste berufen kann, der vom erwählenden oder verwerfenden Gott in Ewigkeit abhängig bleibt. Geht es ihm dabei nur um den individuellen Menschen und dessen Heil oder geht es ihm auch um weitergreifende Aspekte der Gesamtsituation und Deutung der politisch-kirchlichen Lage im Westen?

Es ist von Bedeutung, daß Augustin sich von 410, dem Fall Roms, an mit zwei grundlegenden Themen befaßt, mit der Frage nach der civitas dei, dem Gottesreich, in seiner Beziehung zum Weltreich, und sodann mit der Frage nach dem Verhältnis von Natur und Gnade. Während er Pelagius gegenüber relativ schnell zu einem Standpunkt gelangt, verhält er sich mit der Erarbeitung seiner 22 Bücher über den Gottesstaat zögernd. Deren Abfassung reicht von 413 bis 426. Freilich gibt es weitere Schwerpunkte in Augustins literarischem Schaffen dieser Zeit: Die Schriften ,,Über die Trinität" (bis 419) und eine Reihe weiterer Gelegenheitsschriften. Aber die Hauptdarlegungen seiner Theologie: Über den Geist und den Buchstaben (412), Über Natur und Gnade (413/15), Über die Gnade Christi und die Erbsünde (419/21), Über die Seele und ihren Ursprung (420/21), die sechs Bücher gegen Julian (422) stammen aus dieser nämlichen Epoche. In den zwanziger Jahren lebt trotz der Verurteilung des Pelagius durch die Synode von Karthago 418 der Semipelagianismus erneut auf (s. u. S. 153 ff.). Das Thema von Natur und Gnade ist ein Schlüsselthema der Zeit.

Von der Biographie Augustins her gesehen stehen die beiden Themen „Gottesstaat" sowie „Natur und Gnade" in einem *wechselseitigen Verhältnis*. Ob das für die ganze Ökumene gilt, beispielsweise auch für die Paulus-Renaissance im Übergang vom vierten zum fünften Jahrhundert, muß offen bleiben. Bei Augustin wirkt die Thematik „Erlösungsreligion" – „ethische Religion" unmittelbar in die Fragestellung hinein, wie der Fall Roms zu begreifen ist und was danach die Aufgabe des Staates und der Weg der Catholica sein wird. Augustin bewirkt im abendländischen Bereich den *Primat der Soteriologie* vor der Ethik, eine Linie, die sich auch in den Zusammenhang der ökumenischen Debatte über die Zweinaturenlehre einordnen läßt, wenn auch nur indirekt. Anders verhält es sich mit dem *Semipelagianismus:* Er ist eine südeuropäische Erscheinung und signalisiert die Gegensätze zwischen Nordafrika und Italien/Südgallien im Einflußbereich Roms.

Im Jahr 410 fliehen *Pelagius* und sein Freund, der Rechtsanwalt *Caelestius,* aus Rom als Emigranten vor den Vandalen nach Karthago. Pelagius ist Augustin dort kurz begegnet, reist jedoch alsbald nach Palästina weiter. Caelestius hingegen bewirbt sich als Priester und wird von der Synode von Karthago 411 abgewiesen und wegen seiner Theologie exkommuniziert. Was Caelestius und ein anderer Parteigänger des Pelagius, *Julian von Eclanum,* im einzelnen vertreten haben, sind Vergröberungen der Ansichten des Pelagius. Die verurteilten Sätze des Caelestius zeigen den Fragebestand: Adam sei sterblich geschaffen und der Tod des Adamsgeschlechts sei nicht auf dessen Sünde zurückzuführen; die Säuglinge seien sündlos wie Adam vor dem Sündenfall; der Mensch könne grundsätzlich sündlos leben und auf dem Weg der Gesetzeserfüllung das ewige Leben erlangen.

Pelagius selber findet im Osten weithin Aufnahme und Gehör. Die Synode von *Jerusalem 415,* wo Orosius gegen ihn auftritt, verurteilt ihn nicht. Ebenso spricht ihn die Synode von *Diospolis frei (415).* Karthago verurteilt ihn in erheblicher Spannung zu diesen Äußerungen der syrisch-palästinensischen Synoden abermals (416), und die numidische Synode in Mileve folgt noch im selben Jahr diesem Spruch.

Im Jahr 416 schreiben fünf numidische Bischöfe an Papst Innozenz I. in Rom, mit der Aufforderung, sich der Verurteilung des Pelagius anzuschließen, darunter auch Augustin. Dieses Schreiben stellt eine im ganzen sachliche Darstellung der Positionen dar.

58 *Brief der Bischöfe Aurelius, Alypius, Augustinus, Evodius und Possidius an Innozenz I. von Rom (416), Briefe Augustins 177 (1–17):* (1) Von zwei Konzilien der Provinzen Karthago und Numidien haben wir an deine Heiligkeit Schreiben, die von einer nicht geringen Anzahl von Bischöfen unterzeichnet waren, gesandt gegen die Feinde der Gnade Christi, die auf ihre Kraft vertrauen und zu unserem Schöpfer gleichsam sprechen: „Du hast uns zu Menschen gemacht, zu Gerechten aber haben wir uns selbst gemacht". Sie nennen die menschliche Natur frei, um keinen Befreier suchen zu müssen; sie erklären sie für heil, um den Heiland als überflüssig zu bezeichnen. Sie behaupten, die menschliche Natur sei so stark, daß sie vermöge der von Anfang an bei ihrer Schöpfung empfangenen Kräfte ohne weitere Hilfe des Schöpfers durch den freien Willen alle Begierden bändigen und austilgen und die Versuchungen überwinden könne...

Die für Pelagius günstigen Entscheidungen der Ostsynoden bringen Augustin und seine Mitbischöfe in Verlegenheit, und darum äußern sie, daß die Kollegen im Osten die Auslassungen des Pelagius, ganz wie es dem Glauben entspricht, auf die Erwählungsgnade und nicht, wie Pelagius, auf die Naturgnade bezogen hätten. So taucht diese Unterscheidung innerhalb der Gnadenlehre auf. Aus dem von Pelagius geschriebenen Buch – den Titel erfahren wir nicht –, das er zwei Männern, Timasius und Jakobus übermittelt hat, die daraufhin Mönche geworden sind, und das er auch Innozenz von Rom übersandt hat, entnehmen die Nordafrikaner die inkriminierten Thesen des Pelagius: Die Gnade sei der freie Wille oder die Gnade sei die Vergebung der Sünden oder die Gnade sei die Vorschrift des Gesetzes. Augustin und seine Mitbischöfe bestreiten nun nicht den freien Willen im Sinne der Naturgnade; was sie bestreiten ist, daß dies die christliche Existenz sei, daß es diese Gnade sei, die dem Christen in seinen Anfechtungen helfe und um die sie in ihren Gebeten zu Gott bitten. ,,Es besteht ein Unterschied zwischen Gesetz und Gnade. Das Gesetz weiß zu befehlen, die Gnade weiß zu helfen. Das Gesetz würde nicht befehlen, wenn es keinen Willen gäbe, und die Gnade würde nicht zu Hilfe kommen, wenn der Wille ausreichte..." (5).

Augustin legt Pelagius auf die bloße Naturgnade fest, und darum argumentiert er auch so, daß dann ja Christus nicht gekommen zu sein brauchte. Weil er aber gekommen ist und das Werk der Rettung in Bewegung gesetzt hat, darum ist die Erwählungsgnade zum Heil notwendig.

59 (7)... Freilich kann man auch durchaus ohne jeden Anstoß von der Gnade sprechen, durch die wir erschaffen sind, nämlich etwa: daß wir über das Nichts erhaben seien und auch nicht ein Sein besitzen wie der leblose Leichnam, der gefühllose Baum, das vernunftlose Tier, sondern daß wir Menschen seien, die Sein, Leben, Gefühl und Vernunft besitzen und für eine so große Wohltat dem Schöpfer zu danken vermögen. Mit Recht kann auch dies Gnade genannt werden, weil es uns nicht um des Verdienstes einiger vorhergegangenen guten Werke willen, sondern durch die unverdiente Güte Gottes verliehen worden ist. Ganz *anderer* Art jedoch ist die Gnade, durch die wir als *Vorherbestimmte* berufen, gerechtfertigt und geheiligt werden, so daß wir zu sagen vermögen: ,,Wenn Gott für uns ist, wer wird dann wider uns sein? Hat er doch seines eigenen Sohnes nicht geschont, sondern ihn für uns alle dahingegeben" (Röm 8, 31).

Augustin und seine Mitbischöfe bestehen darauf, daß es in einer christlichen Anthropologie nicht darum geht, gleichsam empirisch auszuloten, was freier Wille wäre und wieweit er reicht, sondern darum, den Menschen vom Heilswerk Christi her zu erkennen, also aus dem Urteil Gottes. Nicht um empirische Psychologie, sondern um das heilsgeschichtliche Wirken geht es bei der Behauptung der rechtfertigenden Gnade. Darum ist unmittelbar auch die Christologie betroffen, in diesem Zusammenhang freilich nicht die Christologie der zwei Naturen, sondern die des Werkes Christi, die *Werkchristologie*.

Wie verhalten sich die Naturgnade und die Erwählungsgnade zueinander? Pelagius selbst hat sich das Verhältnis von der Naturgnade und der Wirksamkeit Christi schon im Sinne einer Kooperation zwischen beiden vorgestellt. Hier bei ihm sind die Wurzeln des Semipelagianismus zu finden. Gerade gegen eine solche Vermittlung von empirischen und theologischen Einsichten wehren sich die Bischöfe, indem sie strikte die *Alleinwirksamkeit* der Erwählungsgnade behaupten.

60 (11) So kommt also die *Gerechtigkeit* weder durch das Gesetz noch durch die Naturanlage, sondern *vom Glauben* und von der *Gnade Gottes* durch Jesum Christum, unseren Herrn, den *einen* Mittler zwischen Gott und den Menschen. Wäre er nicht in der Fülle der Zeit um unserer Sünden willen gestorben und um unserer Rechtfertigung willen auferstanden, so wäre gewiß sowohl der Glaube der Altväter als unser Glaube kraftlos. Wenn aber der Glaube kraftlos ist, welche Gerechtigkeit bleibt dann dem Menschen, *da der Gerechte aus dem Glauben lebt*? Denn seit „durch einen Menschen die Sünde in die Welt gekommen ist und durch die Sünde der Tod und dieser auf alle übergegangen ist, weil alle in ihm gesündigt haben" (Röm 5, 12), ist ohne Zweifel niemand befreit worden und wird niemand befreit von dem Leibe dieses Todes, in dem ein anderes Gesetz dem Gesetze des Geistes widerstrebt, durch seine eigene Fähigkeit – diese bedarf ja, da sie verdorben ist, eines Erlösers, da sie verwundet ist, eines Heilandes –; sondern diese Befreiung geschieht vermittelst der Gnade Gottes durch den Glauben an den *einen* Mittler zwischen Gott und den Menschen, den Menschen Jesus Christus, der, da er Gott war, den Menschen schuf und Mensch wurde, ohne aufzuhören, Gott zu sein, und wiederherstellte, was er geschaffen.

Nicht allein für die Würdigung der Handlungen des einzelnen Menschen, sondern des gesamten Menschengeschlechts, auch seiner kulturell-politischen Leistungen ist es bedeutsam, wenn Augustin und die Bischöfe eine irdische Vollkommenheit in Abrede stellen und dabei doch nicht Quietismus oder gar bloße Glaubensinnerlichkeit im Auge haben. Vielmehr ist das Leben des Christen wie der Kirche ein Wachsen und Zunehmen, ein Voranschreiten im Werk des Schöpfers. Auch Luther wird diesen Aspekt der Rechtfertigung betonen: Es gibt ein Wachsen des Christen, auch in dieser Welt, aber nicht einen Augenblick, in dem er sich selbst zu verdanken hätte.

61 17. Das ist also der Stand der Dinge: wir machen zwar in diesem Leben durch die Gnade des Erlösers Fortschritte im Guten, indem die Begierlichkeit sich mindert, während die Liebe zunimmt, werden aber erst in jenem Leben

vollkommen, wo die Begierlichkeit erloschen, die Liebe aber vollkommen ist; somit ist offenbar jenes Wort der Schrift: „Wer aus Gott geboren ist, sündigt nicht" (Gal 5, 17) von der Liebe selbst zu verstehen, die allein nicht sündigt. Denn zu der Geburt aus Gott gehört die Liebe, die wachsen und sich vervollkommnen, nicht die Begierlichkeit, die abnehmen und ausgetilgt werden muß. So lange sie jedoch in unseren Gliedern ist, kämpft sie nach dem ihr eigentümlichen Gesetze gegen das Gesetz des Geistes (vgl. Röm 7). Wer aber aus Gott geboren ist, ihrem Verlangen nicht nachgibt und seine Glieder nicht der Sünde als Waffen der Ungerechtigkeit zur Verfügung stellt, kann sprechen: „Nicht mehr ich tue dies, sondern die Sünde, die in mir wohnt" (Röm 7, 20).

6. Pelagius' eigener Standpunkt

Augustin übermittelt in der Schrift „Über die Gnade Christi und die Erbsünde" den von Pelagius an Papst Innozenz gerichteten Brief. Hier wird unter anderem deutlich, daß Pelagius die Frage der Willensfreiheit nicht bloß als exegetische oder individuelle Frage des einzelnen Christen, sondern als eine umfassende Frage der Menschheit überhaupt betrachtet. Schon in Diospolis erklärt Pelagius, daß die Kirche eine reine Schar, ohne Makel und Runzeln sei, und wenn er nun Innozenz gegenüber erklärt, daß alle Menschen willensfrei und fähig zur Erfüllung des Gesetzes sind, dann ist daraus zu entnehmen, daß für ihn der Aufbau einer menschlichen Gemeinschaft unter dem Gesetz Gottes nach dem Vorbild Christi erfolgen muß. Die Bedingungen sind dafür von Naturseite aus gegeben. Aber die Kirche muß dies vorleben und sozusagen die moralische Führung übernehmen.

62 Augustin, Über die Gnade Christi und die Erbsünde (Schreiben des Pelagius an Innozenz I.) I, 33–34: (33) Sieh doch, daß der an Deine Heiligkeit gerichtete Brief mich reinigt, worin wir rein und einfach sagen, daß wir einen freien Willen haben, zu sündigen oder nicht zu sündigen, daß in allen guten Werken [aber] immer die göttliche Hilfe Unterstützung gewährt. Denn wir sagen, daß diese Fähigkeit des freien Willens grundsätzlich in allen Menschen ist, in den Christen, den Juden und den Heiden. (34) In jenen bleibt es [freilich] ein bloßes und inaktives Gut der Möglichkeit. In diesen jedoch, die zu Christus gehören, wird es mit der Hilfe Christi geschützt. Jene sind deshalb zu verurteilen und zu verdammen, weil sie, obgleich sie einen freien Willen haben, durch den sie zum Ziel kommen könnten und Gottes Gnade verdienen könnten, die gewährte Freiheit doch nur übel benutzen. Diese aber sind zu belohnen, die im rechten Gebrauch der Freiheit die Gnade Gottes verdienen und seine Gebote beachten.

7. Augustins Lehre von der Gnade und Erwählung

Nach Augustin ist der Urvater Adam sündlos, solange er Gottes Gnadenbeistand empfängt. Durch die Sünde des Hochmuts (superbia) – sie ist zugleich Schuld – verändert sich die Natur des Menschen. Gott entzieht ihr den Gnadenbeistand. So tritt in und durch Adam das gesamte Menschengeschlecht in diesen Zustand der Defizienz der Gnade Gottes. Sie teilt sich allen folgenden Generationen mit, sei es, daß sie als ein genetischer Zwang zur Konkupiszenz erscheint (Traduzianismus), sei es daß sie sich immer wieder neu reaktiviert (Kreatianismus). Es liegt über der gesamten Menschheit nicht allein die Fähigkeit zur Sünde, sondern ihr Fluch, und dieser Fluch seit Adam ist zu verantwortende Schuld. Augustin denkt dabei nicht an die Läßlichkeiten menschlichen Versehens oder etwa an Kinder, sondern an die Schuld- und Fluchzusammenhänge, aus denen die Kriege, die Krankheiten, die seelischen Irrungen, letztlich der Tod erwachsen.

Diese ursprüngliche Natur des Menschen wird durch Gottes Gnade in Christus wiederhergestellt. Der Grund dieses Handelns ist der himmlische Abfall der Engel (Gen 6, 1 ff.), die Verminderung des göttlichen Hofstaates. Aus der Masse der Menschen erwählt sich darum Gott die Zahl derer, die gerettet werden. Der Entschluß zur Rettung der Menschen ist also ein himmlischer, keine Notwendigkeit aus der Geschichte selbst. Damit gehen Gottes Erwählungsratschluß und Gnade allen menschlichen Bemühungen heilsgeschichtlich voraus. Diese vorausgehende Gnade (gratia praeveniens) ist heilsgeschichtlicher Natur, nicht primär individuelle Berufungserfahrung; sie wirkt vor allem menschlichen Entschluß und vor allen Sakramenten. Sie ist Erwählung und dem Menschen unverfügbar. Dieses Wissen und dieser Glaube an die Erwählung Gottes zum Guten aktiviert den Menschen als Christen, weshalb Augustin im Blick darauf auch von Verdiensten sprechen kann. Denn das christliche Leben ist in einem fortschreitenden Prozeß befindlich, bei dem sich die göttliche Gnade und das menschliche Wollen, das von ihr geleitet wird, immer weiter auf die Gottesliebe und Vollkommenheit zubewegen. Insofern gibt es auch bei Augustin ein kooperierendes Verhältnis von Natur und Gnade, aber nicht in einem begründenden Sinne, sondern im Sinne der Konsequenz und Wirkung. Das Entscheidende ist, daß der Christ sich zu keiner Zeit sich selbst, sondern stets der Bewahrung Gottes (der Gnade der Perseveranz) verdankt. Gott leitet Welt und Menschen durch seinen übergreifenden Heilswillen zur endzeitlichen Vollendung, ohne daß sich jemand der Erwählung entziehen könnte, weder durch üble Taten oder Nichtwollen (der Erwählte kann nicht sündigen – non posse peccare), noch daß sich jemand der Erwählung bemächtigen könnte (der natürliche Mensch kann nichts anderes als sündigen – non posse non peccare), und sei es auch durch hervorragende Taten.

Augustin lehrt keinen Determinismus im philosophischen Sinn. Es geht ihm auch nicht um die Vorstellung, daß Menschen durch Gott, ohne Grund und Ursache einsichtig zu machen, schlichtweg verworfen werden (die sogenannte doppelte Prädestination zum Heil wie zum Unheil), sondern darum, die Alleinwirksamkeit Gottes, seine Majestät, zu behaupten. Gottes Wille ist den Menschen unverfügbar.

So tritt in Augustin eine christliche Existenz- und Geschichtsdeutung auf, die sich von jenen Tendenzen abhebt, die aus dem Mönchtum, aus der antiochenischen Richtung oder von jenen christlichen Intellektuellen wie Pelagius herkommen. Das Christentum ist kein Moralismus. Die Erlösung durch Gott ist grundsätzlich verschieden von jeder Form einer menschlichen Selbsterlösung. Gott ist es, der die Intentionen des menschlichen Willens ebenso zur Umkehr bewegt wie auch die Weltgeschichte im ganzen.

8. Der vorläufige Abschluß des pelagianischen Streites

Die Synode von Karthago im Jahr 418 beschließt, in Fortsetzung ihrer Beschlüsse von 411 und 416, die Verwerfung des Pelagius, insbesondere der Sätze: Adam ist sterblich geschaffen – Kinder sind ohne Adams Sünde – Kindertaufe bedeutet keine Sündenvergebung.

63 *Aus den Kanones der Synode von Karthago 418.* Kanon 3: Wenn jemand lehrt, die Gnade Gottes, in der der Mensch durch unsern Herrn Jesus Christus gerechtfertigt wird, habe Kraft nur zur Vergebung der schon begangenen Sünden, nicht aber zur Hilfe, daß keine ferneren begangen werden, der sei ausgeschlossen.

Kanon 4. Wenn jemand lehrt, diese Gnade Gottes in unserem Herrn Jesus Christus helfe uns nur insofern zur Überwindung der Sünde, als durch sie uns ein [besseres] Verständnis der Gebote offenbart und eröffnet wird, so daß wir wissen, was wir erstreben und was meiden sollen, nicht aber werde uns durch sie der Wille und die Kraft zuteil, das zu tun, was wir als geboten erkannt haben, der sei ausgeschlossen... wo doch beides die Gabe Gottes ist: die Erkenntnis dessen, was wir tun sollen, *und* die Liebe, kraft deren wir es tun...

Kanon 5. Wenn jemand lehrt, die Rechtfertigungsgnade werde uns [nur] deswegen gegeben, damit wir das, was uns aus der Kraft des freien Willens zu tun geboten ist, durch die Gnade *leichter* erfüllen können; gleich als könnten wir, wenn die Gnade nicht gegeben würde, auch ohne sie, wenn auch nicht mit derselben Leichtigkeit, die Gebote Gottes erfüllen, der sei ausgeschlossen. Denn da der Herr von den Früchten der Gebote spricht, sagt er nicht: ohne mich könnt ihr es schwerer tun, sondern: ohne mich könnt ihr nichts tun (Joh 15, 5).

Auf derselben Synode kommt es zu dem weiteren Beschluß, daß von Nordafrika keine Appellationen mehr nach Rom ergehen dürfen. Darin offenbart sich ein tiefer kirchenpolitischer und theologischer Riß zwischen Nordafrika und Rom sowie Südgallien.

Innozenz I. von Rom exkommuniziert Pelagius, obschon Pelagius ihm gegenüber doch zugesteht, daß die Sündlosigkeit nicht der menschlichen Natur, sondern der göttlichen Gnade zuzuschreiben sei. Sein Nachfolger *Zosimos* (417–418) jedoch, ein steiler Vertreter des Papstgedankens, akzeptiert sowohl Pelagius als auch dessen Freund Caelestius aufgrund einer neu aufgestellten Glaubenserklärung und im Blick auf deren Rückhalt in der römischen Gemeinde und im italisch-südgallischen Bereich. Rom zeigt sich also schwankend. Zosimos muß seine propelagianische Entscheidung schließlich zurückziehen, um keinen Bruch mit den Nordafrikanern zu riskieren.

Augustin und Nordafrika sind keineswegs romorientiert; sie sind vor allem nicht in den Fall der Stadt Rom einbezogen. Die Frage, wie sich Natur und Gnade zueinander verhalten, wird in Südeuropa anders beurteilt als in Nordafrika. In Südeuropa verlangen die neuen politischen Herrschaftsverhältnisse Anpassung und Kooperation. In Nordafrika sinnt Augustin nach über den Fall des Weltreiches und das kommende Gottesreich.

9. Der Gottesstaat als neue Hoffnung menschlicher Genossenschaft

An den 22 Büchern „De civitate dei" schreibt Augustin weit über ein Jahrzehnt. Sie sind das Vermächtnis des Nordafrikaners an die römische Welt, in dem der Theologe aus den Denknotwendigkeiten bloßer Theologie heraustritt und die praktische Bedeutung des Glaubens im Angesicht der historischen Ereignisse des Falles Roms darstellt. Es ist nicht einfach eine Apologie, sondern eine Bußschrift, ja ein Programm der neuen Orientierung, was Augustin darlegt. Es gibt keine automatische Kontinuität dieses Reiches, schon gar nicht in Fortsetzung der römischen Sitten. Aber es gibt die Hoffnung auf Gottes Gnade, der für diesen Staat einen Weg gebieten kann.

Der Anlaß dieser Bücher ist klar. Emigranten sind von Rom nach Nordafrika gekommen, und die Heiden unter ihnen machen der christlichen Religion den Vorwurf, daß sie den Fall des Imperiums verursacht habe. Rom habe der Zorn der alten Götter getroffen.

In den ersten zehn Büchern setzt sich Augustin ethisch und historisch mit diesen Einwänden auseinander. Er zeigt dabei, daß Niederlagen auch schon vor dem Aufkommen des Christentums das Imperium getroffen haben. Er zeigt, daß die alten Erzieher des Staates wie Scipio, Cicero und viele andere noch an der rechten Sittlichkeit und Demut festgehalten haben. Insbesondere Scipio habe genau gewußt, warum er keinen Theaterbau zulassen wollte, und daß der Staat nicht glücklich sein könne, ,,wenn nur die Mauern feststehen, während es mit den Sitten abwärts geht" (I, 33). Aber die jetzigen Römer sind von dieser Haltung weit entfernt. Während man im Osten wegen Rom trauert, haben die Römer selbst in der Belagerung nichts Besseres zu tun, als in die Theater zu gehen und sich zu vergnügen, als ob sie der Staat nichts angehe. Sie sehen sich nicht als verantwortlich an, sondern suchen mutwillig die Schuld bei den Christen.

64 *Augustin, Über den Gottesstaat I, 34:* Und doch ist euer Überleben *Gnade von Gott*, der euch durch die Schonung mahnt, euch durch Buße zu bessern, der euch trotz eurer Undankbarkeit den Händen der Feinde entrinnen ließ, und zwar unter dem Namen seiner Diener, an den Stätten seiner Märtyrer. Romulus und Remus sollen eine Freistatt bestimmt haben, wo jeder, der dorthin flüchtete, von aller Strafe frei sein sollte, in der Absicht, die Bevölkerung der entstehenden Stadt zu mehren. Ein Vorbild, das wunderbar zur Ehre Christi sich gestaltete...

Zu Christus sich zu flüchten, ist nun gleichsam die letzte Chance. Für Augustin ist das Imperium nunmehr zwar christlich, und ausdrücklich bejaht er die Vernichtung der heidnischen Tempel und Säulen, wie sie Kaiser Theodosius durchgeführt hat (V, 26). Aber das greift nicht in das Ethos hinein. Es gibt nach wie vor zwei Weisen der Orientierung des politischen Ethos, den Hochmut (superbia) auf der einen Seite, die Gottesliebe und Demut auf der anderen. Die römischen Götter wie gloria (Ruhm), victoria (Sieg) symbolisieren, daß der bisherige römische Staat ein hochmütiger Gewaltstaat ist, der seine Festigkeit auf Kriegen, Unterdrückung und dem Unglück der Unterlegenen aufbaut. Augustin führt eine grundlegende Kritik am römischen Staatsethos vor: Der römische ,,Imperialismus" und die religiöse Selbstvergötzung dieses Staates sind wurzelhaft ein und dasselbe. Die Anhänger der alten Götter, die deren Nachfolger in Verbrechen und Lastern sind, haben nur einen liberalen Eigennutz im Auge. Dafür soll ihnen der Staat feststehen, damit sie ihrer eigenen Verschwendung leben können. Das haben diese Römer im Sinn: Die Armen sollen ihnen dienstbar sein, ihnen in knechtischer Gesinnung ergeben und von ihnen abhängig sein. Die Könige und Richter sehen sie nicht als Diener der Sittlichkeit, sondern als Helfershelfer ihrer eigenen Besitzansprüche. Niemand will den ,,gemeinen Nutzen", sondern: ,,Jeder mag mit seiner Habe, mit seinen Untergebenen und mit allen, die ihm willig sind, tun, was ihm beliebt" (II, 20).

Über diese Kritik am römischen Individualismus, an der Korruption und der laissez faire-Haltung hinaus, sieht Augustin den Schaden des

Imperiums in seiner, ins Metaphysische gesteigerten Größe, seiner Gigantomanie. Dieser sich selbst vergötzende Staat erhebt sich zu seiner übermenschlichen Kollektivgröße, die die Größenordnung des einzelnen Menschen bei weitem übersteigt. Er wird dadurch zum Moloch. Man solle doch einmal, so sagt Augustin, diese hochgestochenen Begriffe wie Völker, Reiche, Provinzen als Prahlerei und Windmacherei erkennen und endlich einsehen, daß der Staat vom Menschen her konzipiert sein muß. Man muß ihn sich von der Bürgerschaft des Reiches her vorstellen, als habe man es mit zwei Menschen zu tun. Der eine ist reich und wird durch Angst und Unruhe zum Knecht seines Reichtums; der andere ist arm oder mäßig begütert, aber er erfreut sich des Lebens mit seinen Nachbarn, des Friedens mit seinen Freunden, er ist gottesfürchtig und fromm, milden Sinnes und gesunden Leibes. So läßt sich das Gemeinwohl und das Glück der Menschen begreiflich machen.

65 *Augustin, Über den Gottesstaat IV, 3:* ... Ob es wohl jemand gäbe, der töricht genug wäre zu schwanken, welchem von beiden er den Vorzug geben soll! Das gleiche nun wie hier von zwei Menschen gilt von zwei Familien, von zwei Völkern und von zwei Reichen, und wenn wir die Analogieregel wohlbedacht anwenden und danach unser Vorurteil korrigieren, so werden wir ohne alle Mühe erkennen, wo der Schein herrscht und wo das Glück...

Wo Augustin politisch und weltlich argumentiert, da denkt er in den Bahnen römischen Bürgertums. Man muß den Staat aus dem Ethos definieren. Die Sittlichkeit, der er dient, bestimmt seine Legitimität und seine Zielsetzung, und diese Sittlichkeit muß auch in den Bürgern verwurzelt sein. Wird der Staat zum bloßen Gewaltstaat, wird er überdimensioniert, dann brechen diese sittlichen Ströme in ihm ab und seine Qualität verändert sich.

Würde sich eine Bande von gewalttätigen Ausbrechern der Macht im Lande versichern, indem sie Gewalt anwenden, dann würde dies doch keinen rechten Staat ergeben, obschon sie die Gewalt innehaben. Der rechte Staat darf kein anderes Ethos zur Anwendung bringen, als es jedem einzelnen von Gott her auch abverlangt wird.

66 *Augustin, Über den Gottesstaat IV, 4:* Was sind überhaupt Reiche, wenn die Gerechtigkeit fehlt, anderes als große Räuberbanden? Sind doch auch Räuberbanden nichts anderes als kleine Reiche. Sie sind eine Schar von Menschen, werden geleitet durch das Regiment eines Anführers, zusammen gehalten durch einen Gesellschaftsvertrag und teilen ihre Beute nach Maßgabe ihrer Übereinkunft. Wenn eine solche schlimme Gesellschaft durch den Beitritt verworfener Menschen so ins Große wächst, daß sie Gebiete besetzt, Niederlassungen gründet, Staaten erobert und Völker unterwirft, so kann sie mit Fug und Recht den Namen „Reich" annehmen, den ihr nunmehr die Öffentlichkeit beilegt, nicht als wäre die Habgier erloschen, sondern weil Straflosigkeit dafür eingetreten ist.

Hübsch und wahr ist der Ausspruch, den ein ertappter Seeräuber Alexander dem Großen gegenüber getan hat. Auf die Frage des Königs, was ihm denn einfalle, daß er das Meer unsicher mache, erwiderte er mit freimütigem Trotz: ,,Und was fällt dir ein, daß du den Erdkreis unsicher machst? Aber freilich, weil ich es mit einem armseligen Fahrzeug tue, nennt man mich einen Räuber, und dich nennt man einen Gebieter, weil du es mit einer großen Flotte tust".

Daß Augustin von Genossenschaft spricht, hat des öfteren dazu geführt, zu meinen, er begründe den Staat in einem Gesellschaftsvertrag. Das ist insoweit einleuchtend, als sich der Staat nicht von seinen Bürgern und deren Einsicht in die Sittlichkeit ablösen und es keine grundsätzliche Differenz zwischen der politischen und der privaten Moral geben darf. Die Institutionen des Staates ruhen der personalethischen Kompetenz der Bürger auf. Aber auch die Bürgerschaft kann eben fehlgehen, wie der Fall Roms beweist.

Wiederum können Kaiser wie Konstantin und Theodosius eine Richtung einschlagen, die dem sittlichen Gebot Gottes entspricht, auch wenn sich das gegen viele der Bürger auswirkt. Die Herrschaft dieser beiden Kaiser läßt Augustin in günstigem Licht erscheinen. Dort, wo er in der Form eines Fürstenspiegels die Herrschaftsauffassung beider Kaiser darstellt, zeigt er, daß sie ihre Gewalt mit Milde und Schonung der Untertanen ausgeübt haben, was freilich mit den Tatsachen nicht übereinstimmt. Wenn Theodosius, wie in Thessaloniki, gefehlt hat, dann habe er auch Buße geleistet (V, 24–26). Der Kaiser selbst steht für Augustin *unter dem sittlichen Gesetz,* er ist nicht legibus solutus, frei von den Gesetzen. ,,Nimm alle Überhebung hinweg, was sind dann die Menschen anderes als eben Menschen?" (V, 17).

Die Chance des Überlebens des römischen Staates sieht Augustin darin, daß er ein neues Ethos in sich erweckt, daß er eine Begründung in der Wahrheit gewinnt. Abermals kommt er auf den Platonismus zu sprechen, um daran zu zeigen, daß es in der menschlichen Natur liegt, sich nach oben, zum Geistigen hin zu orientieren. Das ist das Angebot auch für die Heiden zu künftiger staatlicher Gemeinschaft (VIII, 9). Aber gerade, wo es um das Verhältnis des Staates zur Wahrheit geht, wird das Gottesreich für die Geschichte der Staaten wichtig.

Um dies zu verdeutlichen, greift Augustin auf zwei alttestamentliche Bezüge zurück, einmal auf den Fall der Engel, den Gott zugelassen hat, um letztlich gegen ihren verkehrten Willen seine Gnade zu erweisen, zum anderen auf die Überlieferung von Kain und Abel. An beiden macht er klar, daß es auch im Staat dieser Welt zwei grundsätzliche Denkweisen gibt, die *Selbstliebe* und die *Gottesliebe.* Augustin sieht den Gewaltstaat von Kain her erwachsen, den Gottesstaat von Abel her. Aber dieser Gegensatz ist nicht identisch mit Heidentum – Christentum oder Staat und Kirche, sondern eher mit zwei Völkern, die sich mischen, mit Motivationen, die sogar den Menschen im einzelnen bestimmen und durch ihn das Politische.

67 *Augustin, Über den Gottesstaat XV, 1:* ... [Wir haben] die Menschheit in zwei Arten geteilt, deren eine die umfaßt, die nach dem Menschen leben, während die andere die in sich schließt, die nach Gott leben: Wir nennen die beiden Arten in einem *übertragenen Sinne* die zwei Staaten, das ist die zwei Genossenschaftsgefüge der Menschen, von denen das eine jenes ist, das mit Gott ewig zu herrschen, das andere jenes, das sich mit dem Teufel ewiger Strafe zu unterwerfen vorherbestimmt ist...

Zuerst also wurde von jenen beiden Stammeltern des Menschengeschlechtes Kain geboren, der zum Staat der Menschen gehört, nachher Abel, der zum Gottesstaat gehört. Wie wir nämlich am einzelnen Menschen, um mit dem Apostel zu reden (1. Kor 15, 46), die Erfahrung machen, daß „nicht das, was geistig ist, das erste ist, sondern was seelisch, dann erst das Geistige" ... so ist auch beim ganzen Menschengeschlecht, sobald sich nur die zwei Staaten durch Geburt und Tod zu entfalten begannen, zuerst der Bürger dieser Welt geboren worden, und nachher erst der Fremdling in dieser Welt und Angehörige des Gottesstaates, durch Gnade vorherbestimmt, durch Gnade ausgewählt, durch Gnade Fremdling hier unten, durch Gnade Bürger dort oben. Denn soweit er für sich in Betracht kommt, stammt er aus derselben Masse, die in ihrem Ursprung als Ganzes verdammt ist. Gott jedoch hat wie ein Töpfer (dieses Gleichnis gebrauchte der Apostel [Röm 9, 21]) nicht frevelhafter Weise, sondern mit Überlegung aus der gleichen Masse ein Gefäß zur Ehre und das andere zur Unehre gemacht... Es wird also nicht aus jedem bösen Menschen ein guter werden, aber jeder gute Mensch war vorher böse...

So rücken in Augustins Sicht die göttliche Erwählung und der irdische Staat in eine geschichtstheologische Beziehung. Damit soll den heidnischen Kritikern des Christentums bedeutet werden, daß es keine zweckrationale Beziehung zwischen Gott und dem Staat gibt, wie es doch das römische do ut des in Auge hat. Gott kann Reiche entstehen und wiederum verfallen lassen. Dies zu erweisen, greift Augustin auf die Monarchienlehre des Danielbuches (Dan 2 und 7) zurück.

68 *Augustin, Über den Gottesstaat V, 21:* Und somit laßt uns die Gewalt, Herrschaft und Reich zu verleihen, allein dem wahren Gott zuschreiben, der die Glückseligkeit im Himmelreich nur den Guten verleiht, dagegen irdische Herrschaft sowohl Frommen als auch Gottlosen, wie es ihm gefällt, stets aber nach Recht und Billigkeit. Ich habe ja schon darauf hingewiesen, darauf nämlich, was Gott uns offenkundig sein lassen wollte; aber das Innere der Menschen zu durchschauen und in überzeugender Prüfung die Verdienste und Mißverdienste abzuwägen, die zur Verleihung von Herrschgewalt geführt haben, das ist zuviel für uns und übersteigt weit unsere Kräfte. Der eine und wahre Gott also, der dem Menschengeschlecht mit Gericht und mit Hilfe nicht von der Seite weicht, verlieh den Römern Herrschgewalt in dem Zeitpunkt, da er wollte, und in dem Umfang, wie er wollte; er war es, der sie den Assyrern gab und auch den Persern...

Weltstaat – civitas terrena – kann bei Augustin Mehrfaches bedeuten: Stadt, Staat, das Idealbild des Staates oder auch die konkrete Gewaltausübung. Augustin läßt sich nicht auf eine zweckrationale Staatslehre hin befragen, weil er sie nicht im Auge hat. Ihm geht es um eine reale, aber in sich nicht durchschaubare Beziehung zwischen Gottes Geschichtslenkung, die auf das Gottesreich zielt, und dem Phänomen des Staates in der Welt. Er weist (XV, 5) darauf hin, daß er bei der Gegenüberstellung von Kain und Abel *Urbilder* oder *Archetypen* nach griechischer Weise im Auge hat. Im irdischen Weltstaat wirken die Hintergrundsmächte Gottes sowohl als auch des Teufels durch die Menschen hindurch. Eben dies bedeutet das Ringen um das rechte Ethos im Staat der menschlichen Genossenschaft, sich von der verderbten Natur abzulösen und sich der ,,Gnade" zuzuwenden.

69 *Augustin, Über den Gottesstaat XV, 2:* ... Ein Teil des Erdenstaates ist also Vorbild des himmlischen Staates geworden, indem er nicht auf sich selber, sondern auf den andern hinwies, deshalb dienend, unfrei. Denn er ward eingesetzt nicht um seiner selbst willen, sondern um einen anderen anzudeuten, und da ihm seinerseits auch eine Andeutung [die biblische Offenbarung] vorausging, so ist der vorbildende Staat wiederum vorgebildet... Wir finden also im Erdenstaat zwei Formen, eine, in der er sein *Vorhandensein* dartut, und eine, gemäß der er durch sein Vorhandensein zum *Vorbild* für den himmlischen Staat dient. Dem Erdenstaat werden die Bürger geboren von der durch die Sünde verderbten Natur, dem himmlischen Staat dagegen von der die Natur von der Sünde erlösenden Gnade; weshalb die einen Gefäße des Zornes, die anderen Gefäße der Erbarmung genannt werden...

Was können die Abel-Leute, konkret: die an Gottes kommendes Reich glaubenden Menschen für den irdischen Weltstaat tun? Die Glieder des Gottesreiches sind nicht frei, wie doch Pelagius meint, sondern sind Träger der Gnade. Sie leben – geistgeleitet – inmitten der massa perditionis, der Masse der Verlorenen. So gegensätzlich dies auch erscheint, Augustin sieht das Verhältnis des Weltstaates zum Gottesstaat nicht im Sinne eines manichäischen Dualismus. Zwar wird der irdische Staat ,,nicht von ewiger Dauer sein – wenn er seine endgültige Strafe und Verdammnis erfahren hat, wird er kein Staat mehr sein" (XV, 4). Gleichwohl überlassen die Erwählten den Weltstaat nicht einfach seiner Bosheit. Für Augustin ist nämlich der Weltstaat *analogiefähig* auf den kommenden Gottesstaat hin.

Die Erwählten besitzen an keiner Stelle so etwas wie ein Widerstandsrecht gegenüber dem Weltstaat. Ihr Glaube ans Gottesreich selbst ist es, den sie in das Geschehen des Weltstaates einbringen.

70 *Augustin, Über den Gottesstaat V, 16:* Der Lohn der Heiligen dagegen, die hienieden auch Schmach auf sich nehmen für die den Weltkindern so verhaßte Wahrheit, ist ein ganz anderer. Ihr Staat ist ewig; dort gibt es keine Geburten, weil es auch keine Todesfälle gibt; dort findet sich das wahre und volle Glück, nicht als eine Göttin, sondern als eine Gabe Gottes; von dort her erhalten wir als Unterpfand den Glauben auf so lange, als wir fern davon pilgernd nach seiner Schönheit seufzen... So ist das römische Reich nicht bloß zu dem Zweck mit Ruhm vor den Menschen erweitert worden, damit den also gesinnten Menschen ein entsprechender Lohn zuteil werde, sondern auch in der Absicht, daß die Bürger des ewigen Staates, solange sie hienieden pilgern, fleißig mit klarem Blick auf jene Beispiele hinschauen und erkennen, welche Liebe dem himmlischen Vaterland um des ewigen Lebens willen gebühre, wenn dem irdischen Staat von seinen Bürgern um des Ruhmes vor den Menschen willen soviel Liebe zugewendet worden ist.

Der Kirchenvater vertritt die Konzeption eines *christlichen Staates*. Damit stellt sich die Frage, in welcher Weise dabei die Kirche als Gegenüber des Staates in den Blick tritt. Diese Frage ist viel verhandelt: Lassen sich das eschatologische Gottesreich und die irdische, pilgernde Kirche konfundieren oder gar identifizieren? Mit Sicherheit ist zu sagen, daß Augustin den Gottesstaat nicht mit der institutionellen Kirche oder gar mit dem Papsttum identifiziert. Kirche ist für ihn Mehrfaches: Gefolgschaft Christi – pilgernder Staat – Sakramentsgemeinschaft (coetus permixtus) – die Erwählten als die unsichtbare Kirche des Geistes – die ewige Gegenwart der himmlischen Kirche.

71 *Augustin, Über den Gottesdienst I, 35:* Diese und ähnliche, nach Gelegenheit ausführlichere Erwiderungen mag die erlöste Gefolgschaft Christi des Herrn und der pilgernde Staat Christi, des Königs, den Feinden entgegenhalten. Sie sollen indes dabei stets vor Augen haben, daß unter diesen Feinden auch künftige Mitbürger verborgen sind, damit sie es wenigstens bei diesen nicht für vergebliche Geduld halten, ihre Anfeindungen zu ertragen, bis aus ihnen Anfänger werden; wie ja auch hinwieder der Gottesstaat, solange er hienieden pilgert, bei sich solche aus den Reihen der Feinde birgt, die verbunden sind mit ihm durch die Gemeinschaft der Sakramente, doch nicht mit ihm teilnehmen werden an dem ewigen Los der Heiligen; sie scheuen sich nicht einmal, mit den Feinden zu murren gegen den Gott, dem sie zugeschworen haben, und füllen bald mit diesen die Theater, bald mit uns die Kirchen. An der Besserung mancher auch von ihnen darf man jedoch umso weniger verzweifeln, da unter den offenkundigsten Gegnern prädestinierte Freunde verborgen weilen, sich selbst unbewußt. Denn die beiden Staaten sind in dieser Welt ineinander verschlungen und miteinander vermischt, bis sie durch das letzte Gericht getrennt werden...

Augustin definiert die Kirche, das Haus Gottes, nicht institutionell, sondern personal; sie ist ein coetus permixtus in dieser Welt; unsichtbar, weil vom Geist Gottes gewirkt, ist die Zahl derer, die die wahre Kirche darstellen, die Glieder des Gottesreiches. Augustin weist auf das geistige *Geschehen* im Weltstaat, nicht auf Institutionen oder gar Regimente. Die Wende des römischen Staates, wenn es sie nach Gottes Gnade geben wird, liegt nicht an der Organisation der Kirche, sondern ist Gott anheimgestellt.

Aber – und so schließt Augustin sein Werk ab – es gibt eine Skala von ethischen und geistigen Werten, die das kommende Gottesreich beschreiben und auf die hin der Weltstaat sich richten möge. Diese Erkenntnisse bringt der Glaube in den Weltstaat ein. Augustin spricht vom Endgut und Endübel der Weltgeschichte (Buch XIX ff.) im Anschluß an Cicero. Das Endübel ist die letzte, absolute Verdammung der Bösen. Das Endgut hingegen ist komplizierter. Es hat nämlich im irdischen Leben seine Vorabschattungen. Sie bestehen in naturhaften Zielen und Grundrechten des Menschen, und im Blick auf sie läuft Augustins Gottesstaatslehre auf eine christliche Erziehung hinaus, von der er die (langfristige) Neugestaltung des öffentlichen Lebens erwartet.

72 Augustin, Über den Gottesstaat XIX, 1: ... Es gibt nämlich vier Dinge, die die Menschen ohne weiteres wie von Natur aus anstreben, ohne einen Lehrmeister zu brauchen, ohne jede Beihilfe durch Anweisung, ohne daß man es darauf absieht oder die Lebenskunst erwirbt, die man die Tugend heißt und ohne Zweifel sich durch Lernen erst aneignet; und diese vier Dinge sind die Lust, durch die die leibliche Empfindung angenehm erregt wird, die Ruhe, die vor leiblicher Beschwernis bewahrt, beide zumal, denen jedoch Epikur den gemeinsamen Namen Lust beilegt, und endlich die Urgüter der Natur, zu denen sowohl die erwähnten Güter gehören wie auch andere, sei es im Bereich des Leiblichen, wie Unversehrtheit der Glieder, Wohlergehen und Gesundheit des Leibes, oder im Bereich des Geistigen, wie die Kräfte, die sich mehr oder minder groß in der menschlichen Beanlagung finden. Diese vier Dinge nun in uns, Lust, Ruhe, beides zumal und die Urgüter der Natur, können zu der Tugend, die hinterher uns durch Anweisung beigebracht wird, in ein verschiedenes Verhältnis treten: entweder hat man die Tugend um dieser Dinge willen anzustreben, oder umgekehrt diese Dinge um der Tugend willen, oder diese Dinge sowohl wie die Tugend, jedes um seinetwillen ...

Daß Augustin hier im Rahmen des Programms einer christlichen Erziehung von natürlichen Gütern spricht, bedeutet eine Aufwertung der „Natur". Er meint freilich Natur nicht im Sinne eines endzeitlichen Verdienstes oder von etwas, was im Bereich menschlicher Selbstliebe läge, sondern in dem anderen Sinne, daß jeder Mensch um sein Lebensinteresse von Natur aus weiß, und wenn aus dem Geist des Gottesreiches Erziehung gestaltet werden soll, dann müssen diese elementaren Lebensinteressen dahinein aufgenommen werden. Das christliche Gemeinwesen ist kein asketisches Gebilde, sondern schützt und bewahrt die Lebensgüter, so wie im kommenden Gottesreich Leben, Friede, Gerechtigkeit walten werden. Es gibt also durchaus eine von der Natur zum Geist, vom Lebensinteresse in die ewige Erfüllung der Hoffnungen reichende Linie der menschlichen Ichhaftigkeit, eine Linie, die auch legitim ist.

Nur bedarf es dazu der Erziehung; denn ob diese menschliche Ich-Erfüllung letztlich bloßen Egoismus darstellt oder aber Gottes- und Menschenliebe, das entscheidet sich an den inneren Motivationen, aus denen das gott- und gemeinschaftsorientierte Denken und Handeln im Weltstaat fließen. Diese Erziehung geschehe nach Augustin weder durch den Staat noch durch die Kirche, sondern durch die Familie, die Familienväter.

73 *Augustin, Über den Gottesstaat XIX, 16 und 17:* (16) ... Weil nun die menschliche Familie den Anfang oder ein Teilchen des staatlichen Gemeinwesens bilden soll, jeglicher Anfang aber zu einem seiner Art entsprechenden Ziel, und jeglicher Teil zur Vollständigkeit des Ganzen, wovon er ein Teil ist, in Beziehung steht, so folgt daraus ganz klar, daß der Hausfriede zum Frieden des Gemeinwesens, das heißt, daß die geordnete Eintracht der Hausgenossen im Befehlen und Gehorchen zu der geordneten Eintracht der Bürger im Befehlen und Gehorchen eine Beziehung hat. Daher kommt es, daß der Hausvater aus dem Gesetze des Gemeinwesens die Vorschriften zu entnehmen hat, nach denen er sein Haus so leiten soll, daß es sich dem Frieden des Gemeinwesens anpaßt.

(17) Jedoch eine Familie, deren Glieder nicht aus dem Glauben leben, sucht den irdischen Frieden aus den Gütern und Annehmlichkeiten dieses zeitlichen Lebens zu gewinnen; dagegen eine Familie, deren Glieder aus dem Glauben leben, stellt ihre Erwartung auf die ewigen Güter, die für die Zukunft verheißen sind, und gebraucht die irdischen und zeitlichen Dinge wie ein Fremdling, läßt sich nicht durch sie fesseln und von ihrem Streben nach Gott abziehen, sondern betrachtet sie nur als eine Stütze, um die Last des „vergänglichen Leibes, der die Seele beschwert" (Weish 9, 15), leichter zu ertragen und möglichst wenig zu vermehren. Darum ist der Gebrauch der zu diesem sterblichen Leben nötigen Dinge beiden Arten von Menschen und Familien gemeinsam; jedoch nach Zweck und Absicht des Gebrauchens unterscheiden sich beide Arten gewaltig...

Dasselbe gilt auch für das Verhältnis des Weltstaates zum Gottesstaat. Beide bedienen sich der Grundgüter, allen voran des Friedens. Die Glieder des Gottesstaates sehen über den Zweck des irdischen Staates hinaus die ewigen Güter an und bewegen sich in den irdischen Bindungen nur als Fremdlinge. „Es besteht sonach Eintracht zwischen beiden Staaten in den zum vergänglichen Leben gehörigen Dingen, weil dieses sterbliche Leben beiden gemeinsam ist" (XIX, 17).

Augustins 22 Bücher vom Gottesstaat enden mit einer Doxologie des ewigen Gottesstaates, des Gottesfriedens und Gottes selbst. Sie sind ein Nein gegenüber allen religiösen und weltanschaulichen Beanspruchungen des Menschen durch den Staat, die der Kirche im Osten doch relativ naheliegen. Das Ja seiner Ausführungen gilt der – für Karl d. Gr. später so wichtig werdenden – Konzeption des christlichen Staates, der aus der Gnade und Zulassung Gottes, nicht aus der „Freiheit des Willens" erwächst. Auf Gott hin zu leben und zu erziehen, sein Reich als neues Bewußtsein aus den Familien erwachsen zu lassen, ist Aufgabe und Verantwortung der Erwählten. Auch den Heiden – als den potentiellen Gliedern des Gottesreiches – ist dabei ihr Wirken zugemessen; denn auch sie besitzen natürliches Verständnis dafür, daß das irdische Leben auf die Wahrheit hin ausgerichtet ist. Das bezeugt sich in ihnen selbst.

So bringt sich auch die Kirche als der coetus permixtus, der sie in dieser Welt ist, in das Geschehen des irdischen Ethos und des Weltstaates ein. Ein Herrschaftsauftrag, dem des Staates vergleichbar, ist ihr dazu nicht gegeben. Wie sie aus dem Zeugnis der Märtyrer erwachsen ist, so besteht sie auch als die Schar der Erwählten unerkennbar, unsichtbar, aber durch ihren Glauben wirksam, inmitten der Schar der Weltkinder fort. Sie lebt nicht aus der Gediegenheit ihrer Tradition, sondern aus dem Aufblick auf das künftige Reich Gottes.

VIII. Der Ausgang der antiken Kirchengeschichte im Westen

So großartig und schwergewichtig in ihrer Weise die christologischen Entscheidungen des Konzils von Chalcedon 451 auch sind, so atmen sie doch den Geruch einer sich abschließenden Epoche. Es ist das vorläufig letzte Mal, daß der kirchliche Osten und Westen zusammen ein „Dogma" beschließen. Schon die Frage nach der Freiheit, Erwählung und Gnade ist mehr eine Sache des Westens, nicht nur aus theologischen Gründen, sondern auch deshalb, weil die Kommunikation zwischen den Reichshälften durch die Ereignisse der Völkerwanderung und ihrer Folgen immer dünner wird. Das gilt auch für die Beziehungen zwischen Rom und Nordafrika. Der Pelagianismus wird als theologische Theorie endgültig auf dem Konzil von Ephesus im Jahr 431 verurteilt.

Noch Augustin hat es in den zwanziger Jahren mit einer nachfolgenden Theorie des *Semipelagianismus* zu tun, die sich im Raum Italien und Südgallien ausbreitet. Ihr Inhalt besteht darin, daß ein kooperierendes Verhältnis zwischen der zuvorkommenden Gnade Gottes einerseits und der Naturgnade in den menschlichen Willenskräften andererseits behauptet wird, eine die Anteile von Gott und Mensch gleichsam in eine Abfolge bringende Verhältnisbestimmung, die bei Anerkennung der vorausgehenden göttlichen Alleinwirksamkeit die verdienstlichen Anteile des Menschen infolge der göttlichen Anfangsgnade nach wie vor lehrt.

Dieser Semipelagianismus wird zwar von der Synode in Arausio (Orange) im Jahr 529 verurteilt, aber die römische Geschichtsforschung hält bis heute daran fest, daß der Augustinismus in der Form des augustininischen Prädestinationsmodells doch eine „Überspitzung" gewesen sei.

Der Semipelagianismus hat eine kulturgeschichtlich umfassendere Bedeutung als die Thesen des Pelagius. Er ist die Theorie des modus vivendi der Westkirche Südeuropas in den Jahrzehnten der gotischen und hunnischen Invasionen, die Theologie der Anknüpfungen an die neu entstandene Herrschaftslage.

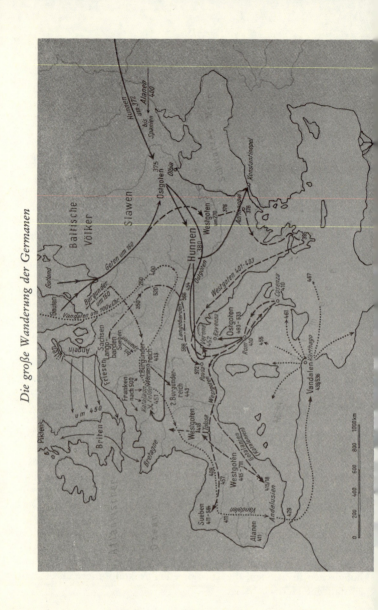

Die große Wanderung der Germanen

1. Die politischen Ereignisse

Der Fall des „ewigen Rom" ist nicht nur in der Sicht der heidnischen Geschichtsschreiber ein Wendepunkt in der antiken Geschichte, sondern auch in christlicher Sicht.

Seit dem Jahr 401 bereits drängen die Westgoten unter König Alarich von Mazedonien nach Italien und in den Westen. Zwar widerstehen ihnen die kaiserlichen Truppen in Italien, soweit sie können. Aber schon seit 408 belagert Alarich Rom. Sein Ziel ist es, von Kaiser Honorius eine Foederatenstellung für sich zu gewinnen, die ihm der Kaiser verweigert. Bedrängt durch Versorgungsmängel dringt Alarich in Rom 410 ein, plündert die Stadt und zieht aus demselben Grund nach Süditalien weiter. Dort stirbt er und wird im Busento begraben. Sein Nachfolger Athaulf lenkt die Heermassen zurück in den Norden.

Die Besetzung durch die Westgoten unterwirft das Land der Erfahrung unterschiedlicher Herrschaft und Kulturen. Zwar sind die Westgoten keine wilden Reiterscharen mehr, aber sie verfügen nicht über römische Staatskunst, Logistik und Verwaltung. Die Gegensätze schaffen eine geradezu wirre Lage. Haufenweise laufen heidnische Sklaven zu den Goten über. In mehreren Fällen suchen Bischöfe zwischen den Westgoten und der kaiserlichen Verwaltung zu vermitteln.

411 reißt in Gallien Jovinus das Kaisertum an sich. Damit entsteht, wenn auch nur für kurze Zeit, die Möglichkeit eines burgundisch-alanischen Reiches, und es zeigt sich auch für die Westgoten die Aussicht, in Gallien zu einer vertragsmäßigen Ansiedlung zu gelangen. Nach Zerwürfnissen mit Jovinus scheint König Athaulf von Kaiser Honorius akzeptiert zu werden. Der zunächst friedliche Einmarsch der Westgoten nach Südgallien geht aber bereits 414 in ein wüstes Plündern über, und alsbald schwärmen die Westgoten auch in das spanische Gebiet. Ihre Ansiedlung in Südgallien ist das Ergebnis vielfacher Wechselspiele zwischen Byzanz, Rom und den Westgoten, in denen die Kaisertochter Galla Placidia, von Athaulf zur Gemahlin genommen, dann aber 416 „befreit" – sie wird danach die Gemahlin des Kaisers Konstantius III. und Mutter des nachmaligen Kaisers Valentinian III. – eine Rolle spielt. Ihre Hochzeit mit Athaulf ist die Vermählung „der Königin des Südens mit dem König des Nordens".

Im Jahr 418 oder 419 gründet König Valia das Westgotenreich mit der Hauptstadt Tolosa (Toulouse). Kurz vorher hat Kaiser Konstantius noch den Versuch unternommen, die Landesversammlung der sieben südgallischen Provinzen in Arles neu zu berufen (418), und Papst Zosimos erhebt Arles zur Obermetropolie als Ausdruck der Bindung des römischen Stuhles an das Reich. In den Vorstellungen der weströmischen Politik sollen die Westgoten einen „cordon sanitaire" (Wolfram) gegenüber den von Norden nachdrängenden heidnischen Stämmen darstellen, und so werden bewußt Verbindungen zwischen der südgallischen senatorischen Nobilität und den Westgoten angeknüpft mit dem Ziel, sie endgültig im Raum der Provinz Aquitania secunda anzusiedeln. Die Gründung des Westgotenreiches steht möglicherweise im Zusammenhang mit entsprechenden Vertragsabmachungen. Die tatsächliche westgotische Besiedlung umfaßt nur ein kleines Gebiet um Tolosa herum. Römisches und westgotisches Reich gelten je für die verschiedenen Bevölkerungsteile. Der Nachfolger Valias, König *Theoderid*, unternimmt eine Reihe von Einfällen in das Gebiet der Arelater Verwaltung ab 425, die der römische Heermeister Avitus mit hunnischer Unterstützung abwehren kann. Mehrfach ziehen die Westgoten gegen Arles und die Römer gegen Tolosa. Andere germanische Stämme sind ins Geschehen verwoben, so die Burgunder, deren Reich 435 untergeht, die Vandalen, die von Norden nachdrückenden Bretonen sowie die Sueven.

Als im Jahr 439 bei der Belagerung Tolosas durch die Römer Theoderid wieder über die Bischöfe Verhandlungen aufnehmen will, taucht erstmals im Bericht darüber für das westgotische Gebiet der Begriff patria – Vaterland auf: Die angreifenden Römer gelten als Eindringlinge, die Goten werden als rechtmäßige Herren angesehen. Diese politische Umorientierung schlägt sich schon im Bagaudenaufstand von 435 nieder, der sich gegen die Römer richtet, aber blutig niedergeschlagen wird, eine politische Wende in Südgallien, die auch für die Kirche von Wichtigkeit wird, zumal Vitorius, der römische Präfekt und Heerführer, Heide ist. Hier liegen die Gründe dafür, daß sich die kirchlichen Sympathien auf die Seite der „sittenreinen" Germanen schlagen.

Die italischen, südgallischen und alsbald auch die iberischen Gebiete müssen sich in dieser Zeit den anströmenden Scharen der germanischen und hunnischen Soldateska öffnen. Vom Balkan nach Spanien, von den Niederlanden und Belgien im Norden bis zur Provence ziehen die Kriegsscharen, Trupps und Karawanen, siedelnd, dann wieder ausschwärmend und vorwärtstreibend, marodierend und dann endlich auch herrschend, über ganz Westeuropa hinweg. Es entsteht eine Atmosphäre der Turbulenz, in der sich neue Stämme und Kriegsscharen bilden, wo einzelne Könige Verträge schließen und wieder verraten, Koalitionen aufsteigen und erneut verfallen. Es ist die Zeit einer für die heutigen Nationalstaaten unvorstellbaren Völkermischung. Ihr fallen die germanischen Götter ebenso zum Opfer wie die keltischen und römischen. Vor allem sind die Hunnen ein Element urwüchsiger Unberechenbarkeit, die sich von Rom in Dienst nehmen lassen, wie sie ihrerseits auch Goten anwerben, ein Volk im Sattel. Ihre Schamanenreligion und Tierverehrung steht neben den germanischen Hochgöttern, den keltischen Druidenriten, den arianischen Goten und der katholischen Kirche. Dieser melting-pot wird zum Grund dafür, daß sich die römische und südgallische Kirche ihrer eigenen Kontinuität und Tradition bewußt wird. Dabei benötigt sie Anpassungsfähigkeit und Beharrungsvermögen.

Das Jahr 451 bringt die Entscheidung. Auf den katalaunischen Feldern werden Attilas Hunnen geschlagen. Ihr Mythos der Unbesiegbarkeit ist dahin. Die Bedrohung der Romanitas und der Katholizität scheint gebannt: Sie ziehen zunächst raubend nach Rom (452), das im Jahr 455 noch einmal durch Geiserichs Vandalen geplündert wird; danach rücken sie in den Donauraum zurück.

Politisch wichtig wird, daß in dieser Schlacht, in der auf beiden Seiten Westgoten und Germanen kämpfen, die Römer und Westgoten gemeinsam streiten, wodurch der Weg zur weiteren Assimilation auch aus der Sicht der Römer geöffnet wird. Die Westgoten erhalten zu dieser Zeit Zuzug aus den Stämmen der Rheinfranken, Bretonen, Sarmaten, Laeten, Burgunder, Sachsen und Römer. Die Schlacht selbst bleibt militärisch unentschieden. Theoderid fällt, möglicherweise durch den Speer eines Ostgoten. Die mit Attila verbündeten Gepiden und Ostgoten verbleiben jedoch im gallischen Raum, der nun das Wechselspiel zwischen der west- und ostgotischen Macht erleben soll.

455 wird der Placidia-Sohn, Valentinian III. ermordet. Die Dynastie des Theodosius findet ihr Ende. Nun greifen die Westgoten in die Kaisernachfolge des Westens ein. König Theoderich setzt seinen Lehrer, den Heermeister Avitus, zum Kaiser ein. Die Westgoten werden ,,legitimistisch", politisch nach Rom orientiert. Im kaiserlichen Auftrag greifen sie die Vandalen in Spanien an. Avitus selbst zieht mit Westgoten nach Italien und Rom, um seine Herrschaft zu sichern. Er fällt einem Mordanschlag zum Opfer.

2. Der Semipelagianismus als Theorie südeuropäischer Mission

Der katholische Forscher *Marrou* kommentiert den Semipelagianismus so, daß es sich nicht mehr um eine Beziehung zu Pelagius selbst, sondern um einen *Antiaugustinismus* handele. Es ist gelegentlich beobachtet, daß sich Augustins Prädestinationslehre in seinem Alter zunehmend verschärft, ja apokalyptische Vorstellungen ihn bewegen. Er stirbt 430 während der Belagerung durch die Vandalen Geiserichs in der Stadt Hippo Rhegius. Die Fremdbesatzung hat er nicht mehr kennen gelernt. Im Jahr 426 schreibt er an einen Semipelagianer, Vitalis, daß dem Teufel gegenüber kein Widerstand möglich sei. Er beherrsche die Kinder des Unglaubens nach seinem Willen, und für die Rechtgläubigen gebe es keine Hoffnung, daß die Ungläubigen je ihre Gesinnung ändern könnten. Eine Änderung wäre nur durch den Glauben, also allein durch Gott möglich. Zwar gebe es bei einigen von ihnen, ,,um das Blendwerk noch

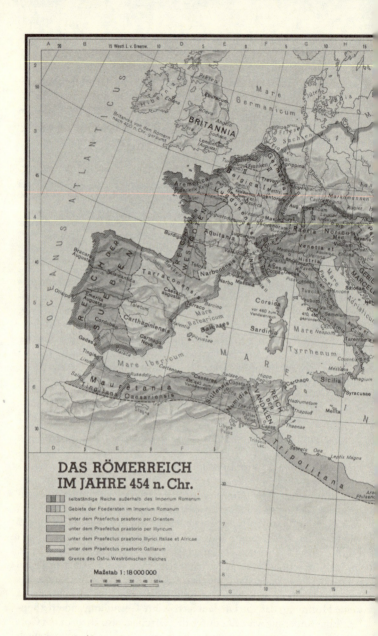

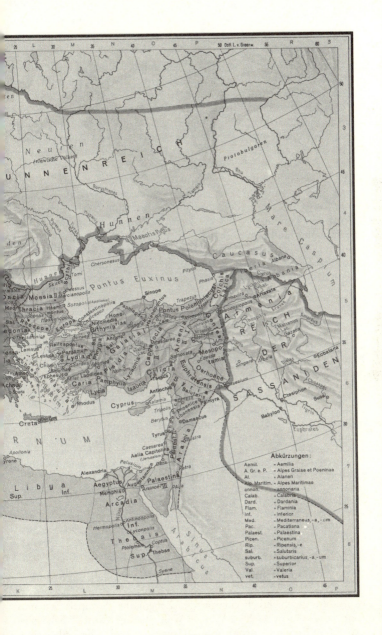

weiter zu treiben, einige gewissermaßen gute Werke, für die bei allen Völkern, besonders aber dem römischen, diejenigen Lob ernten, die ein hervorragendes und ruhmvolles Leben geführt haben" (Briefe Augustins 217, 10). Aber mehr vermag der Kirchenvater zur Lage nicht zu sagen. Es ist die Zeit der Sammlung der Erwählten, der Kirche.

Den Christen, Bischöfen und Mönchen in Italien und Südgallien ist eine prädestinatianische Ergebung in den Lauf der Dinge kaum möglich. Für sie geht es um das Überleben des Glaubens. „Natur" erhält hier einen neuen Klang. Natur ist nicht nur die menschliche Anlage, sondern Natur sind jene Menschen, die als Fremde, als Arianer, als Heiden, als Machthabende vor den Pforten stehen. Wie ist mit ihnen zu reden und zu handeln? Gibt es Anknüpfungspunkte? Welche Rechte und Werte sind zugrunde zu legen? Was bleibt im Umbruch von der römischen Tradition noch unverletzt, was ist unbedingt zu kontinuieren, wofür muß man einstehen? Das mönchische Motiv der frommen Leistung und des freien Willens erhält eine andere Betonung: Es wird in der Tat „Antiaugustinismus", das heißt aber nicht nur Nein gegen Nordafrika, sondern Ja zum katholischen Südeuropa.

Julian von Eclanum und der Pelagius-Freund Caelestius treiben die pelagianische Fragestellung trotz der Verurteilungen in Süditalien und Rom weiter voran. Um sie sammelt sich ein Kreis von Theologen, deren Spätzeugnis noch im Liber Praedestinatus (432 oder 440 in Rom) greifbar wird, ein Buch, das mit gut papaler und kirchlicher Haltung die Prädestinationslehre Augustins aufgreift, dabei aber in scheinbarer Anerkennung der getroffenen kirchlichen Verurteilungen so überspitzt, daß endlich doch eine semipelagianische Position hervortritt. Es wird darin sogar versucht, Augustin mit der Häresie des Nestorius in Beziehung zu setzen. In Gallien wird der Semipelagianismus durch Bischof *Faustus von Reji*, vormaligem Abt des Klosters Lerin, vertreten, ferner durch die Collationes des Abtes *Cassian* (gest. 435). Das Zentrum des gegen Augustin sich wendenden Widerstandes wird das Kloster Lerin auf der heutigen Insel St. Honorat. *Prosper von Aquitanien* hingegen macht sich – als Mönch und Laie – als Verteidiger Augustins stark, und in dem nun anhebenden jahrzehntelangen Streit um die Gnade wird in der zweiten Hälfte des fünften Jahrhunderts immer deutlicher, daß der freie Wille und die Gnade schließlich und endlich das Naturgesetz, „das Heil der Heiden" bedeutet *(Marrou)*. So wird der semipelagianische Streit zu einem Ringen um die Konzeption des Fortbestandes des Christentums und der Assimilation an das Heidentum.

3. Die Umorientierung der Katholiken zu den Germanen

Ein kulturgeschichtlich einzigartiges Zeugnis des Semipelagianismus sind *Salvians* acht Bücher „Von der Weltregierung Gottes". Salvian ist Mönch in Lerin, der dem heutigen Cannes gegenüber liegenden Insel.

Er wird um die Jahrhundertwende geboren sein, stammt vermutlich aus dem östlichen Gallien, den Gebieten links des Rheins, Trier oder Köln. Er sieht als römischer Bürger und Katholik den Zusammenbruch Roms in der Unsittlichkeit begründet. Soweit orientiert er sich durchaus an Augustin.

Das um 440 abgefaßte Werk erkennt die Veränderungen der Jahre zwischen rund 420 und 440 als Wirkung der göttlichen Gerechtigkeit. Sowohl in Rom als auch in Karthago werden die Armen bedrückt, die Bauern ausgesaugt. Päderastie, Korruption, Geiz, Geldgier, Menschenverachtung überbieten sich. Erneut taucht der Vorwurf auf, die Römer hätten noch während der Belagerung über die Possen im Zirkus gelacht; Rom „stirbt und lacht". Ebenso urteilt er über Karthago in Nordafrika, und zwar nicht nur über die Bürger, sondern auch über die dortige Kirche.

74 *Salvian von Marseille, Von der Weltregierung Gottes VI, 12:* ... Nachdem Barbarenvölker jenes Land [Nordafrika] besetzt hatten, hat vielleicht da die Furcht den Lastern eine Ende gemacht? Oder, wie sich für den Augenblick sogar die schlechtesten Sklaven zu bessern pflegen, hat wenigstens der Schrecken von ihnen Bescheidenheit und Zucht erzwungen? Wer kann dieses Unglück ermessen? Um die Mauern von Cirta und Karthago ließen die Barbarenvölker ihre Waffen erklirren – die Kirche von Karthago aber raste im Zirkus, schwelgte in den Theatern. Die einen wurden draußen ermordet, die anderen trieben drinnen Unzucht. Ein Teil des Volkes war draußen in der Gefangenschaft der Feinde, ein Teil drinnen in der Gefangenschaft der Laster. Es ist unentschieden, wessen Schicksal schlimmer war.

Anders als Augustin, der die Weltgeschichte in der Erwählung und im Gottesreich endigen sieht, rechnet Salvian die Gerechtigkeitserweisungen Gottes in der Geschichte nach. Der Unzucht folgt mit Recht der Fall der Macht Roms und Karthagos. Der Sittenreinheit der Germanen folgt mit ebensolchem Recht der Gewinn der Macht. Warum haben die Aquitanier in Spanien ihr Land an die Vandalen verloren? Salvian verschweigt nicht die vandalischen Kriegszüge nach dem Muster der „verbrannten Erde" im Frankenland. Diese Vandalen sind unter den Germanen sogar noch der geringste Stamm an Tapferkeit und Sittenzucht. Dennoch hat Gott ihnen den Sieg gegeben, um darzutun, daß selbst diese Vandalen den Spaniern noch weit überlegen sind.

75 *Salvian von Marseille, Über die Weltregierung Gottes VII, 7:* ... Haben denn die Spanier nicht die gleichen oder sogar noch größere Laster zugrunde gerichtet? Wenn der Zorn des Himmels sie auch irgendwelchen anderen Barbaren ausgeliefert hätte, so hätten sie [die Spanier], die Feinde der Reinheit, schon die gerechte Strafe für ihre Schandtaten erduldet. Aber um die Verurteilung der Unkeuschheit noch klarer herauszustellen, kommt bei diesen hinzu, daß sie in der Hauptsache den Vandalen, das ist den keuschesten Barbaren, ausgeliefert wurden. Auf zweifache Weise wollte bei der Einnahme Spaniens Gott zeigen, wie sehr er die Lust des Fleisches hasse und die Reinheit liebe: einmal, indem er die Vandalen ganz allein wegen ihrer Reinheit zu Herren machte, und dann, weil er die Spanier ganz allein oder doch zum größten Teil wegen ihrer Unkeuschheit unters Joch beugte. Was weiter? Hätte es denn auf dem ganzen Erdkreis nicht tapferere Barbaren gegeben, denen Spanien hätte ausgeliefert werden können? Viele, ohne Zweifel, ja, wenn ich mich nicht täusche, sogar alle. Aber deshalb hat Gott den schwächsten Feinden alles überliefert, um zu zeigen, daß nicht die Kräfte alles ausmachen, sondern die gute Sache, und daß wir nicht durch die Tapferkeit der einst so feigen Feinde niedergeworfen, sondern nur durch die Unreinheit unserer Laster überwunden wurden.

Die Weltgeschichte erscheint als Weltgericht. So wird aus der Gottesstaat-Eschatologie Augustins ein religiös-politischer Moralismus, der die Schuldzuweisungen aus dem Urteil Gottes herleitet und ebenso sich zu den ,,Barbaren" und deren Reinheit hinorientiert im Sinne einer handhabbaren Handlungsanweisung auf die Zukunft hin. Kraft ihrer natürlichen Sittlichkeit stehen diese Vandalen Gott nahe. Sie sind sichtbarlich die Empfänger seiner Gnade. So bewegt sich das Thema der Naturgnade bei Salvian zu einer neuen politisch-missionarischen Orientierung hin.

4. Die katholische Tradition als Kontinuum der Geschichte

Was aber soll in diesen Umbrüchen aus der Vergangenheit beibehalten werden? Was ist das bleibende Fundament der Kirche und des Glaubens? Wieder ist es ein Mönch aus Lerin, *Vinzenz von Lerinum* (gest. vor 450), der in seinem Commonitorium aus dem Jahr 434 zu bestimmen sucht, was als die ,,Tradition" der katholischen Kirche festzuhalten ist.

Vinzenz ist gallischer Geburt. Er wird alsbald als Heiliger verehrt. Auch sein Semipelagianismus richtet sich bewußt gegen Augustin und Nordafrika. Das zunächst für sich selbst abgefaßte Merkbüchlein (commonitorium) besitzt einen heute verlorenen zweiten Teil. Die verhandelte Frage ist, ob neue Lehren entstehen können, wie etwa die von der bewahrenden Gnade (gratia perseverans Augustins) oder ob Gott, wie ebenfalls Augustin nahelegt, der Verursacher des Bösen sei. Es kann in der Gegenwart für Vinzenz nur noch ein Fundament geben, die heilige Schrift, und zwar in der Auslegung durch die *Tradition* der Kirche.

Die von Vinzenz genannten drei Näherbestimmungen des Katholischen sind möglicherweise nicht additiv, sondern disjunktiv, je für sich zu verstehen. Aber gewichtiger als diese unentschiedene Frage ist die praktische *Überordnung der Tradition* über die heilige Schrift. Die Schrift ist zwar vollkommen und genügend, aber ihre Ausleger weichen in ihren

Meinungen von ihr ab. Deshalb muß bestimmbar sein, was katholisch ist und was nicht. Vinzenz spricht dabei nicht vom Papstamt, wohl aber von der Autorität der Kirche, die in sich die Tradition faßt. Die ,,katholische" Tradition wird zu einem produktiven hermeneutischen Prinzip.

76 *Vinzenz von Lerinum, Commonitorium (434), 2, 3:* (3) Desgleichen ist in der katholischen Kirche selbst entschieden dafür Sorge zu tragen, daß wir das festhalten, *was überall, was immer und was von allen geglaubt wurde;* denn das ist im wahren und eigentlichen Sinne katholisch. Darauf weist schon die Bedeutung und der Sinn des Wortes (katholisch) hin, das alles in der Gesamtheit umfaßt. Dies wird aber nur dann geschehen, wenn wir der *Allgemeinheit*, dem *Altertum* und der *Einstimmigkeit* folgen; der Allgemeinheit aber werden wir folgen, wenn wir den Glauben allein als den wahren bekennen, den die gesamte Kirche auf dem Erdkreise bekennt; dem Altertum aber dann, wenn wir von den Anschauungen in keiner Weise abgehen, denen anerkanntermaßen unsere heiligen Vorfahren und Väter allgemein gehuldigt haben; der Einstimmigkeit dann, wenn wir innerhalb des Altertums selbst uns den Entscheidungen und Aussprüchen aller oder fast aller Priester und Lehrer anschließen.

Diese Definition des Katholischen gilt auch den arianischen Goten. Was dem Meinungsstreit enthoben zur ,,katholischen" Lehre wird, das muß ,,ohne alles Bedenken für wahr gehalten" werden. Die Kontinuität der Kirche beruht auf der theologischen Überlieferung der Schrift in der Auslegungskompetenz der katholischen Kirche.

5. Das Ende der semipelagianischen Streitigkeiten

Der Semipelagianismus bleibt ein unausgeglichenes Problem zwischen Nordafrika und den europäischen, aber auch innerhalb der gallischen Gebiete. Papst Gregor I. (gest. 604) wird seine Weisungen zur Germanenmission, daß die heidnischen Heiligtümer nicht zu zerstören, sondern in den katholischen Ritus einzubeziehen sind, aus dem Geist des Semipelagianismus erteilen. Angesichts der drohenden Spaltungen zwischen Südgalliern und Aquitaniern drängt Papst Gelasius auf eine Entscheidung, die auf der Synode von Arausio (Orange) 529 fällt. Die Prädestinationslehre Augustins wird abgewiesen. Der Semipelagianismus wird zwar verurteilt, es bleibt aber ein ,,Krypto-Pelagianismus": die Theologie der Kooperation von Natur und Gnade. Gott beginnt mit der vorausgehenden Gnade das Heiligungswerk; der Mensch wirkt aufgrund seiner natürlichen Möglichkeiten mit der lebenslangen, kooperierenden Gnade (gratia cooperans) zusammen, soweit dies in seinen Kräften steht.

77 *Kanones der Synode von Arausio (Orange) 529, Kanon 3, 4, 7:* Kanon 3. Wenn jemand lehrt, die Gnade Gottes könne durch menschliche Anrufung herbeigebracht werden, nicht aber, daß es selbst schon das Werk der Gnade sei, wenn wir sie anrufen, der widerspricht dem Wort des Propheten Jesaja und dem Apostel, der es wiederholt: „Ich wurde gefunden von denen, die mich nicht suchten; ich habe mich denen offenbart, die nicht nach mir fragten" (Röm 10, 20 = Jes 65, 1).

Kanon 4. Wenn jemand behauptet, Gott warte (mit seiner Gnade) unsern Willensentschluß, von der Sünde gereinigt zu werden, ab, und nicht bekennt, daß schon der Wille, gereinigt zu werden, durch die Eingießung und das Wirken des heiligen Geistes in uns bewirkt wird, der widerspricht dem heiligen Geist selbst... (folgt Zitat Spr 8, 35 und Phil 2, 13).

Kanon 7. Wenn jemand behauptet, man könne aus der Kraft der Natur irgendetwas Gutes in Richtung auf das Erlangen des ewigen Heils und Lebens denken und unternehmen oder man könne der heilbringenden Predigt des Evangeliums zustimmen ohne die Erleuchtung und Einwirkung des heiligen Geistes, der doch (allein) allen die Willigkeit verleiht, der Wahrheit glaubend zuzustimmen, der ist im Trug der Irrlehre befangen und versteht nicht Gottes Wort... (folgt Zitat Joh 15, 5 und 2. Kor 3, 5).

In dem Kapitel „Über die Prädestination" wird ein sachlich-zeitliches Nacheinander von Gottes Gnade und menschlicher Mitwirkung dargelegt. In dieser Form wirkt eine *kryptopelagianische Theologie* bis ins Hochmittelalter, bis zu Thomas von Aquin fort.

78 *Die Synode von Arausio (Orange) „Über die Prädestination":* Gemäß dem katholischen Bekenntnis glauben wir auch dies, daß nach dem Empfang der Gnade durch die Taufe alle Getauften mit der Hilfe und Mitwirkung Christi das, was zum Heile der Seele dient, erfüllen können und sollen, wenn sie nur treulich sich bemühen. Daß aber einige aus göttlichem Machtwillen zum Bösen vorherbestimmt seien, das glauben wir nicht nur nicht, sondern wir sprechen auch über diejenigen, die etwa eine solche Ungeheuerlichkeit glauben wollten, mit allem Abscheu den Bannfluch aus. Dies aber bekennen und glauben wir als heilsame Lehre, daß in allem guten Werke nicht wir den Anfang machen, um daraufhin von der Barmherzigkeit Gottes unterstützt zu werden, sondern daß (umgekehrt) er selbst uns, ohne daß irgend etwas verdienstlich Gutes vorherginge, den Glauben und die Liebe zu sich einhaucht, so daß wir das Sakrament der Taufe gläubig begehren und danach als Getaufte mit seiner Hilfe das, was ihm wohlgefällig ist, erfüllen können...

6. Leo I. und die Papsttheorie

Auch das Papsttum ist in die Umbildungen dieser Jahrzehnte einbezogen, und nirgendwo sonst wird das Bewußtsein von der Kontinuität Roms so geschärft wie bei Leo I. Die Rom-Idee wird für ihn zur Idee des Papsttums. Die Bedeutung dieses Papstes ist kaum zu überschätzen.

Leo formuliert die Theorie vom päpstlichen Universalprimat in einer nahezu abschließenden Weise. Der Papst ist als Amt wie als Person ein heilsgeschichtliches Faktum. Ihm ist Petrus fürbittend gegenwärtig: papa Petrus ipse – der Papst ist Petrus selbst.

Leos Geburtsjahr ist unbekannt, desgleichen auch sein Geburtsort. Nach dem liber pontificalis (Papstbuch) ist er in der Landschaft Tuscien geboren; aber seine geistige Heimat ist Rom. Er arbeitet bereits unter Papst Sixtus III. als Diakon der Kurie. Ein politischer Auftrag des Kaisers führt ihn nach Gallien, um dort zwischen den beiden höchsten Beamten, Albinus und Aëtius, zu vermitteln. Dort erreicht ihn die Kunde vom Ableben Sixtus III. (11. August 440). Hat Leo schon bis dahin verschiedentlich in kirchenpolitische Vorgänge eingegriffen, so wird er nun vom Senat und vom Volk Roms einmütig zum Bischofsnachfolger gewählt. Im Gegensatz zu Gregor I., der später seine Wahl als eine Überforderung empfindet, nimmt Leo sie freudig an.

Jesus Christus hat Petrus aufgrund des Petrusbekenntnisses von Caesarea Philippi (Mt 16) mit dem Amt des Hirten (Joh 20), also mit der Wahrnehmung der Schlüsselgewalt, zu binden und zu lösen, beauftragt. Diese *sollicitudo (Weide- oder Sorgegewalt)*, die grundsätzlich allen Aposteln zusteht (wie auch allen Bischöfen), wird den übrigen Aposteln nur durch Petrus zuteil. Christus bezieht Petrus mit der Verleihung dieser sollicitudo mit in die Ausübung des endzeitlichen Weltrichteramtes ein. Das Verhältnis von Petrus und den übrigen Aposteln spiegelt sich im Verhältnis des Papstes zu den Bischöfen wieder. Die Bischöfe nehmen an der allgemeinen sollicitudo nur auf dem Weg der Beauftragung und Weihe durch den jeweiligen Papst teil; sie empfangen ihren Auftrag und ihre geistliche Gewalt durch den ,,Nachfolger Petri" (successor Petri). Leo beansprucht diese oberste sollicitudo als zentrale Weihegewalt, als oberste Jurisdiktionsgewalt (in disziplinarischer Hinsicht über den gesamten Klerus) und auch als oberste Lehrgewalt. Der aufsteigende Papalismus löst im Westen den altkirchlichen Episkopalismus und den Reichssynodalgedanken ab.

Leo versteht die Petrusnachfolge als ,,Erbe" im Sinne der Amtssukzession. Aber eine Reihe von sprachlichen Bildern reicht weiter: Der Papst ist ,,Petrus selbst" in Analogie zur Christusgegenwart in der Kirche; denn auch Petrus regiert jetzt mit Christus im Himmel. Petrus regiert in ,,grundsätzlicher Weise", Christus regiert ,,eigentlich". Petrus ist der Vermittler des universalen und endzeitlichen Regiments Christi zur Kirche, ja sogar zur Welt hin (Brief 82).

Das Petrusamt rückt so in eine heilsgeschichtliche, sogar christologische Begründung hinein, eine ungeheure Steigerung des Anspruchs.

79 Leo I., sermo 4, Festpredigt zur Jahrestagsfeier seiner Erhebung auf den Stuhl Petri, 3 und 4: [Nach der Zitation von Mt 16, 16 und 16, 19 (Petrusbekenntnis und Schlüsselbeauftragung) heißt es]: (3) Freilich ging auch auf die anderen Apostel das Recht über, von dieser Befugnis [zu binden und zu lösen] Gebrauch zu machen; freilich gilt für alle Vorsteher der Kirche die in diesem Ausspruch enthaltene Bestimmung; aber nicht ohne Grund wird das, woran alle Anteil haben sollen, *einem* anvertraut. Wird ja gerade deshalb diese Vollmacht dem Petrus gesondert übertragen, weil über allen Leitern der Kirche die Person des Petrus steht. Dieses Vorrecht des heiligen Petrus gilt auch für seine Nachfolger, sooft sie, von seinem Gerechtigkeitssinn erfüllt, ein Urteil sprechen. Von allzu großer Strenge oder Milde kann aber da nicht die Rede sein, wo nichts vorbehalten oder nachgelassen wird, was nicht auch vom heiligen Petrus nachgelassen oder vorbehalten worden wäre...

(4) ... Wird nun auch heutzutage von uns etwas in rechter Weise angeordnet oder ausgeführt, so ist dies der Wirksamkeit und Leitung dessen zuzuschreiben, zu dem gesagt wurde: „Und wenn du dereinst bekehrt bist, so stärke deine Brüder" [Lk 22, 32] ... Dies tut Petrus zweifellos auch jetzt noch: Als treubesorgter Hirte erfüllt er die ihm vom Herrn übertragene Aufgabe, indem er uns durch seine Mahnungen stärkt und unablässig für uns bittet, damit wir keiner Versuchung zum Opfer fallen...

Leo läßt keinen Zweifel daran, daß er das Papstamt als einen Universalepiskopat versteht, auch wenn dieser in der Ostkirche nicht durchzusetzen ist. In der Leitung der Kirche sieht er sich als den Stellvertreter Christi.

80 *Leo I., Sermo 5, Festpredigt zur Jahrestagfeier seiner Erhebung auf den Stuhl Petri, 4:* ... [Wir] bekennen ja frommen Sinnes und wahrheitsgemäß, daß alle richtigen Maßnahmen unsererseits von Christus ausgehen. Nicht in uns rühmen wir uns, die wir ohne ihn nichts vermögen, sondern in dem, der unser Können ist... Wer wollte da das ruhmvolle Verdienst des seligen Petrus so töricht oder gehässig einschätzen, daß er glaubte, irgendwelche Teile der Kirche müßten seine fürsorgliche Leitung entbehren oder würden nicht gerade durch seine Hilfe gefördert? ...

Schritt für Schritt befestigt Leo seinen Anspruch. Seine kirchenrechtlichen Entscheidungen werden als erstes geschlossenes Corpus gesammelt und gehen so in das hochmittelalterliche Recht der Bologneser Schule ein.

Wie Innozenz I. setzt auch Leo einen „Vikar" in der Diözese Thessaloniki ein, den Bischof Anastasius. In seinem Schreiben aus dem Jahr 444 an die „geliebtesten Brüder" fordert er, daß diesem Vikar in allen Dingen Gehorsam zu erweisen sei, weil sich „unsere Sorge über alle Kirchen erstreckt". Als jedoch Anastasius einen erkrankten Bischof durch Soldaten im Winter zu einer Synode transportieren läßt und dieser sich wiederum darüber bei Leo beschwert, mahnt der Papst seinen Vikar: „Wir übertrugen deiner Liebe unsere Stellvertretung in der Weise, daß du [zwar] zur Teilnahme an unserer Sorge, nicht aber zum Vollbesitz unserer Macht berufen bist" (ep. 14 von 446).

Das Anerkennungsschreiben Leos an den alexandrinischen Bischof Dioskur zu dessen Inthronisation fordert die Unterordnung unter den römischen Stuhl mit den Worten: „Wir dulden es demnach nicht, daß wir, die wir uns ja zu einem Leibe und Glauben bekennen, in irgendetwas voneinander abweichen und die Einrichtungen des Schülers [Alexandria] sich von denen des Lehrers [Rom] unterscheiden" (ep. 9 von 445).

Dem Bischof des neu eingerichteten Obermetropolitansitzes Arles, Hilarius (429–449), der mit dem Bischof von Vienne, Celidonius, im Streit liegt und sich als Vertreter der einzig noch gotenfreien Gebiete in Rom selbständig gebärdet, verbietet er eigenmächtige Bischofsweihen. Sie kommen nur dem Papst zu.

Leo knüpft betont an das politische und imperiale Rom an. Er verurteilt dessen kriegerische Unternehmungen nicht, sondern sieht sie durch die geistigen Eroberungen des Christentums überboten. Rom ist und bleibt die eigentliche Hauptstadt des Reiches. Als Traditionsort der Märtyrer und Apostel wird Rom, die Stadt, zur heilsgeschichtlichen Idee, zum Zentrum der geistigen Weltherrschaft des Christentums in der Gestalt des Papsttums.

81 *Leo I., Sermo 82 auf den Todestag der Apostelfürsten Petrus und Paulus, 2:*
Geliebteste! All unsere heiligen Feste sind ein Gemeingut der ganzen Welt. Die Ehrfurcht vor dem für alle gleichen Glauben erfordert es, daß sämtliche Gedenkfeiern der zum Heile der ganzen Menschheit vollbrachten Taten überall mit derselben Freude begangen werden. Allein, abgesehen von der Verehrung, die das heutige Fest auf dem weiten Erdenrund verdient, muß es in unserer Stadt mit ganz besonderem Jubel begrüßt werden. Wo die Apostelfürsten ihr Leben so herrlich beschlossen haben, da gehört es sich auch, den Tag ihres Martyriums herrlich zu feiern [Festtag Peter und Paul am 29. Juni]. Das sind ja die Männer, von denen dir, Rom, das Licht des Evangeliums Christi gebracht wurde: Aus einer Lehrerin des Irrtums wurdest du zu einer Schülerin der Wahrheit...

Die beiden Apostel sind es, die dich zu so hohem Ruhme geführt haben. Durch den heiligen Stuhl des seligen Petrus wurdest du ein gottgeweihtes Geschlecht, ein auserwähltes Volk, ein Staat von Priestern und Königen, das Haupt der Welt [caput mundi]. Durch die göttliche Religion solltest du deine Herrschaft weiter ausbreiten als vordem durch deine weltliche Macht. Obgleich du, durch viele Siege groß geworden, dein Herrenrecht über Länder und Meere ausdehntest, so ist doch das Gebiet, das dir der harte Krieg unterjochte, kleiner als das, welches dir das friedliche Christentum untertänig machte.

Leo sieht im Kaiser den Schutzherrn der christlichen Religion. Der Kaiser übt die cura religionis aus. Dabei setzt Leo das altrömische do ut des, wie es schon das Staatsdenken der heidnischen Kaiser bestimmt hat, fort. Daß Kaiser Valentinian III. im Jahr 445 dem Papst die Autorität über die Gesamtkirche im Sinne einer letzten Entscheidungsgewalt zugesprochen haben soll, ist wissenschaftlich angefochten.

Im Zusammenhang mit den Vorgängen der Räubersynode 449 in Ephesus erreicht den Kaiser Theodosius II. folgendes Schreiben Leos mit der Forderung, die Beschlüsse der Synode aufzuheben und auf einer neuen Synode den Abgesandten des Papstes die Gelegenheit zu schaffen, die Schriftstücke des Papstes mit jener Lehre zur Kenntnis zu bringen, die „wir durch göttliche Inspiration empfangen und bewahrt haben".

82 *Bischof Leo und die heilige Synode, die in der Stadt Rom zusammenkam, an den Kaiser Theodosius II. (449):* ... Sieh nun, allerchristlichster und verehrungswürdiger Herrscher, ich erfülle mit meinen Mitbischöfen in Ehrerbietung vor Eurer milden Majestät die Pflicht aufrichtiger Liebe; ich wünsche, daß Ihr in allem Gott wohlgefällig seid, zu dem von der Kirche gebetet wird für Euch. Damit wir vor dem Richterstuhl des Herrn Christus nicht wegen Schweigens verurteilt werden, beschwören wir Euch bei der unteilbaren Trinität der einen Gottheit, die durch solchen Vorgang beleidigt wird und doch Schützer und Begründer Eures Reiches ist, und bei den heiligen Engeln Christi: Ordnet an, daß alles wieder in den Stand komme... Laßt Euch nicht beschweren durch fremde Sünde: Wir müssen jedenfalls Euch unsere Sorge mitteilen, daß der Zorn dessen herausgefordert wird, dessen Religion gefährdet wird...

Als unter den Westgoten in Spanien mit den Priscillianisten eine neue manichäische Sekte entsteht, bejaht Leo gegen sie die Anwendung der staatlichen Schwertgewalt, wie er bereits vorher andere Maßnahmen gegen sie wie Enteignung, Aberkennung der bürgerlichen Rechte (Erbrecht, Eidesleistung) gefordert hat. Im Schreiben Leos an Bischof Turribius von Astorga (ep. 15) aus dem Jahr 447 lobt der Papst die Ausrottung der Häresie durch die Todesstrafe; denn sie, die Fürsten, „erkannten, daß alle Sorge für Ehrbarkeit schwinden, alle ehelichen Bande aufgelöst, alles göttliche und menschliche Recht untergraben werden würde, wenn man solchen Menschen mit solcher Lehre noch zu leben (!) gestattete". Die bischöflichen Gerichte der Kirche selbst vermeiden blutige Strafen.

Als die Hunnen 454 nach Italien, nach Mailand und Pavia vordringen, wird Leo vom römischen Senat beauftragt, mit Attila zu verhandeln.

Er reist dem Hunnenkönig zusammen mit zwei Staatsbeamten entgegen und trifft ihn wahrscheinlich am Mincio-Fluß, nahe Peschiera. Der Sturm auf Rom findet nicht statt. Anders entwickeln sich die Dinge, als nach der Ermordung Kaisers Valentinians III. durch zwei gotische Söldner die Kaiserin Eudoxia den Vandalenkönig Geiserich zu Hilfe ruft, der auch am 15. Juni 455 vor Rom erscheint. Auch ihm zieht Leo entgegen, mitsamt dem Klerus der Stadt. Er kann aber nur erreichen, daß anstelle der Einäscherung Roms und der Ermordung aller seiner Bewohner lediglich eine vierzehntägige Plünderung vorgenommen wird.

Leo wird zu einem auch politisch relevanten Herrscher. Ob er allerdings das „Abendland" gerettet hat, darüber braucht wissenschaftlich nicht gestritten zu werden. Er hat es nicht.

Leo ist eine Herrscherfigur, an der das Ganze der christlichen Theologie zur Frage gestellt ist. Er hat das kollektive Selbstbewußtsein der römischen Kirche entscheidend geprägt und den christlichen Glauben an das heilsgeschichtlich aufgefaßte Papsttum gebunden. In all dem ist Leo I. für die abendländische Christenheit eine sie prägende Gestalt.

7. Die Kirche unter den Westgoten

Der Zusammenbruch des Westreiches geschieht lautlos, durch bloßen Dynastiewechsel. Durch die Ermordung seines Bruders, des Westgotenkönigs Theoderich, der eine römische Anlehnungspolitik betreibt, kommt *Eurich* an die Macht. Er regiert das tolosanische Reich von 466–507. Danach werden die Westgoten nach Spanien abgedrängt und schaffen sich hier mit der Hauptstadt Toledo (toledanisches Reich) eine neue staatliche Form. Die schon lange bestehende Abhängigkeit der Westkaiser von den Westgoten führt im Jahr 476 dahin, daß *Odoaker* den kleinen Sohn des Usurpators Patricius Orestes, *Romulus Augustus*, absetzt und selbst die Herrschaft als König von Italien übernimmt. Odoaker gehört der Königssippe der Skiren zu und repräsentiert eine der germanischen Adelsfamilien des noch römischen Gallien.

Das westgotische Reich unter Eurich erstreckt sich nördlich und südlich der Pyrenäen, ein Gebiet das nach wie vor römisch ist. Im Gegensatz zur Politik seines Bruders will er in Gallien die Herrschaft Roms zu seinen Gunsten beenden.

Dazu sucht er die Hilfe der Sueven und Vandalen. Das bedeutet die Beendigung der Foederatenstellung und Feindschaft mit Rom. Kaiser Anthemius wiederum bringt die germanischen Stämme der römisch gebliebenen Gebiete gegen Eurich zusammen, zunächst die Sueven in Spanien. 468 beginnt Eurich seinen Spanienfeldzug gegen die kaiserlichen Foederaten. Dann vernichtet er die Anthemius-Armee an der Rhône. Nunmehr zieht er in Gallien ein, das ihm kaum widerstanden hätte, wären die Burgunder dort nicht ihrer Bündnispflicht nachgekommen. Eurich wird zurückgeworfen. Doch zwischen 471 und 475 ist Gallien nichtsdestoweniger zwischen Atlantik, Loire und Rhône westgotisch. Nachdem 473 erstmals die Ostgoten in Italien eindringen, führen die Verhandlungen zwischen Odoaker und Eurich dazu, daß Gallien aus der Herrschaft Roms endgültig entlassen wird.

Die katholische Geschichtsschreibung betont mit Recht den Niedergang der römischen Kirche in den westgotischen Gebieten und sieht darin eine Parallele zu Nordafrika, wo die vandalische Herrschaft, die dort bis 534 besteht, auch nur verkümmernde Reste des katholischen Glaubens hinterläßt. Von da aus wird dann einsichtiger, was der Neubeginn der römischen Mission bei den Franken und die Taufe Chlodwigs ca. 600 durch Bischof Remigius von Reims bedeutet: Die Wiederaufrichtung des römischen Glaubens und Episkopats als die rettende Kontinuität der Kirche und des Christentums.

Die Westgoten sind trotz gelegentlicher örtlicher Schwierigkeiten im ganzen tolerant. Sie respektieren, jedenfalls unter Theoderich, das Römische, sowohl das Christliche als auch das Heidnische. So gibt es in den Anfängen der Westgotenherrschaft kaum Konflikte; oftmals können Bischöfe zwischen den Römischen und den Westgotischen vermitteln.

Unter Eurich kommt es darin zu einer Wende. So wie er Bischof Caesarius von Arles absetzt, passiert es auch einer Reihe weiterer Bischöfe, darunter auch Faustus von Reji. Er sorgt dafür, daß diese romorientierte Geistlichkeit ihm bei seinen Feldzügen nicht in den Rücken fällt. Ein Viertel der Bistümer soll unbesetzt sein. Die Erinnerung an die mancherlei ,,heiligen" Bischöfe dieser Vorzeit der französischen Kirche beweist noch heute die Bedeutung ihres mutvollen Einzelwiderstandes. Daneben gibt es Delegationen und Kommissionen, die am Ausgleich arbeiten. Einer dieser Kommissionen gehört wiederum Faustus von Reji an (474/5). Eurich beargwöhnt den katholischen Episkopat. Sein Nachfolger Alarich II. beruft im Jahr 506 das gotisch-gallische *Landeskonzil von Agde* mit der Zielsetzung, die römischen Diözesen, deren Gebiete teilweise noch auf römischem Gebiet liegen, zu westgotischen *Landeskirchen* zu machen (Breviarium Alaricianum). Weit überwiegend unterschreiben die Bischöfe diese neue Linie, und darin zeigt sich, daß die Durchsetzung des Papsttums in diesen Zeiten weithin mehr römisches Programm als kirchenpolitische Wirklichkeit ist.

Der Sieg des Frankenkönigs Chlodovech 486 bei Soissons und die Übernahme des italischen Königtums durch den *Ost*gotenkönig Theoderich I. (489/93 – 526) kündigt auch im politischen Sinne die Ankunft des frühen Mittelalters an. West und Ost sind noch auf Jahrhunderte hin aneinander gebunden, und doch gehen die politischen und kirchlichen Gebilde ihren eigenen Weg. Europa entsteht aus einer Unsumme von Mächten, Völkerschaften und Einzelereignissen. Keine der Kontinuitäten ist stark genug, sich unverändert zu bewahren, auch das Papsttum nicht. Das einzige, von dem eine auch in neuen veränderten Situationen nachweisbare Kraft der Kontinuität ausgeht, ist die Predigt des Wortes von Jesus Christus in den neu anhebenden Missionen.

IX. Anhang

1. Verzeichnis der benutzten Abkürzungen

(nach S. *Schwertner*, Internationales Abkürzungsverzeichnis für Theologie und Grenzgebiete, 1974 *(IATG)*):
AAWG = Abhandlungen der Akademie der Wissenschaften in Göttingen; *AGWG* = Abhandlungen der Gesellschaft der Wissenschaften zu Göttingen; *AKG* = Arbeiten zur Kirchengeschichte; *AThANT* = Abhandlungen zur Geschichte des Alten und Neuen Testaments; *BFChTh* = Beiträge zur Förderung christlicher Theologie; *BGBH* = Beiträge zur Geschichte der biblischen Hermeneutik; *BGRK* = Beiträge zur Geschichte der Reichskirche; *BHTh* = Beiträge zur historischen Theologie; *BZNW* = Beihefte zur Zeitschrift für die neutestamentliche Wissenschaft; *EdF* = Erträge der Forschung; *EHS.T* = Europäische Hochschulschriften. Reihe 23: Theologie; *FKDG* = Forschungen zur Kirchen- und Dogmengeschichte; *FKGG* = Forschungen zur Kirchen- und Geistesgeschichte; *HAW* = Handbuch der Altertumswissenschaft; *HDThG* = Handbuch der Dogmen- und Theologiegeschichte; *HJ* = Historisches Jahrbuch; *HNT* = Handbuch zum Neuen Testament; *HUTh* = Hermeneutische Untersuchungen zur Theologie; *Hyp* = Hypomnemata; *HZ* = Historische Zeitschrift; *IdF* = Impulse der Forschung; *JBAW* = Jahrbuch der bayerischen Akademie der Wissenschaften; *KGSt* = Kirchengeschichtliche Studien; *KiG* = Die Kirche in ihrer Geschichte; *KiKonf* = Kirche und Konfession; *KlT* = Kleine Texte (für theologische und philologische) Vorlesungen und Übungen; *MBTh* = Münsterische Beiträge zur Theologie; *MThS* = Münchener theologische Studien; *NAG* = Nachrichten von der Akademie der Wissenschaften in Göttingen; *PTS* = Patristische Texte und Studien; *RÉAug* = Revue des études augustiennes; *RGG* = Religion in Geschichte und Gegenwart; *RGL* = Religionsgeschichtliches Lesebuch; *SPAW.PH* = Sitzungsberichte der preußischen Akademie der Wissenschaften, philos.-histor. Klasse 1922–1938; *SQAW* = Schriften und Quellen der alten Welt; *SQS* = Sammlung ausgewählter kirchen- und dogmengeschichtlicher Quellenschriften; *StTh* = Studia theologica; *TB* = Theologische Bücherei; *TC* = Traditio christiana; *ThA* = Theologische Arbeiten; *ThF* = Theologische Forschung; *ThLZ* = Theologische Literaturzeitung; *ThQ* = Theologische Quartalschrift; *ThW* = Theologische Wissenschaft; ThWNT = Theologisches Wörterbuch zum Neuen Testament; *TKTG* = Texte zur Kirchen- und Theologiegeschichte; *ThQ* = Theologische Quartalschrift; *TRE* = Theologische Realenzyklopädie; *TU* = Texte und Untersuchungen; *TzF* = Texte zur Forschung; *UUA* = Upsala Universitets årsskrift; *VuF* = Verkündigung und Forschung; *WdF* = Wege der Forschung; *WUNT* = Wissenschaftliche Untersuchungen zum Neuen Testament; *ZKG* = Zeitschrift für Kirchengeschichte; *ZKTh* = Zeitschrift für

katholische Theologie; *ZNW* = Zeitschrift für die neutestamentliche Wissenschaft und die Kunde der älteren Kirche; *ZThK* = Zeitschrift für Theologie und Kirche.

2. Literatur in Auswahl

Allgemeine Hilfsmittel zum Studium der Kirchengeschichte

Quellensammlungen: J. Neuner/H. Roos SJ, Der Glaube der Kirche in den Urkunden der Lehrverkündigung, hg. v. K. Rahner, K.-H. Weger, 1979[10]; H. Ristow, W. Schultz, Quellen. Ausgewählte Texte aus der Geschichte der christlichen Kirche, 1963 ff.; J. Leipoldt, W. Grundmann, Umwelt des Christentums, 3 Bde., 1972[3]; H. Denzinger, A. Schönmetzler, Enchiridion symbolorum Definitionum et Declarationum de Rebus Fidei et Morum, 1976[36]; C. Mirbt, K. Aland (Hg.), Quellen zur Geschichte des Papsttums und des römischen Katholizismus, Bd. 1: Von den Anfängen bis zum Tridentinum, 1967[6] (neu bearb.); *A. M. Ritter,* Alte Kirche, in: H. Obermann, A. M. Ritter, H.-W. Krumwiede, Kirchen- und Theologiegeschichte in Quellen, Bd. 1, 1985[3].

Lexika, Nachschlagewerke: Realenzyklopädie für protestantische Theologie und Kirche, hg. v. A. Hauck, 24 Bde., 1896 ff.[3] (RE), (s. u. TRE); Reallexikon für Antike und Christentum (RAC), hg. v. Th. Klauser, 1950 ff.; *Lexikon für Theologie und Kirche (LThK),* 10 Bde., hg. v. J. Höfer, K. Rahner, 1957[2]; Evangelisches Kirchenlexikon (EKL), 4 Bde., hg. von H. Brunotte, O. Weber, 1961[2] (In Neubearb. begriffen); Religion in Geschichte und Gegenwart (RGG), hg. v. K. Galling, 6 Bde., 9. Aufl. 1957 ff.; *Der kleine Pauly.* Lexikon der Antike. Auf der Grundlage von Paulys Realencyklopädie der classischen Altertumswissenschaft ... hg. v. K. Ziegler, W. Sontheimer, 5 Bde., 1964 ff.; Theologische Realenzyklopädie (TRE), 1976 ff., im laufenden Erscheinen begriffen; G. Heinz-Mohr, Lexikon der Symbole, Bilder und Zeichen der christlichen Kunst, 1983[7]; H. Krüger u. a. (Hg.), Ökumene-Lexikon (ÖL), 1983; B. Altaner, W. Stuiber, Patrologie. Leben, Schriften und Lehre der Kirchenväter, 1980[9]; C. Andresen, G. Denzler, Wörterbuch der Kirchengeschichte, dtv 1982; K.-D. Schmidt, G. Ruhbach, Chronologische Tabellen zur Kirchengeschichte, 1979[4], bearb. von H. Reller.

Atlanten: H. Jedin, K. S. Latourette, J. Martin (Hg.), Atlas zur Kirchengeschichte. Die christlichen Kirchen in Geschichte und Gegenwart, 1970; F. H. Littell, E. Geldbach, Atlas zur Geschichte des Christentums. Karten, Übersichten, Kommentare, 1980.

Übersichtsdarstellungen zur Geschichte der alten Kirche: A. v. Harnack, Die Mission und Ausbreitung des Christentums in den ersten drei Jahrhunderten (1924), Neudruck o. J.; K. Bihlmeyer, H. Tüchle, Kirchengeschichte, 1. Teil: Das christliche Altertum, 1958[16]; H. Lietzmann, Geschichte der alten Kirche, 4 Bde., 1961[4]; P. Carrington, The Early Christian Church, 2 Bde., 1957; K. Baus, Von der Urgemeinde zur frühchristlichen Großkirche, in: H. Jedin

(Hg.), Handbuch der Kirchengeschichte, Bd. 1, 1962³; J. Danielou, H.-I. Marrou, Von der Gründung der Kirche bis zu Gregor d. Gr., in: L. J. Rogier, R. Aubert, M. D. Knowles, Geschichte der Kirche, Bd. 1, 1963; P. Kawerau, Geschichte der alten Kirche, Bd. 1, 1967; R. Kottje, B. Moeller (Hg.), Ökumenische Kirchengeschichte, Bd. 1, 1977²; C. Andresen, Christliche Archäologie, KiG 1 B (1. Teil), 1971; H. Chadwick, Die Kirche in der antiken Welt, 1972; K. Baus, E. Ewig, Die Reichskirche nach Konstantin dem Großen, in: H. Jedin (Hg.), Handbuch der Kirchengeschichte, Bd. II, 1, 1973; C. Andresen, Geschichte des Christentums I: Von den Anfängen bis zur Hochscholastik, ThW 6, 1975; K. Aland, Geschichte der Christenheit, 2 Bde., 1980/82; E. Mühlenberg, Epochen der Kirchengeschichte, 1980; H. Kraft, Die Entstehung des Christentums, 1981; H. Opitz, Die Alte Kirche. Ein Leitfaden durch die ersten fünf Jahrhunderte, 1983; N. Brox, Kirchengeschichte des Altertums, 1983; G. Barraclough (Hg.), Die Welt des Christentums. Kirche und Gesellschaft in zwei Jahrtausenden, 1982; K. S. Frank, Grundzüge der Geschichte der alten Kirche, 1984; W. H. C. Freud, The Rise of Christianity, 1984; H. Jedin (Hg.), Handbuch der Kirchengeschichte, 10 Bde., Paperback-Ausgabe 1985.

Übersichtsdarstellungen zur Theologiegeschichte der alten Kirche: M. Schmaus, J. Geiselmann, A. Grillmeier, Handbuch der Dogmengeschichte, 1951 ff.; A. Adam, Lehrbuch der Dogmengeschichte, 2 Bde., 1981⁴; B. Lohse, Epochen der Dogmengeschichte 1978⁴; C. Andresen (Hg.), Handbuch der Dogmen- und Theologiegeschichte, 3 Bde., 1980 ff., bes. Bd. 1: Die Lehrentwicklung im Rahmen der Katholizität, 1982, mit Einzelbeiträgen von: C. Andresen, A. M. Ritter, K. Wessel, E. Mühlenberg, M. A. Schmidt; K. Beyschlag, Grundriß der Dogmengeschichte I, 1982.

Biographien von Kirchenvätern in Einzeldarstellungen: H. v. Campenhausen, Die griechischen Kirchenväter, 1981⁶; ders., Lateinische Kirchenväter, 1965²; M. Greschat (Hg.), Gestalten der Kirchengeschichte. Alte Kirche I, 1984.

I. Der Streit um die Trinitätslehre

(Vgl. dazu die Dogmen- und Theologiegeschichten, Bd. 2, S. 189). *F. Hahn* (Hg.), Bibliothek der Symbole und Glaubensregeln der Alten Kirche, 1897³; *H. M. Gwatkin,* Studies of Arianism, 1900²; *A. Lichtenstein,* Eusebius von Nikomedien, 1903; *G. Krüger,* Das Dogma von der Dreieinigkeit ... in seiner geschichtlichen Entwicklung, 1905; *H. G. Opitz,* Urkunden zur Geschichte des arianischen Streits, 1934/35, Bd. III, 1 (darin: Bekenntnisse und Briefe des Arius, einschlägige Schriften des Athanasius bis 328); *H. Berkhof,* Die Theologie des Eusebius von Caesarea, 1939; *W. Schneemelcher,* Athanasius von Alexandrien als Theologe und als Kirchenpolitiker, = ZNW 43 (1952) 242 ff.; *W. Schneemelcher,* Zur Chronologie des arianischen Streits, = ThLZ 79 (1954), 393 ff.; *H. Dörrie,* Hypostasis, NAG 1955, 3, 53 ff.; *G. Kretschmar,* Studien zur frühchristlichen Trinitätstheologie, BHTh 21, 1956; *H. v. Campenhausen,* Das Bekenntnis Eusebs von Caesarea (Nicaea 325), = ZNW 67 (1976) 123 ff.; *R. Lorenz*, Arius judaizans?, FKDG 31, 1979; *L. Abramowski*, Dionys von Rom (267) und Dionys von Alexandrien (264/65) in den arianischen Streitigkeiten des 4. Jahrhunderts, = ZKG 93 (1982), 240 ff.

II. Die Kirchenpolitik im vierten Jahrhundert

Kirchenpolitik nach Konstantin. K. Lübeck, Reichsteilung und kirchliche Hierarchie des Orients bis zum Ausgang des vierten Jahrhunderts, = KG St 5.4, 1901; *H. v. Schubert*, Das älteste germanische Christentum oder der sogenannte „Arianismus" der Germanen, 1909; *H. Lietzmann*, Das Problem Staat und Kirche im weströmischen Reich, SPAW. PH 11, Berlin 1940; *W. Ensslin*, Die Religionspolitik des Kaisers Theodosius d. Gr., SAM 1953, H. 2; *W. Ensslin*, Der Kaiser in der Spätantike, = HZ 177, 1954, 449 ff.; L. Greenslade, Church and State, from Constantine to Theodosius, 1981; *H. Rahner*, Kirche und Staat im frühen Christentum, 1961 (Dokumente in Übers.); *P. Löffler*, Die Trinitätslehre des Hilarius zwischen Ost und West, = ZKG 71 (1960), 26 ff.; *R. Klein*, Constantius II. und die christliche Kirche, IdF 26, 1977; *H. Offermanns*, Der christologische und trinitarische Personenbegriff der frühen Kirche, = EHS.T 108, 1978; *G. M. Newlands*, Hilary of Poitiers: A Study in theological Method, = EHS.T 108, 1978; *H. C. Brennecke*, Hilarius von Poitier und die Bischofsopposition gegen Konstantius II. Untersuchungen zur dritten Phase des arianischen Streites (337–361), PTS 26, 1984.

Julian, Texte, Übersetzungen: K. J. *Neumann* (Hg.), Kaiser Julians Bücher gegen die Christen (dt.), 1880; *Ammianus Marcellinus*, Römische Geschichte, 2 Bde., = SQAW 1968/70; *B. K. Weis* (Hg.), Julians Briefe, 1973. – *Literatur:* J. *Bidez*, Kaiser Julian. Der Untergang der heidnischen Welt, rde 26, 1956; *R. Klein*, Julian Apostata, WdF 509, 1978; *L. Benoist-Méchin*, Kaiser Julian oder der verglühte Traum, 1979.

Ambrosius. H. v. Campenhausen, Ambrosius von Mailand als Kirchenpolitiker, 1929; *G. Gottlieb*, Ambrosius von Mailand und Kaiser Gratian, = Hyp 40, 1973; *R. Klein*, Symmachus, eine tragische Gestalt des ausgehenden Heidentums, IdF 2, 1971; *R. Klein*, Der Streit um den Victoriaaltar, = TzF 7, 1972; *G. Fatouros, T. Krischer* (Hg.), Libanios, WdF 621, 1983: *A.-L. Fenger*, Aspekte der Soteriologie und Ekklesiologie bei Ambrosius von Mailand, = EHS.T 149, 1981.

III. Der Abschluß der Trinitätslehre

Biographien zu Basilius und Gregor von Nyssa s. bei v. Campenhausen und Greschat s. Bd. 2, S. 189; – *M. Gomez de Castro*, Die Trinitätslehre des heiligen Gregor von Nyssa, 1938; *L. Fischer*, Basilius der Große, 1953; *H. Dörries*, De spiritu sancto. Der Beitrag des Basilius zum Abschluß des trinitarischen Dogmas, = AAG phil.-hist. Kl. 3, 39, 1956; *H. Dehnhardt*, Das Problem der Abhängigkeit des Basilius von Plotin, = PTS 3, 1964; *A. M. Ritter*, Das Konzil von Konstantinopel und sein Symbol, 1965; *E. Mühlenberg*, Die Unendlichkeit Gottes bei Gregor von Nyssa, = FKDG 16, 1966; *W.-D. Hauschild*, Gottes Geist und der Mensch. Studien zur frühchristlichen Pneumatologie, BevTh 63, 1972. *Zur Gesprächslage*. *H. Thielicke*, Ich glaube. Das Bekenntnis der Christen, 1967²; *R. Rein* (Hg.), Das Glaubensbekenntnis. Aspekte für ein neues Verständnis, 1968²; *Th. Schneider*, Was wir glauben. Eine Auslegung des Apostolischen Glaubensbekenntnisses, 1985.

IV. Das christliche Mönchtum

M. Heimbucher, Die Orden und Kongregationen der katholischen Kirche (1896 ff.), 1980⁴; *K. Holl*, Gesammelte Aufsätze zur Kirchengeschichte II, 1928, darin: Die schriftstellerische Form des griechischen Heiligenlebens (1912), S. 249 ff., sowie: Über das griechische Mönchtum (1898), S. 270 ff.; *L. v. Hertling*, Antonius der Einsiedler, 1929; *Ch. Baur*, Der heilige Johannes Chrysostomus und seine Zeit, 2 Bde., 1929/30; *Ph. Oppenheim*, Das Mönchskleid im Altertum, = Römische Quartalschrift, Suppl. 28, 1931; *H. Koch*, Quellen zur Geschichte der Askese und des Mönchtums in der alten Kirche, = SaQu NF 6, 1933; *H. Dörries*, Die Vita Antonii als Geschichtsquelle, NAG 1949, H. 14; *J. Leipoldt*, Der soziale Gedanke in der altchristlichen Kirche (1952), 1970²; *A. Adam*, Grundbegriffe des Mönchtums in sprachlicher Sicht, in: ZKG 65 (1953/54), 209 ff.; *U. Ranke-Heinemann*, Das frühe Mönchtum. Seine Motive nach den Selbstzeugnissen, 1964; *B. Miller* (Hg.), Weisung der Väter, 1965 (dt. Übers.); *R. Lorenz*, Die Anfänge des abendländischen Mönchtums im 4. Jahrhundert, = ZKG 77 (1966), 1 ff.; *S. Frank* (Hg.), Mönche im frühchristlichen Ägypten, 1967 (Übers. der Historia monachorum); *F. Ruppert*, Das pachomianische Mönchtum und die Anfänge des klösterlichen Gehorsams, 1971; *H. Bacht*, Das Vermächtnis des Ursprungs. Studien zum frühen Mönchtum, 1, 1972; *E. Brunner-Traut*, Die Kopten. Leben und Lehre der frühen Christen in Ägypten, 1982; *K. S. Frank*, Grundzüge der Geschichte des christlichen Mönchtums, = Grundzüge 25, 1983⁴.

V. Die Entwicklung der Metropolitanverfassung und der Aufstieg des Papsttums

Grundlegende Papstgeschichten. *L. v. Pastor*, Geschichte der Päpste seit dem Ausgang des Mittelalters, 16 Bde., 1886–1928, zT in Neuauflage, 1958–1959¹¹; *E. Caspar*, Geschichte des Papsttums von den Anfängen bis zur Höhe der Weltherrschaft, 2 Bde., 1930. 1933; *F. X. Seppelt*, Geschichte der Päpste von den Anfängen bis zur Mitte des 20. Jahrhunderts, 5 Bde. (1931–41), ab 1955 2. Aufl. hg.

v. G. Schwaiger; *J. Haller,* Das Papsttum. Idee und Wirklichkeit, 5 Bde., 1950–1953; Neudruck 1962. Ferner: *A. Franzen, R. Bäumer,* Papstgeschichte. Das Petrusamt in seiner Idee und seiner geschichtlichen Verwirklichung in der Kirche, 1974. 1980².

Kirchenrecht, Konzilien. E. Feine, Kirchliche Rechtsgeschichte, Bd. I: Die katholische Kirche, 1972⁵; *H. Jedin,* Kleine Konziliengeschichte, 1981³; *W. Brandmüller* (Hg.), Konziliengeschichte, 1981 ff.; darin H. J. Sieben, Die Konzilsidee der alten Kirche, 1979, = Konzilsgeschichte R. B.: Untersuchungen; *Zu Einzelthemen. W. Riedel,* Die Kirchenrechtsquellen des Patriarchats von Alexandrien, 1900; *V. Schultze,* Altchristliche Städte und Landschaften, I. Konstantinopel (324–450), 1913; *B. J. Kidd,* The Roman Primacy to A. D. 461, 1936; *G. Roethe,* Zur Geschichte der römischen Synoden im 3. und 4. Jahrhundert, FKGG 11, 1937, H. 2; *F. Heiler,* Altkirchliche Autonomie und päpstlicher Zentralismus, 1941; *E. Schwartz,* Ges. Schriften III (Athanasius) und IV (Zur Geschichte der alten Kirche und ihres Rechts), hg. von W. Eltester, H. D. Altendorf, 1959/60; *P.-P. Joannu,* Die Ostkirche und die Cathedra Petri im 4. Jahrhundert, bearb. von G. Denzler, = Päpste und Papsttum 3, 1972; *W. Ohnsorge,* Ost-Rom und der Westen, Ges. Aufss. zur Geschichte der byzantinisch-abendländischen Beziehungen und des Kaisertums, 1983. In Fortsetzung erscheint als Reihe: *G. Denzler* (Hg.), Päpste und Papsttum, ab 1971 ff. (bisher 20 Bde.).

VI. Die christologischen Klärungen

Vgl. hierzu die Darstellungen der Theologie- und Dogmengeschichte. Ferner: *H. Lietzmann,* Apollinaris von Laodicea und seine Schule 1, 1904; *C. Baur,* Der hl. Johannes Chrysostomus und seine Zeit, 2 Bde., 1929/30; *A. Grillmeier, A. Bacht* (Hg.), Das Konzil von Chalcedon, Geschichte und Gegenwart, 3 Bde., 1951–54 (Aufsatzsammlung verschiedener Autoren, einschließlich Vorgeschichte, Standardwerk); *U. Wickert,* Studien zu den Pauluskommentaren Theodors von Mopsuestia, 1962; *E. Mühlenberg,* Apollinaris von Laodicea, FKDG 23, 1969; *J. Flemming,* Akten der Ephesinischen Synode aus dem Jahr 449 (1917), = AAG philolog.-hist. Kl. NF 15/1, 1970²; *H. Karpp,* Textbuch zur altkirchlichen Christologie, 1972 (dt. Übers.); *A. Gilg,* Weg und Bedeutung der altkirchlichen Christologie (1936), = TB 4, 1966; *A. M. Ritter,* Charisma im Verständnis des Johannes Chrysostomos und seiner Zeit. Ein Beitrag zur Erforschung der griechisch-orientalischen Ekklesiologie in der Frühzeit der Reichskirche, = FKDG 25, 1972; *G. Sauter,* Christologie in geschichtlicher Perspektive, VuF 21, 1976; *H. Dembowski,* Einführung in die Christologie, 1976 (systematisch); *L. Abramowski,* Drei christologische Untersuchungen, 1981; *H.-G. Beck,* Geschichte der orthodoxen Kirchen im byzantinischen Reich, = KiG 1, Liefrg. B 1, 1980; *B. Studer,* Gott und unsere Erlösung im Glauben der Alten Kirche, 1985.

VII. Augustin

Biographie und theologische Einzelaspekte. J. Nörregaard, Augustins Bekehrung, 1923; *H. Leisegang,* Der Ursprung der Lehre Augustins von der ‚Civitas Dei', = AKG 16, 1925, 127 ff.; *K. Holl,* Augustins innere Entwicklung (1922), in: Ges. Aufss. zur KG III, 1928, 54 ff.; *G. Nygren,* Das Prädestinationsproblem in der Theologie Augustins, = FKDG 5, 1956; *J. Ratzinger,* Volk und Haus Gottes in Augustins Lehre von der Kirche, = MThS 2, 7, 1954; *H. v. Campenhausen,* Augustin und der Fall von Rom, in: Tradition und Leben, 1960, 253 ff.; *R. Lorenz,* Gnade und Erkenntnis bei Augustinus, = ZKG 75 (1964), 21 ff.; *U. Duchrow,* Sprachverständnis und biblisches Hören bei Augustin, HUTh 5, 1965; *H. Jonas,* Augustin und das paulinische Freiheitsproblem. Eine philos. Studie zum pelagianischen Streit, Forschungen zur Religion 27, 1965²; *A. Schindler,* Wort und Analogie in Augustins Trinitätslehre, = HUTh 4, 1965; *P. Brown,* Augustinus von Hippo (1967), 1973 (gute Einführung); *A. A. T. Ehrhardt,* Politische Metaphysik von Solon bis Augustin, Bd. 3: Civitas Dei, 1969; *W. Marschall,* Karthago und Rom. Die Stellung der nordafrikanischen Kirche zum apostolischen Stuhl in Rom, = Päpste und Papsttum 1, 1971; *K. Andresen* (Hg.), Zum Augustinusgespräch der Gegenwart I, = WdF 5, 2 Bde.: 1962 (Bibliographie), 1981². *H.-J. Marrou,* Augustinus und das Ende der antiken Bildung, 1981; *A. Schindler,* Art. Augustin, in: TRE 4, 645 ff.; *E. Mühlenberg,* Dogma und Lehre im Abendland, Kap. I: Augustin – die schöpferische Grundlage der Tradition, in: HDThG 1, 406 ff.

Pelagianischer Streit. A. Bruckner, Quellen zur Geschichte des pelagianischen Streits, 1906; *T. Bolin,* Die Theologie des Pelagius und ihre Genesis, = UUA 9, 1957; *H. Ulbrich,* Augustins Briefe zur entscheidenden Phase des pelagianischen Streites, = REAug 9, 1963, 51 ff., 235 ff.; *G. Greshake,* Gnade als konkrete Freiheit. Eine Untersuchung zur Gnadenlehre des Pelagius, 1972; *O. Wermelinger,* Rom und Pelagius. Die theologische Position der römischen Bischöfe im pelagianischen Streit in den Jahren 411–432, = Päpste und Papsttum 7, 1975; *F. v. Lilienfeld, E. Mühlenberg,* Gnadenwahl und Entscheidungsfreiheit in der Theologie der Alten Kirche, = Oikonomia 9, 1980; *W. Erdt,* Marius Victorinus Afer. Der erste lateinische Pauluskommentator. Studien zu seinen Pauluskommentaren im Zusammenhang der Wiederentdeckung des Paulus in der abendländischen Theologie des 4. Jahrhunderts, = EHS.T 135, 1980.

VIII. Der Ausgang der antiken Kirchengeschichte im Westen

Auflösung des Reiches, Epochengrenze, Germanen. Texte und Übers.: O. Veh (Hg.), Prokop, Werke, 5 Bde., (griech.-dt.), Göschen 1117, 1970⁴; *O. Veh* (Hg.), Ammianus Marcellinus. Das römische Weltreich vor dem Untergang, = Bibliothek der alten Welt, Römische Reihe, 1974. — *Literatur: O. Seeck,* Geschichte des Untergangs der antiken Welt, I–VI (1909–1921), Nachdruck 1966; *M. A. Wes,* Das Ende des Kaisertums im Westen des römischen Reiches, 1967;

P. E. Hübinger (Hg.), Kulturbruch oder Kulturkontinuität im Übergang von der Antike zum Mittelalter, = WdF 201, 1968; *P. E. Hübinger* (Hg.), Zur Frage der Periodengrenze zwischen Altertum und Mittelalter, = WdF 51, 1969; *W. Rehm,* Der Untergang Roms im abendländischen Denken (1930), 1969; *K. Christ,* (Hg.), Der Untergang des römischen Reiches, = WdF 269, 1970; *J. Haller, H. Dannenbauer,* Der Eintritt der Germanen in die Geschichte, Göschen 1117, 1970[4]; *R. Lorenz,* Das vierte bis sechste Jahrhundert (Westen), = KiG 1, Bd. 1, Liefg. C 1, 1970; *F. Wieacker,* Die Krise in der antiken Welt, = Vortragsreihe der Niedersächsischen Landesregierung 50, 1974; *H.-W. Goetz,* Die Geschichtstheologie des Orosius, IdF 32, 1980; *A. Demandt,* Der Fall Roms. Die Auflösung des römischen Reiches im Urteil der Nachwelt, 1984; *Die Germanen.* Geschichte und Kultur der germanischen Stämme in Mitteleuropa... Ausgearb. von einem Autorenkollektiv, Bd. 2: Die Stämme und Stammesverbände in der Zeit vom 3. Jh. bis zur Herausbildung der politischen Vorherrschaft der Franken, 1983, = Veröff. des Zentralinstituts für alte Geschichte und Archäologie der Akademie der Wissenschaften der DDR; *J. D. Randers-Pehrsen,* Barbarian and Romans. The birth Struggle of Europe, A. D. 400–700, 1983.

Goten, Hunnen, Gallien. F. Altheim, Attila und die Hunnen, 1951; *K. Schäferdieck,* Die Kirche in den Reichen der Westgoten und Suewen bis zur Errichtung der westgotischen katholischen Staatskirchen, = AKG 39, 1967; *G. Laszlo,* Steppenvölker und Germanen, 1970; *H.-J. Diesner,* Die Völkerwanderung, 1976; *M. Heinzelmann,* Bischofsherrschaft in Gallien. Zur Kontinuität römischer Führungsschichten vom 4. bis 7. Jahrhundert. Soziale, prosopographische und bildungsgeschichtliche Aspekte, 1976; *E. Ewig,* Spätantikes und fränkisches Gallien, = Ges. Schriften (1952–1973), hg. von *H. Atsma,* 2 Bde., 1976/79; *H. Wolfram,* Geschichte der Goten. Von den Anfängen bis zur Mitte des sechsten Jahrhunderts, 1979.

Semipelagianismus: A. Bruckner, Julian von Eclanum, = TU 15, 3, 1897; *R. Lorenz,* Der Augustinismus Prospers von Aquitanien, = ZKG 73 (1962), 217 ff.; *H. Fischer,* Die Schrift des Salvian von Marseille „An die Kirche", = EHS.T 57, 1976; *J. Badewin,* Geschichtstheologie und Sozialkritik im Werk Salvians von Marseille, = FKDG 32, 1980.

Papst Leo I. V. Gluschke, Die Unfehlbarkeit des Papstes bei Leo d. Gr., 1938; *K. D. Schmidt,* Papa Petrus ipse, = ZKG 54 (1935) 267 ff. = Ges. Aufs., 1967, 24 ff.; *G. Langgärtner,* Die Gallienpolitik der Päpste im 5. und 6. Jahrhundert. Eine Studie über den apostolischen Vikariat in Arles, = Theophaneia 16, 1964; *W. Ullmann,* Gelasius I. Das Papsttum an der Wende von der Spätantike zum Mittelalter, 1981.

3. Personen-, Orts- und Sachregister

Adeodatus 119
Adoptianismus 16, 20f.
Adrianopel 48
Aetius 161
Aetius von Alexandria 38
Afrahat 76
Agde, Landeskonzil von (506) 166
Aidesios 44
Alarich 95, 151
Alarich II. 166
Albinus 161
Alexander d. Gr. 142
Alexander von Alexandria 14, 17, 29, 30
Alexandria 13f., 17, 23, 30f., 33, 53, 69, 72, 79, 80, 87, 90, 94, 102, 104ff., 114, 115
Altarianer s. Anhomöer
Alypius 123
Ambrosiaster 104
Ambrosius von Mailand 49ff., 80, 122
Amt – Inspiration 164
Amun 65f.
Anachoreten 67ff.
Anastasius von Thessaloniki 162
Andragathius 53
Anhomöer (Altarianer) 38, 41
Ankyra 44
Anthemius 165
Anthropologie
– Natur 131ff., 146, 156
– Seele 70, 78, 101, 108, 112, 120, 121f., 126, 136, 160
– Sünde 77, 101, 112
– Erbsünde 132ff.
– Konkupiszenz 128
– Glaube (opus operantis) 126
– Natur des Menschen 131ff.
– Natur und Gnade 126ff., 131, 137
– Gnade 140, 143
– Gnade (zuvorkommend) 137
– Gnade (kooperierend) 149, 159
– Gnade (bewahrend) 158
– Gnade (Alleinwirksamkeit) 135
– Willensunfreiheit 128
– Willensfreiheit 134, 136
– Erwählung 132ff., 143
– Demut 128
– Unsterblichkeit 69
Antiaugustinismus 153f.
Antichrist 39
Antiochia 13f., 32, 34, 36, 39, 42, 44, 47, 80, 87, 90, 94, 97, 102ff., 108, 112
Antonius 67ff., 122f.
Aphthonius 72
Apokalyptik 39f., 54
Apollinaris von Laodicea 101
Apologeten 13
Apophthegmata patrum (Sprüche der Väter) 65
Apostolischer Stuhl 86
Appellation 35, 85, 91
Arausio (Orange), Synode von (529) 149, 159
Arbogast 50
Arianismus 32, 45
Aristotelismus 62
Arius 14, 28, 30
Arles 38, 151
Armenien 47
Arsakios 43
Arsisius 75
Askese 65ff., 68, 77f., 114
Athanasius 17, 29, 30f., 33ff., 37, 38, 43, 56, 58, 67f., 84f., 87, 101
Athaulf 151
Attila 153, 164
Audientia episcopalis 86, 91
Augustin 49, 94, 104, 113ff., 152f., 157, 159
Auxentius von Mailand 50

Baradatos 76
Basilius von Caesarea 45f., 49, 57ff., 63, 77, 87
Basilius-Regel 77
Beichte 77
Benedikt von Nursia 64

Beröa 38
Berytos 44
Bischof 30, 34, 51, 80
- Metropolit 34
- Sukzession 81, 86, 161
- Mönchsbischof 77 ff.
Bologneser Rechtsschule 162
Botherich 52
Breviarium Alaricianum 166
Byzanz 113

Caelestin 156
Caelestius 133, 139
Caesarea/Kappadozien 44, 97
Caesarea/Palästina 44, 97
Caesarius von Arles 166
Cassian 156
Cassiciacum 123
Causae majores 95
Celidonius von Vienne 163
Chalcedon, 4. ökumenisches Konzil von (451) 80, 100, 111 ff.
Character indelebilis 126
Chlodowech 166
Chlodwig 165
Christologie
- Gottheit Jesu Christi 13 ff.
- Logos/Seele 24
- immerwährende Zeugung 24
- Logoschristologie 20 ff.
- Wort 61
- Inkarnation 18, 106
- Werkchristologie 135
- Logos-sarx- (Wort-Fleisch-) Schema 100
- Hypostase 101
- communicatio idiomatum 110, 112
- Mittler 135
- homo-usios 101
- hypostatische Union 106
- Entäußerung (exinanitio) 110
- Kosmokrator 113
Chrysanthos 44
Chrysaphius 108
Chrysostomus 114
Cicero 119, 140
Circumcellionen 115, 124
Cirta 157

Coelestin 104 f.
Cunctos populos, Edikt 48, 87, 90
Cyprian 80, 126

Damasus I. von Rom 48, 53, 78, 85
Dämonen 64, 68
Decius 39
Decretum Gelasianum 91
Dekretalengesetzgebung 41, 86, 94
Demetrias 132
Diakone 95
Diakonie 43
Diodor von Tarsus 32, 47, 76, 102, 108
Diokletian 65
Dionys von Alexandria 25
Dionys von Rom 25
Dioskur von Alexandria 108, 110, 162
Diospolis, Synode von (416) 133
Dogma 11, 62
Domnus von Antiochien 108
Donatismus 82, 114, 124
Dualismus 65, 127, 144
Dyophysitismus 102 ff.

Emeritus 125
Ephesus 97
Ephesus, 3. ökumenisches Konzil von (431) 107 f.
Ephesus, Synode von (449) 163
Epiphanius 76
Eremiten 64
Erlösung s. a. Soteriologie
Erlösung – physische 18
Erste sirmische Formel 37 f.
Erziehung 78, 146
Eschatologie 69, 113
Ethik 133
Eudoxia 164
Eugenius 50
Eunomius von Alexandria 38
Eurich 165 f.
Euseb von Caesarea 32
Euseb von Nikomedien 14, 28 f., 30, 32, 44
Eusthatius von Sebaste 57, 77

Eutyches 109 ff.
Evagrius Ponticus 77 f.

Familie 147
Faustus von Reji 120, 156, 166
Felicianisches Schisma 39
Felix II. von Rom 39
Flavian von Konstantinopel 108, 111
Franz von Assisi 79
Frau(en) 76
Frühkatholizismus 55, 80

Galla Placidia 151
Gallienus 65
Gangra, Synode von (ca. 343) 77
Gaudentius 36
Gaza 44
Gebet 68
Geiserich 153, 164
Gelasius I. 31, 159
Georg von Kappadozien 44
Germanen 95
Gervasius 50
Gesetz und Evangelium 51
Gewißheit 123
Gnade s. Anthropologie
Goten 48, 50, 95, 113, 151, 159
Gotteslehre
– Trinität 13 ff.
– Subordination 24
– Monarchianismus 15, 21, 29
– Modalismus 22
– ökonomische Trinität 22
– immanente Trinität 23, 58 ff., 115
– Person 32
– Hypostase 16, 23, 28, 29, 32, 36, 37, 42, 56, 59 ff.
– homo-usios 25 ff. u. ö.
– usia (Wesen) 59 ff. u. ö.
– Unionsbekenntnis von Konstantinopel (360) 42
– Gotteserkenntnis 121, 126 ff.
– Normbekenntnis (380) 48
– reiner Geist 120
Gratian 48, 52 f., 80, 85 f., 87, 95
Gregor von Nazianz 47, 57 ff., 77
Gregor von Nyssa 57 ff., 77, 102

Gregor I. 159, 161
Gregorius von Alexandria 34

Heidentum 45, 49, 53 f., 114
Heilsgeschichte (Heilsplan, Oikonomia) 42, 59, 86, 94, 135, 137, 143 f., 157, 161
Helios 45
Helvidius 78
Herakleopolis 68
Hieronymus 77, 132
Hilarion 76
Hilarius von Arles 163
Hilarius von Poitier 39, 56
Hippo Rhegius 113 f., 118, 153
Hippolyt 21, 100
Historia lausiaca 65
Historia Monachorum 65
Hl. Geist s. Pneumatologie
Hl. Schrift 41, 42, 68 f., 72, 122, 129 f., 158
Hl. Stuhl 111
Honorius 95, 151
Hosius von Cordoba 28, 35, 40, 41
Hunnen 48, 110, 113
Hypatia 114

Ibas von Edessa 103, 108, 111
Illuminationstheorie 127
Innozenz I. von Rom 41, 95, 132, 133 f., 136, 139, 162
Interdikt 52
Isaak-Prozeß 85
Islam 97

Jakobus (Mönch) 134
Jamblichos 43 f.
Jerusalem 28, 63, 80, 97, 133
Johannes Chrysostomus von Konstantinopel 32, 46, 103
Johannes von Antiochien 107 f.
Jovian 47 f.
Jovinian 78
Jovinus 151
Julian 43 ff., 47
Julian von Eclanum 133, 156
Julius Konstantius 44
Julius I. von Rom 34, 36, 81, 84

Jungnizäner 58 ff.
Jurisdiktion 86, 97, 161
Justina 50
Justinian I. 76

Kain und Abel 142 f.
Kallinikuum 52
Kallist 21
Karl d. Gr. 147
Karthago 119, 157
Karthago, Synode von (411) 124
Karthago, Synode von (416) 133
Karthago, Synode von (418) 132, 138
Katholizität s. Kirche
Kindertaufe 138
Kirche
– katholische 49, 91, 114 ff., 157, 159
– Reichskirche 45 ff., 48, 80, 91 u. ö.
– bei Augustin 145
– Donatisten 124
– Mutterkirchen 84
– wahre Kirche 82, 145
– Heilsraum 19
– Autonomie 17
Kirchenrecht 34, 36, 38, 40, 50, 54, 80 ff., 85, 91, 96
Kirche-Staat 9 f., 31 ff., 38, 40, 49 ff., 83, 96
Konstans I. 31, 33 ff., 36, 124
Konstantin I. 13, 30, 44, 142
Konstantin II. 33 f., 36
Konstantinisches Zeitalter 9 f., 49
Konstantinopel 41, 42, 44, 48, 80 ff., 90, 102, 104 ff.
– Neurom 96
Konstantinopel, Synode von (360) 42, 56
Konstantinopel, zweites ökumenisches Konzil von (381) 30, 62 f., 80, 87
Konstantinopel, Synode von K. und Rom (382) 91
Konstantius II. 31, 33 ff., 37 ff., 43 ff., 50, 56
Konstantius III. 151
Konzil 39
Kreatianismus 137
Kronius 75

Krypto-Pelagianismus 159
Kultur 54
Kurie 95
Kyrill von Alexandrien 103, 104 ff.

Laeta 77 f.
Laie(n) 51
Laktanz 41
Landeskirchen 166
Lehramt 86
Lehrgewalt 161
Leo I. 96 ff., 109 f., 160 ff.
Lerin, Kloster 156
Libanios 44
Liber praedestinatus 156
Liber pontificalis 161
Liberius von Rom 38, 40, 85
Lukian – Syllukianisten 14, 28, 32, 102
Luther 113, 126, 135
Lykopolis 82

Magnentius 37
Mailand 36, 38, 39, 42, 113, 122
Makarius, römischer Präfekt 124
Manichäismus 119
Marcell von Ankyra 33, 37
Marcellina 50
Maria 18, 25, 42, 78, 102, 104, 107 f., 109, 112
– Gottesgebärerin 105 ff.
Maria, Schwester des Pachomius 70
Marius Victorinus 122
Markian 96, 111
Markus 94
Marrou, H.-J. 153
Martin von Tours 79
Martyrium 39, 46
Maximian 39
Maximus 50
Maximus von Trier 35
Meletianisches Schisma 87
Meletius 57, 87
Melitianisches Schisma 82
Melitius von Lykopolis 82
Messalianer 76 f.
Metropolit 82 ff., 87
Mileve, Synode von (416) 133

178

Mithras 45
Monarchienlehre 143
Mönchtum 64 ff.
Monika 114, 118, 123
Monophysitismus 101 ff.

Nachfolge 65 ff., 103, 131 f.
Nachfolger Petri 161
Nero 39, 94
Nestorianer 108, 112
Nestorius von Konstantinopel 103, 104 ff., 111, 156
Neuplatonismus 43 f., 115
Nikomedia 44
Nizäa, erste ökumenische Synode (325) 25 ff.
Nizäno-Konstantinopolitanum 63
Noet 21
Novatianischer Streit 84

Odoaker 165
Ökumene 125
Optatus von Mileve 95, 124
Origines 14, 17, 23, 29, 30
Orosius 133
Ostia 123

Pabau 72
Pachomius 70 ff.
Pachomius-Regel 71
Palamon 70
Palladios von Helenopolis 65
Palladius 72
Panapolis 72
Papst, Papsttum 35, 80 ff., 90 ff., 94 ff., 160
Parmenian 124
Patriarchat 36, 80, 97
Patricius, Vater Augustins 118
Patricius Orestes 165
Paul von Samosata 25, 28
Paula 77 f.
Paulinus von Trier 85
Paulinus von Antiochia 87
Paulus 49, 81, 91, 123, 125, 128, 133, 163
Pelagianismus 129

Pelagius 104, 131 ff., 136, 139, 144
Pergamon 44
Perseveranz 137
Petrus von Alexandria 82
Petrus, Bruder des Athanasius 87
Petrus 48, 81, 84, 86, 91, 95, 161
Petrus von Alexandria 48
Petrus-Tradition 34
Platonismus 32, 62, 142
Plotin 44, 120, 127
Pneumatologie 20, 56 f.
Pneumatomachen 57, 63
Pontifex maximus 53
Pontitian 122
Porphyrius 120
Portes von Alexandria 34
Prädestination 159 f.
Praetextatus 53
Praxeas 22
Presbyter 95
Primat 94
Priscillianisten 164
Prosper von Aquitanien 156
Protasius 50
Pulcheria 96, 111
Putubastus 75

Qumran 65

Ravenna 95
Remigius von Reims 165
res – signum (Sache – Zeichen) 130
Rom 20, 34, 36, 37, 39, 40, 44, 80 ff., 84, 90 ff., 95, 102, 104, 106, 113, 115, 120, 157, 160 ff.
Romulus Augustus 165
Rufin der Syrer 104, 132

Sabellius 21 f., 33
Sakrament 125 f.
Salvian 156
Sarapion 75
Sardica 50, 95
Sardica, Synode von (342) 35, 81, 84 f.
Schapur II. 45
Schenute von Atripe 75
Schisma 95
Scipio 140

179

Seleucia und Rimini, Doppelsynode (359) 41
Semipelagianismus 132, 135, 149, 153
Siricius von Rom 94
Sirmium, zweite Synode von (351) 37
Sirmium 41
Sixtus III. 161
Skepsis 120
Smyrna 44
Sollicitudo 94, 161
Soteriologie 104, 112, 133
– Vergottung (theopoiesis) 19
Sozomenos 95
Staat 39, 40 f., 139 ff.
– christlicher Staat 145
Stilicho 95
Streit der beiden Dionyse 25
Sukzession 161
Sulpicius Severus 79
Symeon d. Ä. 76
Symmachus 53 f.
Synode 34, 80, 83
– Reichssynode 90, 97
– Papst und S. 96

Tabennisi 70
Taufe 160
Tertullian 22, 100, 126, 132
Thagaste 118, 123
Theoderich, Westgotenkönig 165 f.
Theoderich I. Ostgotenkönig 166
Theoderid 152 f.
Theodor von Mopsuestia 32, 103 ff., 108, 110
Theodoret 38, 52, 76, 103
Theodoret von Cyrus 108, 111
Theodosius I. 30, 48, 49, 52, 62 f., 90 f., 140, 142
Theodosius II. 97, 110, 163 f.
Theodot 21
Thessaloniki 52, 142

Thessaloniki, Vikariat von 96 f., 162
Thomas von Aquin 160
Timasius 134
Toledo 165
Toleranz 45, 53 f., 124 f., 164, 166
Tomus leonis 109 f.
Toulouse 40, 151
Tradition 46, 158
Traduzianismus 137
Transkulturation 12
Turribius von Astorga 164
Tyconius 124

Urbild-Abbild 61
Ursacius, Hofbischof 37, 41
Ursinus von Rom 85

Valens, Hofbischof 37, 41
Valens, Kaiser 48
Valens 87
Valentinian I. 48, 53
Valentinian II. 49, 50, 53
Valentinian III. 151, 153, 163 f.
Valia 151
Vandalen 133, 157
Verfolgung 69
Victoriaaltar 53
Victricius von Rouen 95
Vitalis 153
Vitorius 152

Weihe 83, 97
Weihegewalt 85
Wiedertaufe 125
Wulfila 41

Zosimos 139, 151
Zwei-Gewalten-Theorie 31
Zweinaturenlehre 100 ff.
Zweite sirmische Formel 41
Zwei-Wege-Ethik 64, 69

4. Kartennachweise

S. 26/27: Asia, Phrygia, Cappadocia etc.: Verbreitung des Christentums bis z. J. 325: *A. v. Harnack*, Die Mission und Ausbreitung des Christentums (1902), 4. A., VMA-Verlag Wiesbaden o. J. (1924), Anhang Karte VI

S. 66: Ägypten im Altertum: RGG I, 3. A., J. C. B. Mohr (Paul Siebeck), Tübingen 1957, S. 107

S. 73: Ausbreitung des ägyptischen Mönchtums: *F. H. Littell, E. Geldbach*, Atlas zur Geschichte des Christentums (1976), Wuppertal 1980, S. 24, Karte 24

S. 74: Das Mönchtum im Orient: *J. Rogier, R. Aubert, M. D. Knowles*, Geschichte der Kirche I, Einsiedeln u. a. 1963, S. 375

S. 88/89: Die orientalische Kirche: Metropolen und Patriarchate: *J. Rogier, R. Aubert, M. D. Knowles*, Geschichte der Kirche I, Einsiedeln u. a. 1963, S. 385

S. 92/93: Das Römerreich im Jahre 395 n. Chr.: Großer Historischer Weltatlas, 1. Teil, Bayerischer Schulbuch-Verlag, München 1978, S. 52

S. 98/99: Kirchliche Organisation bis zur Mitte des 5. Jh.: *H. Opitz*, Die Alte Kirche, Ev. Verlagsanstalt Berlin, 1983, S. 154

S. 116/117: Das spätantike Nordafrika: TRE 1, Berlin, New York 1977, hinter S. 640

S. 150: Die große Wanderung der Germanen: *W. Hug, H. Busley*, Geschichtliche Weltkunde 1, Diesterweg-Verlag, Frankfurt am Main, 4. A., 1979, S. 120

S. 154/155: Das Römerreich im Jahre 454 n. Chr.: Großer Historischer Weltatlas, 1. Teil, Bayerischer Schulbuch-Verlag, München 1978, S. 53

5. Nachweise der benutzten Übersetzungen und Texte:

Aus Raumgründen wird eine verkürzte Form des Nachweises gewählt. Die Nummern beziehen sich auf die vor den jeweiligen Texten stehenden Zahlen. Die bei den Texten stehenden Stellenangaben ermöglichen die Auffindung der entsprechenden Textzusammenhänge.

Bibliothek der Kirchenväter (BKV), Kösel-Verlag:
Athanasius II, übers. von *A. Stegmann*, Nr.: 1, 2, 25, 26, 27
Augustin I, übers. von *N. Espenberger*, Nr.: 64, 65, 66, 68, 70, 71
Augustin II, übers. von *A. Schröder*, Nr.: 67, 69
Augustin III, übers. von *A. Schröder*, Nr.: 72, 73
Augustin VII, übers. von *A. Hoffmann*, Nr.: 49, 50, 54, 55, 56
Augustin VIII, übers. von *S. Mitterer*, Nr.: 51, 57
Augustin IX, übers. von *A. Hoffmann*, Nr.: 52, 53
Augustin X, übers. von *A. Hoffmann*, Nr.: 58, 59, 60, 61
Basilius I, übers. von *A. Stegmann*, Nr.: 13, 21
Basilius II, übers. von *A. Stegmann*, Nr.: 20
Euseb I, übers. von *A. Bigelmair*, Nr.: 5
Gregor von Nyssa, übers. von *K. Weiß, E. Stolz*, Nr.: 22
Griechische Liturgien, übers. von *Th. Schermann*, Nr.: 24, 28, 29, 30

Hieronymus, übers. von *L. Schade,* Nr.: 31
Johannes Chrysostomus III, übers. von *Ch. Baur,* Nr.: 14
Leo I. (Briefe Bde. 1–7, 1. Aufl. 1875 ff.) übers. von *S. Wenzlowsky,* Nr.: 82
Leo I., Bd. 1, 2. Aufl., übers. von *Th. Steeger,* Nr.: 79, 80
Leo I., Bd. 2, 2. Aufl., übers. von *Th. Steeger,* Nr.: 82
Salvian von Marseille, übers. von *A. Mayer,* Nr.: 74, 75
Vinzenz von Lerinum, übers. von *G. Rauschen,* Nr.: 76
J. Bidez, Kaiser Julian, = rde 26, Reinbek 1956, Nr.: 12
A. Bruckner, Quellen zur Geschichte des pelagianischen Streits, J. C. B. Mohr, Tübingen 1906, Nr.: 62
W. Joest (Hg.), Die katholische Lehre von der Rechtfertigung und von der Gnade, = QKK R.A, H. 2, Lüneburg 1954, Nr.: 63, 77, 78
H. Karpp, Textbuch zur altkirchlichen Christologie, Neukirchen 1972, = Neukirchener Studienbücher 9, Nr.: 37, 38, 39, 40, 41, 42, 43, 44, 45, 46, 47, 48
J. N. D. Kelly, Altchristliche Glaubensbekenntnisse, 3. Aufl., Vandenhoeck & Ruprecht, Göttingen 1972, Nr.: 4, 9, 10, 23
R. Klein, Der Streit um den Victoriaaltar, = TdF 7, Darmstadt 1972, Nr.: 19
C. Mirbt, K. Aland (Hg.), Quellen zur Geschichte des Papsttums und des römischen Katholizismus 1, 6. A., J. C. B. Mohr (Paul Siebeck), Tübingen 1967, Nr.: 15, 32, 33, 34, 36
H. Rahner, Kirche und Staat im frühen Christentum, Kösel-Verlag, München 1961, Nr.: 6, 7, 8, 16, 17, 18
H. Rinn, J. Jüngst, Kirchengeschichtliches Lesebuch, 3. Aufl., J. C. B. Mohr (Paul Siebeck), Tübingen 1915, Nr.: 11
A.-M. Ritter, Alte Kirche, = KThQ I, 3. A., 1985, Nr.: 3

Zugänge zur Kirchengeschichte

Band 1: **Henning Paulsen**, Das Christentum im ersten Jahrhundert

Band 2: **Manfred Jacobs**, Das Christentum in der antiken Welt. Von der frühkatholischen Kirche bis Kaiser Konstantin

Band 3: **Manfred Jacobs**, Die Reichskirche und ihre Dogmen. Von der Zeit Konstantins bis zum Niedergang des weströmischen Reiches (bis 476)

Band 4: **Harald Zimmermann**, Das Christentum im früheren Mittelalter (476-1054)

Band 5: **Reinhold Mokrosch**, Die christliche Kultur im Hochmittelalter, ihre Spannungen und ihre Wirkungen (1054-1500)

Band 6: **Karl-Heinz zur Mühlen**, Die Kirche und die Konfessionen. Reformation und Gegenreformation – Einheit in Gegensätzen?

Band 7: **Klaus Sturm / Christof Windhorst**, Die Theologie und die Kirche im Zeitalter des Barock und der Aufklärung (bis 1789)

Band 8: **Gerhard Besier**, Religion – Kultur – Nation. Das Selbstverständnis von Staat und Kirche im gesellschaftlichen Umbruch des 19. Jahrhunderts

Band 9: **Günter Brakelmann**, Die deutsche Kirche in der Weimarer Republik und im NS-Staat

Band 10: **Reinhard Frieling**, Der Weg des ökumenischen Gedankens. Die Weltkirche zwischen Selbstbehauptung und Zukunft

Band 11: Register

Vandenhoeck & Ruprecht · Göttingen und Zürich

Handbuch der Dogmen- und Theologiegeschichte

Hrsg. von Carl Andresen

Band 1:
Die Lehrentwicklung im Rahmen der Katholizität

1982. XVI 754 Seiten, Leinen

Band 2:
Die Lehrentwicklung im Rahmen der Konfessionalität

1980. XXVIII, 664 Seiten, Leinen

Band 3:
Die Lehrentwicklung im Rahmen der Ökumenizität

1984. IX, 673 Seiten, Leinen

Bei Abnahme der Bände 1–3 ermäßigter Gesamtpreis.

„Dieses auf drei Bände angelegte Handbuch schlägt nach Zielsetzung, Thematik und Durchführung neue Wege ein. Erstmals wird die Theologiegeschichte konsequent in die Dogmengeschichte einbezogen. Schon der zuerst erschienene zweite Band empfiehlt das Handbuch als Ganzes, als ein Standardwerk von hohem wissenschaftlichem Rang und in seiner betont ökumenischen Grundausrichtung zugleich als hervorragenden evangelischen Beitrag zur interkonfessionellen Zusammenarbeit und Verständigung."
Ökumenische Rundschau

„Herausgeber und Mitarbeitern gebühren große Anerkennung, daß sie es in der Verzweigtheit und bisweilen auch Undeutlichkeit der Forschungssituation in verschiedenen Teilen der Welt gewagt haben, ein Werk in Angriff zu nehmen, das seinen Standardcharakter recht bald erweisen wird." *Theologische Literaturzeitung*

Vandenhoeck & Ruprecht · Göttingen und Zürich